AF411138

PRINCIPES

DU DROIT

DE LA NATURE

ET

DES GENS

Par J. J. Burlamaqui
Avec la suite du Droit de la Nature
qui n'avoit point encore paru.

*Le tout considérablement augmenté
Par M. le Professeur De Felice.*

TOME VIII.

Contenant la suite de la quatrieme Partie du
Droit des Gens.

YVERDON,

M. DCC. LXVIII.

PRINCIPES

DU
DROIT DES GENS.

SUITE DE LA
QUATRIEME PARTIE.

CHAPITRE III.

Des différentes especes de guerre.

I. OUtre la distinction de la guerre, en celle qui est juste & celle qui est injuste, dont nous venons de parler, il y en a plusieurs autres qu'il est à propos de considérer ici : & premierement, on distin-

A 2

gue la guerre en *guerre offensive* & en *guerre défensive*.

Les guerres défensives font celles que l'on entreprend pour se conserver & pour se défendre, contre les insultes de ceux qui tâchent de nous faire du mal en notre perfonne, ou de nous enlever & de détruire ce qui nous appartient. Les offensives font celles au contraire, qui se font pour contraindre les autres à nous rendre ce qu'ils nous doivent, en vertu d'un droit parfait que l'on a de l'exiger d'eux, ou pour obtenir la reparation du dommage qu'ils nous ont caufé injuftement, & pour leur faire donner des furetés, à l'abri defquelles on n'ait plus rien à craindre de leur part pour l'avenir.

II. Il faut donc prendre garde de ne pas confondre cette diftinction avec la précédente, comme fi toute guerre défensive étoit jufte, & qu'au contraire toute guerre offenfive fût injufte. C'eft aujourd'hui la coutume d'excufer les guerres purement défenfives. Il y a des gens qui croyent que toute guerre injufte doit être appellée offenfive, ce qui n'eft pas vrai ; car s'il y a des guerres offenfives qui foient juftes, comme on n'en sauroit douter, il y a donc des guerres défensives qui sont injustes, comme lorsque nous nous défendons contre un Prince qui a raison de nous attaquer.

Il ne faut pas croire non plus, que celui qui le premier fait tort à un autre, commence par-là une guerre offensive, & que l'autre qui veut qu'on lui fasse justice pour le tort qu'il a reçu, soit toujours sur la défensive. Il y a beaucoup d'injustices qui peuvent allumer une guerre, & qui ne font pourtant pas la guerre même, comme lorsqu'on a maltraité les Ambassadeurs d'un Prince, qu'on a pillé ses sujets, &c. Si donc on prend les armes pour venger une telle injustice, on commence une guerre offensive, mais une guerre juste, & le Prince qui a fait tort & qui ne veut pas le reparer, fait une guerre défensive, mais injuste. La guerre offensive n'est donc injuste que lorsqu'elle est entreprise sans une cause légitime, & alors la guerre défensive, qui dans d'autres occasions pourroit être injuste, devient juste.

Il faut donc dire en général, que le premier qui prend les armes, soit qu'il le fasse justement ou injustement, commence une guerre offensive; & que celui qui s'oppose au premier, soit qu'il ait ou qu'il n'ait pas raison de le faire, commence une guerre défensive. Ceux qui regardent le mot de guerre offensive comme un terme odieux, & qui renferme toujours quelque chose d'injuste, & qui considerent au contraire la guerre défensive comme inséparable de l'équité, brouillent toutes les idées & embarrassent une matiere qui paroît d'elle-même assez claire. Il en est ici des Princes comme des particuliers : le demandeur qui commence un procès, a quelquefois tort, mais aussi quelquefois raison : il en est tout de même du défendeur ; on a tort de ne vouloir pas payer une somme qui est justement due, comme on a raison de se défendre de payer ce qu'on ne doit pas.

☞ 123. En général, la guerre défensive est juste quand elle se fait contre un injuste aggresseur. Cela n'a pas besoin de preuve. La défensive de soi-même contre une injuste violence, n'est pas seulement un droit, c'est un devoir pour une nation, & l'un de ses devoirs les plus sacrés. Mais si l'ennemi, qui fait une guerre offensive a la justice de son côté, on n'est point en droit

de lui oppofer la force, & la défenfive alors
eft injufte. Car cet ennemi ne fait qu'ufer
de fon droit : il a pris les armes, pour fe
procurer une juftice qu'on lui refufoit ; &
c'eft une injuftice que de réfifter à celui qui
ufe de fon droit. La feule chofe qui refte
à faire en pareil cas, c'eft d'offrir à celui qui
attaque, une jufte fatisfaction. S'il ne veut
pas s'en contenter, on a l'avantage d'avoir
mis le bon droit de fon côté ; & l'on oppofe déformais de juftes armes à fes hoftilités, devenues juftes, parce qu'elles n'ont
plus de fondement. Les Samnites, pouffés
par l'ambition de leurs chefs, avoient rava-
gé les terres des alliés de Rome. Revenus
de leur égarement, ils offrirent la réparation
du dommage, & toute forte de fatisfaction
raifonnable ; mais leurs foumiffions ne pu-
rent appaifer les Romains : fur quoi Cajus,
Pontius, Général des Samnites, dit à fon
peuple : „ Puifque les Romains veulent ab-
„ folument la guerre, elle devient jufte pour
„ nous par néceffité ; les armes font juftes
„ & faintes, pour ceux à qui on ne laiffe
„ d'autre reffource que les armes " (a).

_____

(a) Tit. Liv. lib. IX. cap. 1.

III. En troisieme lieu, Grotius diftingue la guerre, en guerre *privée*, en guerre *publique*, & en guerre *mixte*. Il appelle guerre *publique*, celle qui fe fait de part & d'autre par autorité d'une puiffance civile ; la guerre *privée*, c'eft celle qui fe fait de particulier à particulier & fans autorité publique ; & enfin la guerre *mixte*, eft celle qui fe fait d'un côté par autorité publique, & de l'autre par de fimples particuliers.

On peut remarquer fur cette divifion, que fi l'on prend le mot de guerre dans le fens le plus général & le plus étendu, & que l'on entende par-là, *toute prife d'armes qui a pour but de vuider une querelle*, par oppofition à la maniere de vuider un différend, en recourant à un juge commun, alors cette diftinction pourra être admife ; mais l'ufage femble s'y oppofer, & il reftreint la fignification du mot de guerre, à celle qui fe fait entre des puiffances Souveraines. Dans une focieté civile les particuliers n'ont que le droit de faire la guerre, & pour ce qui eft de l'état de nature, nous avons déja parlé ailleurs du droit que les hommes ont dans cet état, pour la confervation & pour la défenfe de leurs perfonnes & de leurs biens; ainfi comme nous ne traitons ici que des droits des Souverains les uns à l'égard des autres, c'eft proprement & uniquement de la *guerre publique*, dont nous avons à parler.

IV. On diftingue encore la guerre, en guerre *folemnelle felon le Droit des Gens*, & en guerre *non folemnelle*. Il faut deux chofes pour qu'une guerre foit folemnelle; la premiere, qu'elle fe faffe par autorité du Souverain; la feconde, qu'elle foit accompagnée de certaines formalités, comme une déclaration folemnelle &c. mais c'eft ce dont nous parlerons plus amplement dans la fuite. La guerre non folemnelle, eft celle qui fe fait ou fans avoir été déclarée dans les formes, ou fimplement contre des particuliers. Nous nous contenterons d'indiquer ici cette divifion, renvoyant à l'examiner plus particulierement, & à voir quels en peuvent être les effets, lorfque nous traiterons de ce qui a accoutumé de précéder la guerre.

V. Examinons cependant ici une queftion, qui a rapport à la matiere. C'eft de favoir fi un Magiftrat, proprement ainfi nommé, a, comme tel, le pouvoir de faire la guerre de fon chef? Grotius répond ici,

qu'à en juger indépendamment des loix civiles , tout Magiſtrat ſemble avoir autant de
droit en cas de réſiſtance , de prendre les
armes pour exercer ſa juriſdiction , & faire
exécuter ſes ordres, que pour défendre le
peuple qui eſt confié à ſes ſoins. Puffendorf, au contraire, prend la négative , &
critique la penſée de Grotius.

Mais il eſt aiſé de concilier ces deux Auteurs ; il n'y a proprement entr'eux qu'une
diſpute de mots ; Grotius attache au mot
une idée plus vague & plus générale. (a)
En conſéquence, lorſqu'un Magiſtrat ſubalterne prend les armes pour maintenir ſon
autorité , & pour mettre à la raiſon ceux
qui refuſent de s'y ſoumettre , il eſt cenſé
le faire avec l'approbation du Souverain ,
qui, en lui confiant une partie du gouvernement de l'Etat , l'a revêtu en même tems,
du pouvoir néceſſaire pour l'exercer ; &
ainſi , il s'agit uniquement de ſavoir , ſi tout
Magiſtrat , comme tel , a ici beſoin *d'un ordre exprès* du Souverain ; enſorte que la
conſtitution des ſociétés civiles en général
le requiere ainſi , indépendamment des loix

______

(a) *Vid. ſup.* §. 7.

civiles de chaque Etat. Or, dans cet état des choses, si un Magistrat peut user de la voye des armes, pour mettre à la raison une ou deux personnes, ou dix ou vingt, qui ne veulent pas lui obéir, ou qui veulent l'empêcher d'exercer sa jurisdiction, pourquoi ne pourroit-il pas se servir du même moyen contre cinquante, contre cent, contre mille, &c. ? Plus le nombre sera grand, & plus il aura besoin de force, pour vaincre leur résistance; or c'est ce que Grotius comprend sous le nom de guerre.

Puffendorf convient de tout cela dans le fond; mais il prétend que ce pouvoir coactif, qui appartient au Magistrat, sur les sujets désobéissans, ne fait pas une partie du droit de la guerre, toute guerre se faisant entre des égaux, ou du moins entre ceux qui prétendent l'être : l'idée de Puffendorf est sans doute plus réguliere & plus convenable à l'usage, mais il est bien évident que la différence qu'il y a entre lui & Grotius, ne consiste que dans l'étendue plus ou moins grande que l'un & l'autre donnent au mot de guerre. Si l'on dit qu'il peut être dangereux de laisser tout ce pouvoir à un Magistrat subalterne, cela peut être vrai; mais cela prouve feulement qu'il eft de la fageffe & de la prudence des législateurs, de mettre des bornes à cet égard au pouvoir des Magiftrats, pour reftraindre ce qui autrement feroit une fuite néceffaire du but même pour lequel le Magiftrat eft établi.

VI. A l'égard de la guerre, proprement ainfi nommée, & qui fe fait contre un ennemi étranger; pour juger du pouvoir des Magiftrats ou officiers des Souverains, il ne faut que faire attention à l'étendue de leur commiffion. Car il eft inconteftable qu'ils ne fauroient légitimément entreprendre quelque acte d'hoftilité de leur chef, & fans un ordre formel du Souverain, du moins raifonnablement préfumé, en conféquence des circonftances dans lefquelles ils fe rencontrent.

Ainfi, par exemple, un général d'armée envoyé à une expédition avec plein pouvoir de fon maître, peut agir contre l'ennemi offenfivement auffi bien que défenfivement, & de la maniere qu'il jugera la plus avantageufe; mais il ne fauroit ni entreprendre une nouvelle guerre, ni faire la paix de fon chef. Que fi fon pouvoir eft limité, il ne doit jamais paffer les bornes qui lui ont été prefcrites, à moins que d'y être inévitablement réduit, par la néceſſité de ſe défendre ; car tout ce qu'il fait pour cela eſt cenſé fait de l'aveu même & par l'ordre du Souverain : ainſi, ſuppoſé qu'un Amiral eût ordre de ſe tenir ſur la défenſive, il ne lui eſt pas pour cela défendu de pourſuivre & de foudroyer la flotte ennemie, pour la diſperſer ou pour la détruire, s'il vient à en être attaqué, mais ſeulement il lui eſt défendu de l'aller chercher lui-même le premier.

VII. En général, les gouverneurs des provinces & des villes, s'ils ont des troupes à leur diſpoſition, peuvent ſe défendre de leur propre autorité, contre un ennemi qui les attaque ; mais ils ne doivent jamais porter la guerre dans quelque autre pays, ſans un ordre exprès de leurs Souverains. Ce fut en vertu de ce privilege que donne la néceſſité, que Lucius Pinarius, gouverneur d'*Enna en Sicile* pour les Romains, ſachant avec certitude que les habitans tramoient de ſe ranger ſous l'obéiſſance de Carthage, fit main baſſe ſur eux, & ſauva ainſi la place ; mais hors ces cas-là, les habitans d'une ville n'ont nul droit de prendre les armes, pour ſe venger des injures dont le Prince néglige lui-même de tirer raiſon.

☞ 124. Quand un gouverneur eſt aſſiegé dans une place, toute communication lui étant ôtée avec ſon Souverain, il ſe trouve par cela même revêtu de toute l'autorité de l'Etat, en ce qui concerne la défenſe de la place & le ſalut de la garniſon. Il eſt néceſſaire de bien remarquer ce que nous diſons ici, afin d'avoir un principe pour juger de ce que les divers Commandans, qui ſont des puiſſances ſubalternes ou inférieures, dans la guerre, peuvent faire avec un pouvoir ſuffiſant. Outre les conſéquences que l'on peut tirer de la nature même des fonctions, il faut encore ici conſulter les coutumes & les uſages reçus. Si l'on ſait que chez une nation, les officiers d'un certain grade ont conſtamment été revêtus de tels ou tels pouvoirs, on préſume légitimément que celui à qui on a affaire eſt muni des mêmes pouvoirs. ☜

VIII. Une ſimple préſomption de la volonté du Souverain ne ſeroit pas même ſuffiſante pour diſculper un gouverneur ou tel autre officier qui entreprendroit la guerre, hors des cas de néceſſité, ſans aucun ordre, ni général, ni particulier. Car ce n'eſt pas aſſez de voir, dans telle ou telle ſituation des choſes, quel parti on a lieu de croire que prendroit le Souverain, ſi on le conſultoit; mais il faut plutôt conſidérer en général, ce qu'il faudroit qu'on fit ſans le conſulter, lorſqu'on a le tems ou que l'affaire eſt douteuſe; or ſans contredit, le Souverain ne conſentira jamais, que ſes Miniſtres puiſſent, toutes les fois qu'ils jugeront à propos, entreprendre ſans ſon ordre une affaire auſſi capitale, & d'une auſſi grande importance qu'eſt la guerre offenſive, dont il eſt ici queſtion.

Ainſi, dans ces circonſtances, quelque parti que le Souverain lui-même eût trouvé à propos de prendre, s'il avoit été conſulté, & quelque ſuccès qu'ait pu avoir la guerre entrepriſe ſans ſes ordres, il eſt toujours libre au Souverain, de ratifier ou non l'entrepriſe de ſon Miniſtre. S'il la ratifie, cette approbation rend la guerre ſolemnelle par un effet retroactif; de ſorte que tout le corps de l'Etat en eſt alors reſponſable : mais ſi le Souverain déſavoue l'action du gouverneur, les actes d'hoſtilité que celui-ci a commencé d'exercer, doivent paſſer pour de purs brigandages, dont la faute ne réjaillit en aucune maniere ſur l'Etat, pourvu que d'ailleurs on livre le gouverneur ou qu'on le puniſſe ſuivant les loix du pays, en procurant autant qu'il eſt poſſible, la reparation du dommage qu'il a cauſé.

IX. Au reſte, on peut remarquer ici que dans les ſociétés civiles, lorſque quelqu'un des citoyens a fait du mal à quelque étranger, on s'en prend quelquefois à tout le corps de l'Etat, ou à celui qui en eſt le chef, en telle ſorte que l'on peut lui déclarer la guerre pour cela ; mais pour donner lieu à cette eſpece d'imputation, il faut néceſſaiment ſuppoſer l'une de ces deux choſes ; ou que les Souverains ont ſouffert que l'on fit tort à l'étranger, ou qu'ils donnent retraite au coupable.

Sur le premier cas, il faut poſer pour maxime, qu'un Souverain, qui ayant connoiſſance des crimes de ſes ſujets, comme par exemple, qu'ils exercent la piraterie ſur les étrangers, & qui, d'ailleurs pouvant & devant l'empêcher, ne le fait pas, ſe rend lui-même coupable, parce qu'il a conſenti à l'action mauvaiſe qu'il laiſſe commettre,

&

& fournit par conséquent un juste sujet de guerre.

Les deux conditions, dont on vient de parler, je veux dire la connoissance & la tolérance du Souverain, sont 'absolument nécessaires, & l'une ne suffit pas sans l'autre; or on présume qu'un Souverain sait tout ce que ses sujets font tous les jours, d'une maniere ouverte & sans se cacher; pour le pouvoir d'empêcher le mal, on le présume aussi toujours, à moins que le Prince ne prouve clairement son impuissance.

X. L'autre maniere dont un Souverain se rend coupable par rapport au crime d'autrui, c'est lorsqu'il donne une retraite au coupable; & qu'il empêche ainsi qu'on ne le punisse. Puffendorf prétend là dessus que si l'on est tenu de livrer le coupable qui s'est refugié chez nous, c'est plutôt en vertu de quelque traité fait là-dessus, qu'en conséquence d'une obligation commune & indispensable. Mais il me semble que c'est sans des raisons suffisantes que Puffendorf a abandonné à cet égard le sentiment de Grotius, qui paroit mieux établi. Voici donc à quoi se réduisent les principes de ce dernier Auteur sur cette question.

Tom. VIII.   B

1°. Depuis l'établiſſement des ſociétés civiles, on a effectivement accordé à chaque Souverain qu'il ſeroit le ſeul qui eût droit de punir, comme il trouveroit à propos, les fautes de ſes ſujets, qui intéreſſent proprement le corps dont ils ſont membres.

2°. Mais on ne leur a pas laiſſé un droit ſi abſolu & ſi particulier à l'égard des crimes, qui intéreſſent en quelque façon la ſociété humaine; en telle ſorte que, par rapport à ces crimes, les autres Etats ou leurs chefs ont droit d'en pourſuivre la punition.

3°. A plus forte raiſon ont-ils ce droit, lorſqu'il s'agit des crimes, par leſquels ils ſont offenſés d'une maniere directe, & à l'égard deſquels ils ont un droit parfait de punition, pour le maintien de leur ſociété ou de leur honneur; ainſi dans ces circonſtances, l'Etat ou le chef de l'Etat, chez qui un coupable étranger ſe retire, ne doit apporter entant qu'en lui eſt, aucun empêchement à l'exécution qui appartient à toute autre puiſſance.

4°. Or comme un Prince ne permet pas ordinairement qu'un autre Prince envoye ſur ſes terres des gens armés, pour ſe ſaiſir des criminels qu'il veut punir, (& cela auſſi feroit ſujet à de fâcheux inconvéniens) il faut néceſſairement que le Souverain ſur les terres duquel ſe trouve un coupable atteint & convaincu, faſſe de deux choſes l'une, ou qu'il puniſſe lui-même le coupable à la requiſition du Souverain offenſé, ou qu'il le remette entre les mains de celui-ci, pour qu'il le puniſſe, ainſi qu'il le trouvera à propos ; & c'eſt ce qu'on appelle *livrer*, & dont on trouve tant d'exemples dans l'Hiſtoire.

5°. Les principes que l'on vient d'établir, touchant l'obligation de punir ou de livrer, regardent non-ſeulement les coupables qui ont toujours été ſujets de l'Etat dans les terres duquel ils ſe trouvent, mais encore ceux qui après avoir commis quelque crime, ſont venus ſe refugier dans le pays.

6°. Enfin, il faut encore remarquer que le droit qu'ont les puiſſances ſouveraines, de demander qu'on leur livre les criminels qui ſe ſont ſauvés de leurs terres, n'a lieu, ſuivant l'uſage établi depuis pluſieurs ſiecles dans la plus grande partie de l'Europe, qu'en matiere de crime d'Etat, ou d'une énormité extrême. Pour les crimes moins conſidérables, on les diffimule de part & d'autre, à moins qu'on n'en foit autrement convenu par quelque traité particulier.

XI. Outre toutes les efpeces de guerre dont on a parlé jufqu'ici, on peut encore les diftinguer en guerres *pleines & parfaites*, & en guerres *imparfaites*. La guerre pleine & parfaite, eft celle qui rompt entierement & à tous égards l'état de paix & de fociété, & qui donne lieu à tous les actes d'hoftilité, quels qu'ils puiffent être. La guerre imparfaite eft au contraire, celle qui ne rompt pas la paix à tous égards, mais pour de certaines chofes feulement, l'Etat de paix fubfiftant quant au furplus. C'eft à cette derniere efpece de guerre que l'on rapporte communément les repréfailles, dont il eft à propos de traiter ici. On entend donc par les repréfailles, *cette efpece de guerre imparfaite, ces actes d'hoftilité que les Souverains exercent les uns contre les autres, ou leurs fujets par leur confentement, en arrêtant ou les perfonnes ou les effets des fujets d'un Etat, qui a commis à notre égard quelque injuftice, qu'il refufe de reparer, afin de nous procurer des furetés à cet égard, & pour l'engager à nous rendre juftice, & au cas qu'il perſiſte à nous la refuſer, de nous la faire à nous-mêmes, l'état de paix ſubſiſtant quant au ſurplus.*

Grotius prétend que les repréſailles ne ſont point fondées ſur un Droit Naturel & de néceſlité ; mais ſur une eſpece de Droit des Gens arbitraire, par lequel la plupart des nations ſont convenues entr'elles, que les biens des ſujets d'un Etat ſeroient comme hypothequés, pour ce que l'Etat ou le chef de l'Etat pourroient devoir, ſoit directement & par eux-mêmes, ſoit entant que, faute de rendre bonne juſtice, ils ſeroient rendus reſponſables du fait d'autrui. Mais ce n'eſt point ici un droit arbitraire fondé ſur un prétendu Droit des Gens, dont on ne ſauroit prouver l'exiſtence, & dans lequel tout ſe réduit à un uſage plus ou moins étendu ; mais qui par lui-même n'a jamais force de loi : le droit dont il s'agit ici, eſt une ſuite de la conſtitution des ſociétés civiles, & une application des maximes du Droit Naturel à cette conſtitution.

Dans l'indépendance de l'état de nature, & avant qu'il y eût aucun gouvernement, perſonne ne pouvoit s'en prendre qu'à ceux-là mêmes, de qui il avoit reçu du tort, ou

à leurs complices ; parce que perſonne n'a-
voit alors avec d'autres une liaiſon en vertu
de laquelle il pût être cenſé participer en
quelque maniere à ce qu'ils faiſoient , même
ſans ſa participation. Mais depuis qu'on eût
formé des ſociétés civiles , c'eſt-à-dire , des
corps dont tous les membres s'uniſſent enſemble pour leur défenſe commune, il a néceſſairement reſulté de là une commodité d'intérêts & de volontés , qui fait que comme la
ſociété , ou les puiſſances qui la gouvernent , s'engagent à ſe défendre chacun , contre les inſultes de tout autre , ſoit citoyen ,
ſoit étranger , chacun auſſi peut être cenſé
s'être engagé à répondre de ce que fait ou
doit faire la ſociété dont il eſt membre , ou
les puiſſances qui la gouvernent.

Aucun établiſſement humain , aucune
liaiſon où l'on entre, ne ſauroit diſpenſer
de l'obligation de cette loi générale de la
nature, qui veut que le dommage que l'on
a cauſé à autrui ſoit reparé , à moins que
ceux qui ſont expoſés à en ſouffrir , n'ayent
manifeſtement renoncé au droit d'exiger
cette réparation : & lorſque ces ſortes d'éta-
bliſſemens empêchent à certains égards, que
ceux qui ont été lezés, ne puiſſent obtenir

aussi aifément la fatisfaction qui leur est due , qu'ils l'auroient fait fans cela , il faut reparer cette difficulté en fourniffant aux intéreffés toutes les autres voyes poffibles de fe faire eux-mêmes raifon.

Or il eft certain , que les fociétés ou les puiffances qui les gouvernent , par cela même qu'elles font armées des forces de tout le corps , font quelquefois encouragées à fe moquer impunément des étrangers , qui viennent leur demander quelque chofe qu'elles leur doivent , & que chaque fujet contribue d'une maniere ou d'autre à les mettre en état d'en ufer ainfi ; de forte que par-là il peut être cenfé y confentir en quelque forte : que s'il n'y confent pas en effet, il n'y a pas après tout d'autre maniere de faciliter aux étrangers lefés , la pourfuite de leurs droits , devenue difficile par la réunion des forces de tout le corps , que de les autorifer à s'en prendre à tous ceux qui en font partie.

Concluons donc que par une fuite même de la conftitution des fociétés civiles , chaque fujet demeurant tel , eft refponfable par rapport aux étrangers , de ce que fait, ou doit faire la fociété ou le Souverain qui la

gouverne, fauf à lui demander un dédommagement lorfqu'il y a de la faute ou de
l'injuftice de la part des fupérieurs : que fi
quelquefois on eft fruftré de ce dédommagement, il faut regarder cela comme un des
inconvéniens que la conftitution des affaires
humaines rend inévitables, dans tout éta-
bliffement humain. Si l'on joint à toutes
ces raifons, les raifons même de convenan-
ce que rapporte Grotius, on conviendra
aifément, qu'il n'eft pas néceffaire de fuppo-
fer ici un confentement tacite des peuples,
pour fonder le droit de repréfailles.

XII. Les repréfailles étant des actes d'hoftilité & qui dégénérent même fouvent dans
une guerre pleine & parfaite ; il eft bien évident qu'il n'y a que le Souverain qui puiffe
les exercer légitimement, & que les fujets
ne peuvent le faire que de fon ordre & par
fon autorité.

D'ailleurs, il eft néceffaire, que le tort ou
l'injuftice que l'on nous fait, & qui occa-
fionne les repréfailles, foit manifefte & évident, & qu'il s'agiffe de quelque intérêt confidérable. Si l'injuftice eft douteufe, il feroit également injufte & périlleux d'en venir
à cette extrémité, & de s'expofer ainfi à tous

les maux d'une guerre ouverte : on ne doit pas non plus en venir aux repréſailles avant que d'avoir tâché d'obtenir raiſon par les voyes ordinaires, du tort qui nous a été fait ; il faut s'adreſſer pour cela au Magiſtrat de celui qui nous a fait injuſtice ; après quoi ſi le Magiſtrat ne nous écoute point, ou nous refuſe ſatisfaction, on peut, pour ſe la procurer, uſer de repréſailles.

En un mot, il n'eſt pas permis d'en venir aux repréſailles que lorſque tous les moyens ordinaires d'obtenir ce qui nous eſt dû, viennent à nous manquer ; en telle ſorte, par exemple, que ſi un Magiſtrat ſubalterne nous avoit refuſé la juſtice que nous demandons, il ne nous ſeroit pas encore permis d'uſer de repréſailles avant que de nous être adreſſés au Souverain de ce Magiſtrat même, qui peut-être nous rendra juſtice. Dans ces circonſtances on peut donc ou arrêter les ſujets d'un Etat, ſi l'on arrête nos gens chez eux, ou ſaiſir leurs biens & leurs effets ; mais quelque juſte ſujet qu'on ait d'uſer de repréſailles, on ne peut jamais directement, pour cette ſeule raiſon, faire mourir ceux dont on s'eſt ſaiſi ; on doit ſeulement les garder ſans les maltraiter, juſqu'à ce que l'on ait obtenu fatisfaction ; de forte que pendant tout ce tems-là ils font comme en ôtage.

XIII. Pour les biens faifis par droit de repréfailles, il faut en avoir foin, jufqu'à ce que le tems auquel on doit nous faire fatis-faction foit expiré, après quoi on peut les adjuger au créancier, ou les vendre pour l'acquit de la dette, en rendant à celui à qui on les a pris, ce qui refte, tous frais dé-duits.

Remarquons encore qu'il n'eft permis d'ufer de repréfailles, qu'à l'égard des fujets proprement ainfi nommés, & de leurs biens ; car pour ce qui eft des étrangers qui ne font que paffer, ou qui viennent feulement pour demeurer quelque tems dans le pays, ils n'ont pas une affez grande liaifon avec l'Etat, dont ils ne font membres qu'à tems & d'une maniere imparfaite, pour que l'on puiffe fe dédommager fur eux, du tort qu'on a reçu de quelque citoyen originaire & per-pétuel, & du refus que le Souverain a fait de nous rendre juftice. Il faut encore ex-cepter ici les Ambaffadeurs qui font des per-fonnes facrées, même pendant une guerre pleine & entiere ; mais pour ce qui eft des femmes, des Eccléfiaftiques, des gens de lettres, &c. le Droit Naturel ne leur accorde ici aucun privilege, s'ils ne l'ont d'ailleurs acquis en vertu de quelque traité.

XIV. Enfin quelques politiques diftinguent encore des guerres, qui fe font entre deux ou plufieurs Souverains, & celles des fujets contre les puiffances; mais il eft aifé de fentir que lorfque des fujets prennent les armes contre leur Souverain, ils le font ou pour de juftes raifons & fuivant les principes que nous avons établis ci-deffus, ou fans en avoir un fujet légitime; au dernier cas, c'eft plutôt une révolte, ou foulevement, qu'une guerre proprement ainfi nommée; mais fi les fujets ont de juftes raifons de réfifter à leur Souverain, c'eft une véritable guerre, puifqu'il n'y a plus alors ni Souverain ni fujets, & que tout lien de dépendance & d'obligation vient à ceffer. Les deux partis oppofés font alors dans l'état de nature & d'égalité, ils tâchent de fe faire raifon par leurs propres forces, c'eft donc une véritable guerre.

CHAPITRE IV.

Des choses qui doivent précéder la Guerre.

I. QUelque juste sujet qu'on ait de faire la guerre, cependant comme elle entraîne après soi & d'une maniere inévitable une infinité de maux & même souvent des injustices, il est certain que l'on ne doit pas se porter d'abord, ni trop facilement, à en venir à une extrémité dangereuse, & qui peut être très-funeste au vainqueur lui-même.

II. Voici donc les ménagemens que la prudence veut que les Souverains observent dans ces circonstances. 1°. En supposant que le sujet de la guerre est juste en lui même, il faut qu'il s'agisse d'une chose de grande conséquence pour nous ; il vaut mieux dissimuler ou relâcher quelque chose de son droit, lorsque la chose n'est pas considérable, que d'en venir aux armes. 2°. Il faut que l'on ait au moins quelque apparence probable de réussir, car ce seroit une témérité criminelle, une véritable folie, que de

's'expofer de gayeté de cœur à une deftruction certaine, & à fe jetter dans un grand
mal, pour en éviter un moindre. 3°. Enfin,
il faut qu'il y ait une véritable néceffité à
prendre les armes, c'eft-à-dire, que l'on ne
puiffe employer aucun moyen plus doux,
pour obtenir ce que nous demandons, ou
pour nous mettre à couvert des maux qui
nous menacent.

☞ 125. Car le droit de faire la guerre
n'appartient aux nations que comme un remede contre l'injuftice; c'eft le fruit d'une
malheureufe néceffité. Ce remede eft fi terrible dans fes effets, fi funefte à l'humanité,
fi fâcheux même à celui qui l'employe, que
la loi naturelle ne le permet qu'à la derniere
extrémité, c'eft-à-dire lorfque tout autre eft
inefficace pour le foutien de la juftice. ☜

III. Non-feulement ce font là des principes de prudence, mais la maxime générale de la fociabilité & de l'amour de la paix,
veut que nous en ufions de cette maniere;
maxime qui n'a pas moins de force par rapport aux nations, que par rapport aux particuliers : c'eft donc une néceffité au Souverain de fuivre ces maximes : la juftice du
gouvernement les oblige par une fuite de la

nature même & du but de l'autorité ; ils doivent toujours prendre un foin particulier de l'Etat & de leurs fujets, & par conféquent ne les expofer à tous les maux que la guerre entraîne après foi qu'à la derniere extrémité, & lorfqu'il ne refte plus d'autre reffource que celle des armes.

IV. Ce n'eft donc pas affez, que la guerre foit jufte en elle-même par rapport à l'ennemi ; il faut encore qu'elle le foit par rapport à nous-mêmes & à nos fujets. Plutarque nous rapporte là-deffus que „ parmi les „ anciens Romains, lorfque les Prêtres nommés *Féciaux* avoient conclu que l'on pouvoit juftement entreprendre la guerre, le „ Sénat examinoit encore s'il étoit avanta„ geux de s'y engager ".

☞ 126. Voici le procédé des Romains à cet égard, qui fe trouvoit reglé dans leur *droit fécial.* Ils envoyoient premierement le chef des Féciaux ou hérauts d'armes, appellé *Pater Patratus,* demander fatisfaction au peuple qui les avoit offenfés ; & fi, dans l'efpace de trente-trois jours, ce peuple ne faifoit pas une réponfe fatisfaifante, le héraut prenoit les Dieux à témoin de l'injuftice, & s'en retournoit, en difant

que les Romains verroient ce qu'ils auroient
à faire. Le Roi, & dans la fuite le Conful,
demandoit l'avis du Sénat ; & la guerre ré-
folue, on envoyoit le héraut la déclarer fur
la frontiere. (*a*) On eft étonné de trouver
chez les Romains une conduite fi jufte, fi
moderée & fi fage, dans un tems, où il femble qu'on ne devoit attendre d'eux que de
la valeur & de la férocité. Un peuple qui
traitoit la guerre fi religieufement, jettoit
des fondemens bien folides de fa grandeur
future.

V. Enfin, fi l'on fe voit contraint pour
derniere reffource, d'entreprendre la guerre,
l'on doit encore avant que de le faire, la
déclarer formellement à l'ennemi. Cette
déclaration de guerre confiderée en elle-
même & indépendamment des formalités
particulieres de chaque peuple, n'eft pas
fimplement du Droit des Gens, à prendre
ce mot dans le fens de Grotius, mais du
Droit même Naturel. En effet, la prudence
& l'équité naturelle demandent également
qu'avant que de prendre les armes contre
quelqu'un, on ait tenté toutes fortes de

______

(*a*) Tite Live Lib. I. Cap. XXXII.

voyes de douceur avant que d'en venir à cette extrémité. Il faut donc fommer celui de qui on a reçu quelque tort, de nous en faire quelque fatisfaction au plutôt, pour voir s'il ne voudroit pas penfer à lui-même, & nous éviter la néceffité de pourfuivre notre droit par la voye des armes.

Il s'enfuit de ce que nous venons de dire, que la déclaration de guerre n'a lieu que dans les guerres offenfives ; car lorfque l'on eft actuellement attaqué, cela feul nous donne lieu de croire, que l'ennemi a bien réfolu de ne point entendre parler d'accommodement.

Il s'enfuit encore, que l'on ne doit pas commencer les actes d'hoftilité, immédiatement après avoir déclaré la guerre, mais qu'il faut attendre du moins autant que l'on peut, fans fe caufer à foi même du préjudice, que celui qui nous-a fait du tort ait refufé hautement de nous fatisfaire, & fe foit mis en devoir de nous attendre de pied ferme, & cela encore même qu'il n'y ait pas beaucoup d'efpérance qu'il fe difpofe à nous donner fatisfaction. Autrement la déclaration de guerre ne feroit plus qu'une vaine cérémonie, & on ne doit rien négliger pour

faire

faire voir à tout le monde & à l'ennemi même, que ce n'eſt qu'à la derniere extrémité que l'on prend les armes, pour obtenir ou maintenir les juſtes droits, après avoir tenté toute autre ſorte de voyes & lui avoir donné tout le tems de revenir à lui-même.

VI. On diſtingue la déclaration de guerre en *déclaration conditionnelle* & en *déclaration pure & ſimple*. La déclaration conditionnelle eſt celle qui eſt jointe avec la demande ſolemnelle de la choſe qui nous eſt due, & ſous cette condition, que ſi on ne nous ſatisfait pas, nous nous ferons raiſon par les armes. La déclaration pure & ſimple, eſt celle qui ne renferme aucune condition, mais par laquelle on renonce purement à l'amitié & à la ſociété de celui à qui on déclare la guerre ; mais la déclaration de guerre, de quelque maniere qu'elle ſe faſſe, eſt par ſa nature conditionnelle. On doit toujours être diſpoſé à recevoir une ſatisfaction raiſonnable, du moment que l'ennemi l'offre, & c'eſt ce qui fait que quelques perſonnes rejettent cette diſtinction de la déclaration de guerre. Mais elle peut pourtant ſe ſoutenir, en ſuppoſant que celui à qui on déclare la guerre purement &

Tome VIII.　　　　　　　　　C

fimplement, a déja affez témoigné, qu'il n'avoit aucun deffein de nous épargner la néceffité d'en venir aux mains avec lui. Jufques-là donc, la déclaration peut bien du moins, quant à la forme, être pure & fimple, fans préjudice des difpofitions où l'on doit toujours être, fuppofé que l'ennemi revînt à lui-même, ce qui regarde la fin de la guerre, plutôt que les commencemens, auxquels fe rapporte la diftinction des déclarations, en pures & en conditionnelles.

VII. Au refte, du moment que la guerre a été déclarée à un Souverain, non-feulement elle eft cenfée déclarée en même tems à tous les fujets, qui avec lui ne font qu'une feule perfonne morale, mais encore à tous ceux qui dans la fuite peuvent fe joindre à lui, & qui ne doivent être regardés par rapport à l'ennemi principal, que comme des fecours ou des acceffoires.

☞ 127. Remarquons ici, que le Souverain qui déclare la guerre, ne peut retenir les fujets de l'ennemi, qui fe trouvent dans fes Etats au moment de la déclaration, non plus que leurs effets. Ils font venus chez lui fur la foi publique : en leur permettant d'entrer dans fes terres & d'y féjourner, il leur

a promis tacitement toute liberté & toute
sureté pour le retour. Il doit donc leur
marquer un tems convenable, pour se retirer avec leurs effets ; & s'ils restent au-delà
du terme prescrit, il est en droit de les traiter en ennemis ; mais en ennemis désarmés.
S'ils sont retenus par un empêchement insurmontable, par une maladie, il faut nécessairement, & par les mêmes raisons, leur
accorder un juste délai. Loin de manquer à
ce devoir aujourd'hui, on donne plus encore à l'humanité ; & très-souvent on accorde aux étrangers, sujets de l'Etat auquel
on déclare la guerre, tout le tems de mettre ordre à leurs affaires. Cela se pratique
sur-tout envers les négocians ; & l'on a soin
d'y pourvoir dans les traités de commerce.
Le Roi d'Angleterre, dans sa derniere déclaration de guerre contre la France en
1755. ordonna, que tous les François qui
se trouvoient dans ses Etats, pouvoient y
demeurer, avec une entiere sureté pour leurs
personnes & leurs effets, pourvu qu'ils s'y
comportassent comme ils le devoient.

VIII. Pour ce qui est des formalités que
les différentes nations observent dans les déclarations de guerre, elles sont toutes arbi-

traires par elles-mêmes. Il eſt donc indiffé-
rent qu'on le faſſe par des Envoyés, par des
Hérauts ou par des lettres, que ce ſoit à la
perſonne même du Souverain ou aux ſujets,
pourvu néanmoins que le Prince ne puiſſe
pas l'ignorer.

☞ 128. On peut même omettre la
déclaration de guerre dans certains cas,
quand même la guerre eſt offenſive; lors
par exemple qu'une nation à qui on a réſolu
de faire la guerre, ne veut admettre ni miniſtre ni héraut pour la lui déclarer; on peut,
quelle qui ſoit d'ailleurs la coutume, ſe contenter de la publier dans ſes propres Etats,
ou ſur la frontiere; & ſi la déclaration ne
parvient pas à ſa connoiſſance avant le commencement des hoſtilités, cette nation ne
peut en accuſer qu'elle-même. Les Turcs
mettent en priſon & maltraitent les Ambaſſadeurs même des Puiſſances, avec leſquelles
ils ont réſolu de rompre; il ſeroit périlleux
à un héraut d'aller chez eux leur déclarer
la guerre. On eſt diſpenſé de le leur envoyer,
par leur propre férocité.

Mais comme perſonne n'eſt diſpenſé de
ſon devoir, par cela ſeul qu'un autre n'a
pas rempli le ſien; nous ne pouvons nous

dispenser de déclarer la guerre à une nation avant que de commencer les hostilités, par la raison que, dans une autre occasion, elle nous a attaqués sans déclaration de guerre. Cette nation a péché, alors contre la loi naturelle; & sa faute ne nous autorise pas à en commettre une pareille.

Quant au tems de la déclaration, le droit des gens n'impose point l'obligation de déclarer la guerre, pour laisser à l'ennemi le tems de se préparer à une injuste défensive. Il est donc permis de faire sa déclaration seulement lorsque l'on est entré dans les terres de l'ennemi, & que l'on y a occupé un poste avantageux; toutefois avant que d'y commettre aucune hostilité. Car de cette maniere, on pourvoit à sa propre sureté, & on atteint également le but de la déclaration de guerre, qui est, de donner encore à un injuste adversaire le moyen de rentrer sérieusement en lui-même, & prévenir les horreurs de la guerre, en faisant justice. Henri IV. en usa de cette maniere envers Charles - Emmanuel Duc de Savoye, qui avoit lassé sa patience, par des négociations vaines & frauduleuses.

IX. A l'égard des raifons pour lefquelles les peuples ont trouvé à propos que la guerre, pour être légitime & folemnelle, fût précédée d'une déclaration, & du but qu'ils fé font propofés en cela, Grotius prétend, que c'eft afin qu'on pût être d'autant mieux affuré que la guerre étoit entreprife, non par une autorité privée, mais par l'ordre de l'un ou de l'autre peuple, ou de leurs Souverains.

Mais cette raifon de Grotius paroît peu fuffifante, car eft-on plus affuré que la guerre fe fait par autorité publique, lorfqu'un Héraut par exemple vient de là déclarer avec certaines cérémonies, qu'on ne le feroit lorfqu'on verroit fur les frontieres une armée commandée par quelqu'un des principaux de l'Etat, & prête à entrer dans notre pays ? Ne pourroit-il pas au contraire arriver plus aifément, qu'une perfonne ou quelque peu de perfonnes s'érigeaffent de leur chef en hérauts, que non pas qu'un homme levât de fon autorité une armée, & la menât fur la frontiere à l'infçu du Souverain ?

La vérité eft, que le but principal des déclarations de guerre, ou du moins ce qui en a fait établir l'ufage, c'eft afin de faire

connoître à tout le monde que l'on a un
juſte ſujet de prendre les armes, & de témoigner à l'ennemi même, qu'il n'a tenu
& qu'il ne tient encore qu'à lui de l'éviter.
Les déclarations de guerre, les manifeſtes
que les Princes publient, ſont à cet égard
un juſte reſpect qu'ils ont les uns pour les
autres, & pour la ſociété en général, à laquelle ils rendent ainſi en quelque façon
compte de leur conduite, pour obtenir leur
approbation : c'eſt ce qui paroît en particulier par la maniere dont les Romains faiſoient cette déclaration ; celui que l'on envoyoit pour cela prenoit à témoins les
Dieux, que le peuple à qui ils déclaroient
la guerre étoit injuſte, en ne voulant point
faire ce que le droit & la juſtice deman-
doient.

X. Enfin, il faut encore remarquer ici,
que l'on ne doit pas confondre la *déclaration* de la guerre avec la *publication* de la
guerre : cette derniere ſe fait en faveur des
ſujets mêmes du Prince qui déclare la guerre, & pour leur apprendre que telle ou telle
nation doit être regardée dans la ſuite comme ennemie, & qu'ils doivent prendre leurs
meſures là-deſſus.

☞ 129. Tout en difant qu'on ne doit pas confondre la déclaration de la guerre avec la publication, BURLAMAQUI en confond les buts. L'unique but de la déclaration de la guerre, c'eft de déclarer à la nation injufte ou à fon conducteur que l'on va enfin recourir au dernier remede & employer la force ouverte pour obtenir juftice. Au lieu que par la publication de la guerre on fe propofe non-feulement d'avertir les fujets du Prince qui déclare la guerre, que telle ou telle nation doit être regardée comme ennemie, & qu'ils doivent prendre leurs mefures là-deffus ; mais encore d'avifer de la déclaration de guerre les puiffances neutres pour les informer des raifons juftificatives qui l'autorifent, du fujet qui l'oblige à prendre les armes, & de leur notifier que tel ou tel peuple eft fon ennemi, afin qu'elles puiffent fe diriger en conféquence. Ainfi la déclaration regarde feulement l'ennemi, & la publication fe fait en faveur des fujets de la puiffance qui déclare la guerre, & des puiffances neutres.

Les manifeftes que les Princes publient, contiennent ordinairement la publication de la guerre. Ces pieces ne manquent point de contenir les raiſons juſtificatives, bonnes ou mauvaiſes, ſur leſquelles on ſe fonde, pour prendre les armes. Le moins ſcrupuleux voudroit paſſer pour juſte, équitable, amateur de la paix ; il ſent qu'une réputation contraire pourroit lui être nuiſible. Eſt-il néceſſaire, dans un ſiecle ſi poli, d'obſerver que l'on doit s'abſtenir dans ces écrits, qui ſe publient au ſujet de la guerre, de toute expreſſion injurieuſe, qui manifeſte des ſentimens de haine, d'animoſité, de fureur, ce qui n'eſt propre qu'à exciter de ſemblables ſentimens dans le cœur de l'ennemi ? Un Prince doit garder la plus noble décence, dans ſes diſcours & dans ſes écrits ; il doit ſe reſpecter ſoi-même dans la perſonne de ſes pareils ; & s'il a le malheur d'être en différend avec une nation, ira-t-il aigrir la querelle, par des diſcours offenſants, & s'ôter juſqu'à l'eſpérance d'une reconciliation ſincere ? Les Papes dans leurs beaux jours ont excellés dans l'art de faire de manifeſtes inſultans ; je me perſuade qu'aujourd'hui ils auroient plus de ménagement.

CHAPITRE V.

Regles générales pour connoître ce qui est permis dans la Guerre.

I. CE n'est pas assez pour qu'une guerre se fasse avec justice, qu'elle soit entreprise pour un juste sujet, & que l'on y observe d'ailleurs les autres choses dont nous avons parlé jusqu'ici; mais il faut de plus, qu'en la faisant, on reste dans les termes de la justice, de l'humanité, & qu'on ne pousse pas les actes d'hostilité au-delà de leurs bornes.

II. Grotius, en traitant cette matiere, établit d'abord trois regles générales, qui font autant de principes, & qui servent à faire comprendre quelle est l'étendue des droits de la guerre & jusques où ils peuvent être portés.

La premiere, c'est que tout ce qui a une liaison moralement nécessaire avec le but de la guerre, est permis, & rien davantage : en effet, il seroit tout-à-fait inutile d'avoir droit de faire une chofe, fi l'on ne pouvoit fe fervir des moyens néceffaires pour en venir à bout ; mais auffi il ne feroit pas jufte, que fous prétexte de défendre fon droit, on fe crût tout permis, & qu'on fe portât aux dernieres extrémités.

Seconde regle. Le droit qu'on a contre un ennemi, & que l'on pourfuit par les armes, ne doit pas être confideré uniquement par rapport au fujet qui fait commencer la guerre, mais encore par rapport aux nouvelles caufes qui furviennent dans la fuite & pendant le cours de la guerre: tout de même qu'en juftice une des parties acquiert fouvent un nouveau droit pendant le cours du procès. C'eft-là le fondement du droit que l'on a d'agir contre ceux qui fe joignent à notre ennemi pendant le cours de la guerre, foit qu'ils dépendent de lui ou non.

Enfin, *la troifieme regle*, c'eft qu'il y a bien des chofes qui, quoiqu'illicites d'ailleurs, deviennent permifes dans la guerre, parce qu'elles en font des fuites inévitables, & qu'elles arrivent contre notre intention & fans un deffein formel: autrement, il n'y auroit jamais moyen de faire la guerre fans injuftice, & les actions les plus innocentes devroient fouvent être regardées comme injuftes, puifqu'il y en a peu, d'où il ne puiffe par occafion provenir quelque mal contre l'intention de l'agent.

Ainfi, par exemple, pour avoir ce qui nous appartient, on a droit de prendre une chofe qui vaut davantage, fi l'on ne peut pas prendre précifément autant qu'il nous eft dû, fous l'obligation néanmoins de rendre la valeur de ce qui eft au-delà de la dette. On peut auffi canonner un vaiffeau plein de Corfaires, quoique dans ce vaiffeau il fe trouve quelques femmes, quelques enfans ou d'autres perfonnes innocentes, qui courent rifque d'être enveloppées dans la ruine de ceux que l'on veut, & que l'on peut faire périr avec juftice.

Telle eft l'étendue du droit, que l'on a contre un ennemi, en vertu de l'état de guerre. Cet état anéantiffant par lui-même l'état de fociété, quiconque fe déclare notre ennemi nous autorife par là à agir contre lui par des actes d'hoftilités pouffés auffi loin qu'on le juge à propos, & cela non-feulement jufqu'à ce qu'on fe foit mis à couvert des dangers dont on eſt menacé, ou qu'on ait recouvré ce qui nous avoit été enlevé injuſtement, ou que l'on ſe ſoit fait rendre ce qui nous étoit dû, mais encore juſqu'à ce qu'on nous ait donné de bonnes ſuretés pour l'avenir. Il n'eſt donc pas toujours injuſte de rendre plus de mal qu'on n'en avoit effectivement reçu.

III. Mais il faut encore remarquer ici, que quoique ces maximes ſoient vrayes en vertu du droit rigoureux de la guerre, la loi de l'humanité met néanmoins des bornes à ce droit; elle veut que l'on conſidere non-ſeulement, ſi tels ou tels actes d'hoſtilité peuvent être exercés contre un ennemi, ſans qu'il ait lieu de s'en plaindre, mais encore s'ils ſont dignes d'un vainqueur humain, ou même d'un vainqueur généreux. Ainſi autant qu'il eſt poſſible, & que notre défenſe & notre ſureté pour l'avenir nous le permettent, il faut temperer les maux que l'on fait à un ennemi, par les principes de l'humanité.

IV. Pour ce qui eſt des voyes mêmes que l'on peut employer légitimément contre un ennemi, il eſt bien évident que la terreur & la force ouverte ſont le caractere propre de la guerre, comme auffi la voie la plus commune dont on fe fert ; mais il n'eft pas moins permis d'employer la rufe & l'artifice contre un ennemi, pourvû qu'on le faffe fans perfidie & fans manquer à ce qu'on a promis ; ainfi l'on peut tromper l'ennemi par des fauffes nouvelles & des difcours inventés à plaifir, mais on ne doit jamais violer ce à quoi on s'eft engagé envers lui, par quelque promeffe ou par quelque convention, comme nous le ferons voir plus particulierement dans la fuite.

On peut juger par là du Droit des *Stratagêmes*, & l'on ne fauroit raifonnablement douter que l'on ne puiffe innocemment employer la rufe & l'artifice à l'égard de celui contre lequel on peut tourner toutes fes forces : les premiers moyens ont même cet avantage fur les derniers, qu'ils font ordinairement fuivis de moins de maux, & que l'on conferve par - là la vie à bien des innocens.

Il eft vrai que quelques nations ont quelquefois rejetté l'ufage des rufes & des tromperies dans la guerre, mais ce n'étoit pas que l'on y trouvât de l'injuftice, c'eft par une eſpece de grandeur d'ame bien ou mal entendue, & ſouvent par la confiance qu'elles avoient en leurs propres forces. Les Romains preſque juſques à la fin de la ſeconde guerre Punique ſe faiſoient un point d'honneur de n'uſer aucune ruſe de guerre.

☞ 130. Au reſte, je crois qu'il y avoit plus de généroſité que de ſageſſe dans une pareille conduite ; elle ſeroit très-louable ſans doute ſi, comme dans la manie des duels, il n'étoit queſtion que de faire preuve de courage. Mais à la guerre il s'agit de défendre la patrie, de pourſuivre par la force des droits qu'on nous refuſe injuſtement ; & les moyens les plus ſurs ſont auſſi les plus louables, pourvu qu'ils n'ayent rien d'illicite & d'odieux en eux-mêmes.

Dolus en virtus, quis inhoſte requirat. (a)

Le mépris des ruſes de guerre, des ſtratagemes, des ſurpriſes, vient ſouvent, comme dans Achilles, d'une noble confiance dans

____

(a) Virgil. *Æineid.* L. II. v. 390.

fa valeur & dans fes propres forces : & il
faut avouer que quand on peut vaincre un
ennemi à force ouverte, en bataille rangée,
on doit fe flatter bien plus furement de l'a-
voir dompté & réduit à demander la paix,
que fi on a obtenu l'avantage par furprife,
comme le difent dans Tite Live ces généreux Sénateurs qui n'approuvoient pas la
conduite peu fincere que l'on avoit tenue
avec Perfée (a). Lors donc que la valeur
fimple & ouverte peut affurer la victoire',
il eft des occafions où elle eft préférable à la
rufe, parce qu'elle procure à l'Etat un avantage plus grand & plus durable.

L'ufage des efpions eft une efpece de tromperie à la guerre , ou de pratique fecrette.
Ce font des gens qui s'introduifent chez l'ennemi, pour decouvrir l'Etat de fes affaires,
pénétrer fes deffeins, & en avertir celui qui
les employe. On punit communément les
efpions du dernier fupplice ; & cela avec
juftice, puifque l'on n'a guere d'autre moyen
de fe garantir du mal qu'ils peuvent faire.

____

(a) Lib. XLII. Cap. XLVII.

Pour

Pour cette raison un homme d'honneur ne se chargera jamais du métier illégal & honteux d'espion, qui ne sauroit s'exercer sans quelque espece de trahison & qui expose celui qui l'exerce à périr par la main du bourreau. Le Souverain n'est donc pas en droit d'exiger un pareil service de ses sujets, si ce n'est peut-être dans quelque cas singulier, & de la plus grande importance. Il y invite par l'appas du gain, quelques ames mercenaires. Si ceux qu'il y employe viennent s'offrir d'eux-mêmes, ou s'il n'y engage que des gens qui ne sont point sujets de l'ennemi, & qui ne tiennent à lui par aucun lien., il n'est pas douteux qu'il ne puisse légitimément, & sans honte, profiter de leurs services.

Ajoutons ici un mot touchant les intelligences doubles. On appelle intelligence double, celle d'un homme qui fait semblant de trahir son parti pour attirer l'ennemi dans le piége. C'est une trahison & un métier infame, quand on le fait de propos déliberé, & en s'offrant le premier. Mais un officier, un commandant de place sollicité par l'ennemi, peut légitimément, en certaines occasions, feindre de prêter l'oreille à la séduction, pour attrapper le suborneur. Celui-ci lui fait injure en tentant sa fidelité ; il se venge justement en le faisant tomber dans le piége qu'il avoit préparé contre son Prince. Par cette conduite, il ne nuit point à la foi des promesses, au bonheur du genre humain ; car des engagemens criminels sont absolument nuls, ils ne doivent jamais être remplis : & il seroit avantageux que personne ne pût compter sur les promesses des traîtres, qu'elles fussent encore plus environnées d'incertitude & de dangers qu'elles ne le sont. C'est pourquoi un supérieur, qui apprend que l'ennemi tente la fidélité de quelqu'un de ses officiers ou de ses soldats, ne se fait point scrupule d'ordonner à ce subalterne de feindre qu'il se laisse gagner, & d'ajuster sa prétendue trahison de maniere à attirer l'ennemi dans une embuscade. Le subalterne est obligé d'obéir ; mais quand la séduction s'adresse directement au commandant en chef, pour l'ordinaire un homme d'honneur préfére & doit préférer le parti de rejetter hautement & avec indignation une proposition injurieuse.

V. Tels font les principes au moyen defquels on peut juger jufques à quel degré on peut poufler les actes d'hoftilité ; ajoutons là deffus que la plupart des nations n'ont mis aucunes bornes aux droits que la loi naturelle donne d'agir contre un ennemi ; & pour dire la vérité , il eft bien difficile de déterminer précifement jufqu'où il fuffit de porter les actes d'hoftilité, dans les guerres mêmes les plus légitimes , pour fe défendre & pour obtenir la réparation du dommage , ou pour fe procurer les furetés néceflaires pour l'avenir ; d'autant plus que ceux qui entrent en guerre fe donnent eux-mêmes l'un & l'autre , & par une efpece de convention tacite , une liberté entiere de tempérer ou d'augmenter la fureur des armes , & d'exercer toutes fortes d'actes d'hoftilité , felon que chacun le trouve à propos. Et fi les généraux d'armée puniflent ceux qui ont porté les actes d'hoftilité au - delà des ordres précis qu'ils avoient donnés , ce n'eft pas tant parce qu'ils ont fait par-là du tort à l'ennemi , mais principalement pour avoir violé les ordres de leur commandant , & afin de maintenir la difcipline qui demande beaucoup de févérité.

D 2

VI. C'eſt encore par une conſéquence de ces principes, que ceux qui dans une guerre publique & ſolemnelle, ont pouſſé le carnage & les pilleries au-delà de ce que la loi naturelle permet, ne paſſent pas d'ordinaire dans le monde pour des meurtriers ou pour des voleurs, & ne ſont pas punis comme tels. Il eſt établi entre les nations qu'il faut laiſſer cela à la conſcience de ceux qui ſe font la guerre, plutôt que de s'attirer des querelles facheuſes, & s'ingérant de condamner l'une ou l'autre des parties.

On peut même dire, que l'uſage où ſont les nations là-deſſus eſt fondé ſur des principes naturels. En effet, ſuppoſons que dans l'indépendance de l'État de nature, trente chefs de famille, habitans d'une même contrée, ſe fuſſent ligués pour attaquer ou pour repouſſer d'autres chefs de famille unis enſemble, je dis que ni pendant cette guerre, ni après qu'elle eſt finie, ceux de la même contrée ou d'ailleurs, qui n'étoient point entrés dans la ligue d'une part ni d'une autre, ne devoient & ne pouvoient point punir comme meurtriers ou voleurs, aucun de ceux des deux partis qui pourroient venir à

tomber entre leurs mains. Ils ne le pourroient pas pendant la guerre, car ce seroit
épouser la querelle de l'un des deux partis,
& par cela même qu'ils sont d'abord demeu-
rés neutres, ils ont clairement renoncé au
droit de se mêler de ce qui pourroit se passer dans cette guerre; bien moins le pour-
roient-ils encore après la guerre finie, puisque la guerre ne pouvant finir sans quelque
accomodement ou quelque traité de paix,
les intéressés eux-mêmes se font réciproquement tenus quittes de tous les maux qu'ils
s'étoient faits.

VII. Le bien de la société vouloit aussi,
que l'on suivît ces maximes. Car si ceux qui
demeurent neutres étoient autorisés à connoître des actes d'hostilité exercés dans
une guerre étrangere, & en conséquence à
punir ceux qu'ils jugeroient en avoir commis d'injustes, & à prendre les armes pour
ce sujet, au lieu d'une guerre, il s'en éle-
veroit nécessairement plusieurs, & ce seroit
une source féconde de querelles & de trou-
bles. Plus les guerres devenoient fréquentes,
& plus il étoit nécessaire pour la tranquillité
du genre - humain, qu'on n'épousât pas lé-

gérement la querelle d'autrui. L'établisse-
ment même des sociétés civiles n'a fait que
rendre plus nécessaire la pratique de ces maximes , parce que les guerres sont devenues
dès lors sinon plus fréquentes , du moins
plus étendues & accompagnées d'un grand
nombre de maux.

VIII. Remarquons enfin que tous les
actes d'hostilité , que l'on peut exercer légitimément contre un ennemi, peuvent être
exercés & sur nos propres terres , & sur
celles de l'ennemi, & sur une terre qui n'appartient à personne , & sur mer.

Il n'en est pas de même en pays neutre ;
c'est à-dire , dans ceux dont le Souverain
n'a pris aucun parti entre ceux qui sont en
guerre. Dans ces terres, on ne sauroit légitimément exercer aucun acte d'hostilité,
ni sur les personnes mêmes des ennemis, ni
sur leurs biens ; cela non point en vertu de
quelque droit de l'ennemi même , mais par
un juste respect pour le Souverain du pays,
qui n'ayant pris parti ni pour ni contre nous,
nous met dans la nécessité de respecter sa jurisdiction , & de ne commettre aucune violence sur ses terres. Ajoutez que par cela

feul que le Souverain du pays eſt demeuré neutre, il s'eſt engagé tacitement à ne permettre ſur ſon territoire aucun acte d'hoſtilité de part ni d'autre.

 131. Voyez ce que nous en dirons au chapitre VIII.

CHAPITRE VI.

*Des Droits que donne la guerre fur les per-
fonnes des ennemis , de leur étendue &
de leurs bornes.*

I. **V**Oyons maintenant dans quelque
détail les différens droits , que
la guerre donne fur les perfonnes & fur les
biens des ennemis, & commençons par les
premiers.

Donc il eft certain que l'on peut innocemment tuer un ennemi , je dis innocemment, non feulement aux termes de la juftice extérieure, & qui paffe pour telle chez
toutes les nations , mais encore felon la
juftice intérieure & les loix de la confcience. Et en effet, le but de la guerre demande
néceffairement que l'on ait ce pouvoir , autrement ce feroit en vain que l'on prendroit
les armes & que les loix de la nature le per-
mettroient.

II. Si l'on ne confultoit ici que l'ufage
des nations , & ce que GROTIUS appelle le
Droit des Gens , cette licence de tuer l'en-

nemi s'étendroit bien loin ; on pourroit dire qu'elle n'a point de bornes, & qu'elle peut être exercée jusques sur les personnes innocentes. Cependant, quoiqu'il soit incontestable que la guerre entraîne après elle une infinité de maux, qui considerés en eux-mêmes sont des injustices & des véritables cruautés, mais qui dans de certaines circonstances doivent plutôt être envisagés comme des malheurs inévitables, il est vrai néanmoins que le droit que donne la guerre sur la personne, & la vie de l'ennemi, a des bornes, & qu'il y a ici des tempéramens à observer, que l'on ne sauroit négliger sans crime.

III. En général, il faut toujours avoir égard aux principes que nous avons établis dans le chapitre précédent, pour juger du degré auquel on peut porter les actes d'hostilité. Le pouvoir que l'on a d'ôter la vie à l'ennemi, ne va donc pas jusques à l'infini, & si l'on peut parvenir au but légitime que l'on se propose en faisant la guerre, si l'on peut obtenir la réparation du tort qu'on nous a fait, & de bonnes suretés pour l'avenir, en épargnant la vie de l'ennemi, il est incontestable que la justice & l'humanité veulent qu'on en use de cette maniere.

Il eſt vrai que dans l'application de ces maximes aux cas particuliers, il eſt très-difficile, pour ne pas dire impoſſible, de marquer préciſément l'étendue & les bornes qu'on doit leur donner ; mais au moins, il eſt toujours certain que l'on doit tâcher d'en approcher autant que l'on peut, & ſans bleſſer nos intérêts bien entendus. Faiſons l'application de ces principes aux cas particuliers.

IV. Le droit de tuer l'ennemi ne regarde-t-il que ceux qui portent actuellement les armes, ou bien s'étend-il indifféremment ſur tous ceux qui ſe trouvent ſur les terres de l'ennemi, ſoit qu'ils ſoient ſujets ou étrangers ? Je réponds qu'à l'égard de tous ceux qui ſont ſujets, la choſe eſt inconteſtable ; ce ſont là les ennemis principaux, & l'on peut exercer ſur eux tous les actes d'hoſtilité en vertu de l'état de guerre.

Pour ce qui eſt des étrangers, ceux qui, lorſque la guerre eſt commencée, vont, le ſachant, dans le pays de notre ennemi, peuvent avec juſtice être regardés comme tels ; mais pour ceux qui étoient déja venus dans le pays ennemi avant la guerre, la juſtice & l'humanité veulent qu'on leur accorde quelque tems pour se retirer, que s'ils n'en veulent pas profiter, on se trouve par là autorisé à les traiter comme nos ennemis mêmes.

A l'égard des veillards, des femmes & des enfans, il est certain que le droit de la guerre n'exige pas par lui-même, que l'on pousse les hostilités jusqu'à les tuer, & que par conséquent c'est une pure cruauté d'en user ainsi. Je dis que le but de la guerre n'exige pas cela par lui-même; car si les femmes par exemple exercent elles-mêmes des actes d'hostilité, si oubliant la foiblesse de leur sexe, elles prennent les armes contre l'ennemi, alors on est sans contredit en droit de se servir contr'elles de celui que donne la guerre. Disons encore que lorsque le feu de l'action emporte le soldat comme malgré lui, & non-obstant les ordres des supérieurs, à commettre ces actes d'inhumanité, comme par exemple, à la prise d'une ville, qui par sa résistance, a irrité les troupes, alors on doit plutôt regarder ces maux - là comme des malheurs & comme des suites inévitables de la guerre, que comme des crimes punissables.

☞ 132. Il faut en dire autant des mi-

niſtres publics de la religion, des gens de
lettres & autres perſonnes, dont le genre
de vie eſt fort éloigné du métier des armes.
Non que ce gens-là, ni même les miniſtres
des autels, aient néceſſairement & par leur
emploi, aucun caractere d'inviolabilité, ou
que la loi civile puiſſe le leur donner par rapport à l'ennemi. Mais comme ils n'oppoſent
point la force ou la violence à l'ennemi ils
ne lui donnent aucun droit d'en uſer contre
eux. Chez les anciens Romains, les prêtres
portoient les armes : Jules - Ceſar lui-même
étoit grand - pontife ; & parmi les Chrêtiens,
on a vu ſouvent des Prélats, des Evêques,
des Cardinaux & des Papes même, endoſſer
la cuiraſſe & commander les armées. Dès
lors ils s'aſſujettiſſoient au ſort commun des
gens de guerre : lorſqu'ils combattoient ils
ne prétendoient pas ſans doute être inviolables. Archimede par ſes manœuvres s'étoit
aſſujetti aux ſuites facheuſes d'un vainqueur
irrité.

Les laboureurs ſont auſſi dignes de toute
l'attention des conducteurs d'armée, en conſidération de leur travail ſi utile au genre
humain. Aujourd'hui la guerre ſe fait par les
troupes reglées: le peuple, les payſans, les

citoyens ne s'en mêlent point, & pour l'ordinaire ils n'ont rien à craindre du fer de l'ennemi. Pourvu que les habitans se soumettent à celui qui est maître du pays, qu'ils payent les contributions imposées, & qu'ils s'abstiennent de toute hostilité, ils vivent en sureté, comme s'ils étoient amis : ils conservent même ce qui leur appartient, les paysans viennent librement vendre leurs denrées dans le champ, & on les garantit autant qu'il se peut, des calamités de la guerre. Louable coutume, bien digne des nations qui se piquent d'humanité, & avantageuse à l'ennemi même qui use de cette modération ! Celui qui protege les habitans desarmés, qui retient ses soldats sous une severe difcipline, & qui conserve le pays, y trouve lui-même une subsistance aisée, & s'épargne bien des maux & des dangers. S'il a quelque raison de se defier des paysans & des citoyens, il est en droit de les défarmer, d'exiger d'eux des ôtages : & ceux qui veulent s'épargner les calamités de la guerre, doivent se soumettre aux loix que le vainqueur leur impose.

V. Il faut à peu près raisonner de la même maniere sur les prisonniers de guerre;

on ne ſauroit pour l'ordinaire les faire mourir ſans ſe rendre coupable de cruauté . Je
dis pour l'ordinaire ; car il peut ſe rencontrer
des cas de néceſſité ſi preſſans , que le ſoin
de notre propre conſervation nous oblige
à nous porter à des extrêmités , qui hors
de ces circonſtances ſeroient tout-à-fait cri-
minelles.

☞ 133. Tous les ennemis vaincus
ou deſarmés que l'humanité oblige d'épargner , toutes ces perſonnes qui appartiennent à la nation ennemie, même les femmes
& les enfans, ſont ce qu'on appelle *priſonniers de guerre*. L'on fait pluſieurs queſtions
ſur les droits du vainqueur envers ces mal-
heureuſes victimes de la guerre ; nous traiterons des principales à la fin du chapitre ;
en nous bornant ici à faire remarquer que
le droit de gens donne le droit au vainqueur
de les arrêter & de les faire priſonniers , ſoit
pour les empêcher de reprendre les armes,
ſoit dans la vue d'affoiblir l'ennemi , ſoit
enfin qu'en ſe ſaiſiſſant de quelque perſonne
chere à l'Etat ou à ſon conducteur, on puiſſe l'amener à des conditions équitables. ☜

En général , les loix mêmes de la guerre
demandent , que l'on s'abſtienne du carnage

autant qu'il est possible, & que l'on ne ré-
pande pas du sang sans nécessité ; l'on ne doit
pas directement & de propos déliberé ôter
la vie ni aux prisonniers de guerre, ni à ceux
qui demandent quartier, ni à ceux qui se rendent, moins encore aux vieillards, aux femmes & aux enfans, & en général, à aucun
de ceux qui ne font ni d'un âge ni d'une
profession à porter les armes, & qui n'ont
d'autre part à la guerre que de se trouver
dans le pays ou dans le parti ennemi. L'on
comprend bien encore que les droits de la
guerre ne s'étendent pas jusqu'à autoriser
les outrages faits à l'honneur des femmes ;
car cela ne fait rien ni à notre défense, ni
à notre sureté, ni au maintien de nos droits,
& ne peut servir qu'à satisfaire la brutalité
du soldat : on fera bien de consulter sur cette matiere GROTIUS (a).

VI. Mais dans les cas où il est permis
d'ôter la vie à l'ennemi, peut - on se servir
pour cela de toutes sortes de moyens indifféremment ? Je réponds qu'à considérer la

----

(a) Liv. III. Chap. 2. & 4.

chofe en elle-même & d'une maniere abf-
traite, il n'importe de quelle maniere on
ôte la vie à un ennemi, que ce foit de vive
force ou par rufe & par ftratagême, par le
fer, ou par le poifon.

Cependant il eft certain que fuivant les
idées & les coutumes reçues chez les peuples civilifés, on regarde comme une lâcheté
criminelle, non-feulement de faire donner
à l'ennemi quelque breuvage mortel, mais
encore d'empoifonner les puits, les fources,
les fléches, les dards, les bales & les autres
chofes dont on fe fert contre lui: or il fuffit
que cet ufage de regarder ces moyens comme criminels foit reçu chez les nations avec
lefquelles on a quelque chofe à démêler,
pour que l'on foit cenfé s'y foumettre, lors
qu'en commençant la guerre on ne déclare
point qu'on peut avoir la liberté d'en ufer
autrement, & la laiffer en même tems à fon
ennemi.

☞ 134. Ce n'eft pas feulement l'u-
fage qui défend le poifon à la guerre ; mais
c'eft la loi naturelle ou le droit des gens le
plus rigoureux. Car la loi nous défend expreffément d'étendre à l'infini les maux de
la guerre ; frappez l'ennemi, mettez-le
hors

hors du combat, tuez-le même: tout cela vous eſt permis : le droit des gens vous y autoriſe. Mais lorſque l'ennemi eſt une fois hors du combat, dès qu'il ne vous reſiſte plus, faut-il qu'il meure inévitablement de ſes bleſſures empoiſonnées? Si vous pouvez prendre une place par le meurtre d'une partie de la garniſon, pourquoi voulez-vous abſolument que toute la garniſon & les habitans même, la plupart innocens aient le même ſort par l'empoiſonnement des fontaines, des puits &c.? Ce ſeroit pouſſer la cruauté à l'excès & bien au de-là de ce que les loix de la guerre le permettent. *La guerre même a ſes loix*, dit ſagement Plutarque, dans *l'eſprit des honnêtes gens* (a): l'on ſe trompe bien lorſque l'on croit, que le droit de guerre permette ce qui n'eſt pas renfermé dans les bornes de l'honnêteté. ☞

L'on peut ſuppoſer avec d'autant plus de fondement cette convention tacite, que l'humanité & l'intérêt des deux parties la demandent également, ſur-tout depuis que les guerres ſont devenues ſi fréquentes,

---

(a) Vita Camil.

qu'elles font fi fouvent entreprifes pour de legers fujets & que l'efprit humain ingénieux à inventer les moyens de nuire, a fi fort multiplié ceux qui font autorifés par l'ufage, & regardés comme honnêtes. Il eft d'ailleurs inconteftable que quand on peut venir au même but, par des moyens plus doux & plus humains, & qui confervent la vie à plufieurs perfonnes, en particulier à celle dont la confervation intéreffe particulierement la fociété humaine, l'humanité veut que l'on fuive cette route.

☞ 135. Parce que nous venons de remarquer ci - deffus, cette prétendue convention tacite eft fuperflue ; car, lorfque la loi de la nature parle, toute convention eft inutile. ☜

VII. Ce font donc là de juftes précautions que les hommes doivent fuivre pour leur propre avantage. Il eft de l'avantage commun du genre humain, que les périls ne s'augmentent pas à l'infini; en particulier la fociété y eft intéreffée par rapport à la confervation de la vie des Rois, des généraux d'armée & d'autres perfonnes confidérables, du falut defquelles dépend pour l'ordinaire celui des fociétés ; car fi la vie de ces

perſonnes eſt plus en ſureté que celle des autres, quand on ne l'attaque que par les armes,
elles ont d'un autre côté beaucoup plus à
craindre du poiſon &c., & elles ſeroient
tous les jours expoſées à périr de cette maniere, ſi un uſage bien établi ne les mettoit
à couvert de ce côté-là.

Ajoutons enfin que toutes les nations qui
ſe ſont piquées de généroſité, ont toujours
ſuivi ces maximes, & les Conſuls Romains,
dans une lettre qu'ils écrivirent à *Pyrrhus*,
diſoient, *qu'il étoit de l'intérêt de toutes les
nations, qu'on ne donnât point de tels exemples.*

VIII. On demande encore, ſi l'on peut
légitimement faire aſſaſſiner un ennemi? Je
réponds, 1°. que celui qui ſe ſert pour cela
du miniſtere de quelqu'un des ſiens, le peut
en toute juſtice. Lorſqu'on peut tuer un
ennemi, il n'importe que ceux qu'on employe pour cela ſoient en grand ou en petit
nombre : ſix-cent Lacédémoniens étant entrés avec Leonidas dans le camp de l'ennemi, allerent droit à la tente du Roi de Perſe:
or ils auroient pu ſans doute le faire, quoiqu'ils euſſent été en plus petit nombre. L'entrepriſe fameuſe de Mucius Scevola eſt

louée par tous ceux qui en ont parlé ; &
PORSENNA lui-même, celui à qui on vouloit ôter la vie, ne trouve rien que de beau
dans ce deffein.

Mais il n'eft pas fi aifé de déterminer, fi
l'on peut pour cela employer des affaffins,
qui en fe chargeant de cette commiffion
commettent eux-mêmes un acte de perfidie,
comme font des fujets par rapport à leur
Souverain, des foldats par rapport à leur
général. A cet égard il femble qu'il faut
d'abord diftinguer ici deux queftions différentes. L'une, fi l'on fait du tort à l'ennemi même contre lequel on fe fert de traitres :
L'autre, fi, fuppofé qu'on ne lui faffe aucun
tort on commet néanmoins une mauvaife
action.

IX. Pour la premiere queftion, à confidérer la chofe en elle-même & fuivant le
droit rigoureux de la guerre, il femble
qu'en fuppofant la guerre jufte, on ne fait
aucun tort à l'ennemi, foit qu'on profite
de l'occafion d'un traitre qui vient s'offrir
de lui-même, foit qu'on la recherche foi-
même, & qu'on fe la procure. L'Etat de
guerre où l'ennemi s'eft mis, & où il ne tenoit qu'à lui de ne pas fe mettre, donne par

lui - même toute permiſſion contre lui ; en
ſorte qu'il n'a aucun lieu de ſe plaindre, quoiqu'on faſſe. D'ailleurs on n'eſt pas plus obligé, à parler à la rigueur, de reſpecter le
droit qu'un ennemi a ſur ſes ſujets, & la fidélité qu'ils lui doivent en cette qualité, que
leurs vies, dont on peut inconteſtablement
les dépouiller par droit de guerre.

Cependant, je crois que cela ne ſuffit pas
pour rendre un aſſaſſinat, fait dans ces circonſtances, tout-à-fait innocent; un Souverain qui aura la conſcience tant ſoit peu
délicate, & qui ſera bien convaincu de la
juſtice de ſes armes, n'ira point chercher
des voyes de trahiſon pour vaincre ſon ennemi, & n'embraſſera pas facilement celles
qui ſe preſenteront d'elles-mêmes. La juſte
confiance qu'il aura dans la protection du
ciel, l'horreur pour la perfidie d'autrui, la
crainte de s'en rendre complice & de donner
un mauvais exemple, qui pourroit recom-
ber ſur lui - même & ſur les autres, lui feront mépriſer & rejetter tous les avantages
qu'il pourroit ſe promettre de tels moyens.

Ajoutons encore que de tels moyens ne
ſauroient toujours être regardés comme une
choſe entierement innocente par rapport à

celui qui les met en ufage. L'état d'hoftilité qui dilpenfe du commerce des bons offices, & qui autorife à nuire, ne rompt pas pour cela tout lien d'humanité, & n'empêche point qu'on ne doive, autant qu'on le peut, éviter de donner lieu à quelque mauvaife action de l'ennemi ou de quelqu'un des fiens, fur-tout de ceux qui par eux-mêmes n'ont eu aucune part à ce qui fait le fujet de la guerre. Or tout traître commet fans contredit une action également honteufe & criminelle.

Il faut donc dire avec GROTIUS, qu'on ne peut jamais en confcience féduire ou folliciter à la trahifon les fujets de l'ennemi, puifque c'eft les porter pofitivement & directement à commettre un crime abominable, & auquel fans cela ils n'auroient peut-être jamais penfé d'eux-mêmes.

☞ 136. Or, eft-il honnête de corrompre, d'inviter au crime fon plus mortel ennemi ? Tout au plus pourroit-on excufer ces pratiques dans une guerre très-jufte, quand il s'agiroit de fauver la patrie de la ruine dont elle feroit menacée par un injufte conquérant. Il femble qu'alors le fu-et ou le Général qui trahiroit fon Prince dans une caufe manifeftement injufte, ne commettroit pas une faute fi odieufe. Celui qui ne refpecte lui-même ni la juftice, ni l'honnêteté, mérite d'éprouver à fon tour les effets de la méchanceté & de la perfidie; & fi jamais il eft pardonnable de fortir des regles févéres de l'honnêteté, c'eft contre un ennemi de ce caractere, & dans une extrémité pareille. ☞

X. Autre chofe eft, quand on ne fait que profiter de l'occafion & des difpofitions que l'on voit dans une perfonne qui n'a pas eu befoin d'être follicitée à la trahifon; or il me femble que la tache de la perfidie ne tombe pas fur celui qui la trouve toute formée dans le cœur du traitre, fur-tout fi l'on confidére que d'ennemi à ennemi, la chofe à l'égard de laquelle on met à profit les mauvaifes difpofitions d'autrui, eft de telle nature, qu'on peut la faire innocemment & légitimément foi-même.

Mais quoiqu'il en foit, par les raifons que l'on a alleguées, on ne peut guere fe prévaloir d'une trahifon qui s'offre, que dans un cas extraordinaire & dans une efpece de néceffité. Et quoique l'ufage de plufieurs nations n'ait rien d'obligatoire par lui-même, cependant dès-là que les peuples avec qui on a quelque chofe à démêler, regardent comme illicite l'acceptation même des offres d'une certaine efpece de perfidie, comme celle d'affaffiner fon Prince ou fon Général, on eft raifonnablement cenfé s'y foumettre tacitement.

Remarquons que le droit des gens met ici quelque différence entre un ennemi véritablement tel, & un rebelle, un chef de Brigands ou de Corfaires : les Princes les plus pieux ne font point de difficulté de propofer de grandes recompenfes à ceux qui voudront trahir de telles perfonnes, & la haine que méritent de la part de tous les hommes ces fortes de gens, fait qu'on ne trouve pas mauvais qu'un Prince mette en ufage contr'eux toutes fortes de voyes.

XI. Enfin il eft permis de tuer l'ennemi par-tout, excepté fur les terres d'un peuple neutre ; car les voyes de fait ne font pas permifes dans une fociété civile, où l'on doit implorer le fecours du Souverain. Dans le tems de la feconde guerre Punique, fept Galeres des Carthaginois étant dans un port de la domination de Syphax, alors Prince neutre entre les Romains & les Carthaginois,

Scipion tira vers ce même port avec deux Galéres feulement, que les Carthaginois auroient pu aifément défaire, avant qu'elles entraffent dans le port, & ils s'y difpofoient effectivement ; mais un coup de vent ayant jetté les deux galéres Romaines dans le port fans donner le tems aux Carthaginois de lever l'ancre, ils n'oferent plus remuer, parce qu'ils étoient en pays neutre.

XII. Il eft naturel de dire ici quelque chofe des prifonniers de guerre. C'étoit un ufage prefque univerfellement établi autrefois, que tous ceux qui étoient pris dans une guerre jufte & folemnelle, foit qu'ils fe fuffent rendus eux-mêmes, ou qu'ils euffent été pris de vive force, devenoient efclaves, du moment qu'ils étoient conduits dans quelque lieu de la dépendance du vainqueur, ou dont il étoit le maître ; & cela s'étendoit à tous ceux qui étoient pris, même à ceux qui fe trouvoient malheureufement fur les terres de l'ennemi dans les tems que la guerre s'étoit élevée tout d'un coup.

Bien - plus, non - feulement ceux qui étoient faits prifonniers de guerre, mais encore leurs defcendans à perpétuité, étoient réduits à la même condition, c'eft-à dire, ceux qui naissoient d'une mere esclave.

Les effets d'un tel esclavage n'avoient point de bornes, tout étoit permis à un maître à l'égard de son esclave, il avoit sur lui droit de vie & de mort, & tout ce que l'esclave possedoit ou pouvoit acquérir dans la suite, appartenoit de droit au maître.

Il y a quelque apparence, que le but & la raison pour laquelle les nations avoient établi cet usage de faire des esclaves dans la guerre, étoit principalement de porter les hommes à s'abstenir du carnage, par l'espérance des avantages qu'on retiroit de la possession des esclaves : aussi les historiens remarquent-ils que les guerres civiles étoient beaucoup plus cruelles que les autres, en ce que le plus souvent on tuoit les prisonniers, parce qu'on n'en pouvoit pas faire des esclaves.

Tous les Chrétiens généralement ont trouvé à propos d'abolir entr'eux l'usage de rendre esclaves les prisonniers de guerre ; on se contente aujourd'hui de garder les prisonniers jusqu'à ce qu'on ait payé leur rançon, dont l'estimation dépend du vainqueur, à moins qu'il n'y ait quelque convention qui la fixe.

☞ 137. On va bien plus loin aujour-
d'hui, & par un ufage qui releve également
l'honneur & l'humanité des Européens, un
officier prifonnier de guerre, eſt renvoyé
fur fa parole : il a la confolation de paſſer le
tems de fa prifon dans fa patrie, au fein de
fa famille : & celui qui l'a relaché, fe tient
auſſi fûr de lui, que s'il le retenoit dans les
fers.

Mais on demande, s'il eſt permis de faire
mourir un prifonnier de guerre ? Je réponds
que non. Dès que votre ennemi eſt défarmé
& rendu, vous n'avez plus aucun droit fur
fa vie. A moins qu'il ne vous le donne par
quelque attentat nouveau, ou qu'il ne fe
fût auparavant rendu coupable envers vous
d'un crime digne de mort. C'étoit donc autre fois une erreur affreufe, une prétention
injufte & féroce, de s'attribuer le droit de
faire mourir les prifonniers de guerre, même
par la main d'un bourreau. Depuis long-
tems on eſt revenu à des principes plus juftes & plus humains. Mais faifons fentir l'é-
normité de cette coutume barbare.

Diſtinguons le prifonnier de guerre qui
fe trouve entre les mains du vainqueur d'a-
vec celui qui eſt retenu par le vaincu. Si la-

juſtice de la guerre étoit du côté du vainqueur, dès qu'il eſt tel, il eſt cenſé avoir vengé l'injure reçue, ou dont il étoit menacé : & le droit des gens ne l'autoriſoit à faire du mal à l'ennemi que juſqu'au point d'avoir obtenu une entiere ſatisfaction & une parfaite ſureté. La condition de vainqueur lui aſſure l'une & l'autre. Par quel droit donc pouſſeroit-il encore les hoſtilités contre les ennemis priſonniers & déſarmés ?

Si le vainqueur a fait une guerre injuſte, loin d'avoir droit ſur la vie des priſonniers, il eſt comptable de tous les maux & de toutes les horreurs de la guerre. Comment donc oſera-t-il prétendre quelque droit ſur les priſonniers ?

Si les priſonniers ſe trouvent entre les mains du vaincu, il faut encore diſtinguer ſi la guerre a été juſte ou injuſte de ſon côté. Dans le premier cas, il n'a point de droit ſur les priſonniers ; parce que le droit que la guerre donne ſur l'ennemi a pour but ou la réparation d'une injure reçue, ou la ſureté d'une injure dont on eſt menacé. Mais ce ne ſera pas ſurement par la mort des priſonniers que le vaincu obtiendra ce qu'il demande, dans la suppofition que la juftice foit de fon côté ; car n'ayant pas eu du bonheur contre l'ennemi armé, s'il alloit décharger fa mauvaife humeur contre les ennemis défarmés, il irriteroit par-là le vainqueur, & il s'attireroit des maux encore plus facheux, effets naturels de la colere de l'ennemi irrité.

Enfin, fi le vaincu eft l'injufte, continuera-t-il à fouiller fes mains du fang innocent de fes prifonniers, qui ont combattu pour une caufe jufte? N'eft-il pas encore content du fang qu'il a fait répandre dans la chaleur du combat? Ne craindra-t-il pas d'être entierement écrafé par le vainqueur, irrité juftement de la cruauté exercée par fon ennemi injufte & vaincu , dans le tems même que pour fon bonheur & celui de fes Etats il auroit dû recourir à la clémence & à la générofité du vainqueur?

L'on voit par là combien fe trompent ceux qui prétendent que l'on peut rendre efclaves les prifonniers de guerre. Leur raifon eft qu'une nation ayant droit fur la vie des prifonniers , peut à plus forte raifon les condamner à un efclavage perpétuel. Nous venons de voir que la loi naturelle n'accor-

de point le droit de vie fur les prifonniers,
à moins qu'ils ne fe foient rendus perfonnellement coupables de quelque attentat
digne de mort. En effet, épargner les jours
à un prifonnier, pour le condamner à un
fort fi contraire à la nature de l'homme,
je ne fais que continuer avec lui l'Etat de
guerre, je continue à le regarder comme
ennemi; mais par quel droit?

La queſtion étoit autrefois plus embaraf-
fante, lorſque l'ennemi ne pouvoit ni garder
ni nourrir fes prifonniers. Lors donc qu'on a
une fi grande multitude de prifonniers qu'il
eſt impoſſible de les nourrir, ou de les garder avec fureté, fera-t-on en droit de les faire périr, ou les renverra-t-on fortifier l'ennemi, au rifque d'en être accablé dans une
autre occafion? Aujourd'hui la chofe eſt fans
difficulté : on renvoye ces prifonniers fur
leur parole, en leur impofant la loi de ne
point reprendre les armes jufqu'à un certain
tems, ou jufqu'à la fin de la guerre. Et
comme il faut néceffairement que tout commandant foit en pouvoir de convenir des
conditions auxquelles l'ennemi le reçoit à
compofition; les engagemens qu'il a pris
pour fauver fa vie, ou fa liberté, & celle de

ſa troupe, ſont valides, comme faites dans les termes de ſes pouvoirs, & ſon Souverain ne peut les annuller. Nous en voyons dans toutes les guerres des exemples.

Mais ces ſortes de conventions ont des bornes, & ces bornes conſiſtent à ne point donner atteinte aux droits du Souverain ſur ſes ſujets. Ainſi l'ennemi peut bien impoſer aux priſonniers qu'il relache, la condition de ne point porter les armes contre lui, juſqu'à la fin de la guerre, puiſqu'il ſeroit en droit de les retenir en priſon juſqu'alors : mais il n'a point le droit d'exiger qu'ils renoncent pour toujours à la liberté de combattre pour leur patrie ; parce que la guerre finie, il n'a plus de raiſon de les retenir : & eux de leur côté, ne peuvent prendre un engagement abſolument contraire à leur qualité de citoyens, ou des ſujets. Si la patrie les abandonne, ils ſont libres & en droit de renoncer auſſi à elle.

Mais ſi nous avons affaire à une nation également feroce, perfide & formidable ; lui renverrons-nous des ſoldats qui, peut-être la mettront en Etat de nous détruire ? Quand notre ſureté ſe trouve incompatible avec celle d'un ennemi, même ſoumis, il

n'y a pas à balancer. Mais pour faire perir
de sang froid un grand nombre de prisonn-
niers, il faut qu'on ne leur ait pas promis
la vie ; & nous devons bien nous affurer que
notre falut exige un pareil facrifice. Pour
peu que la prudence permette, ou de fe fier
à leur parole, ou de meprifer leur mauvaife
foi, un ennemi généreux écoutera plutôt
la voix de l'humanité, que celle d'une timi-
de circonfpection. Charles XII. embarraffé
de fes prifonniers, après la bataille de Nar-
va, fe contenta de les défarmer, & les renvoya libres. Son ennemi, pénétré encore
de la crainte que lui avoient donnée des
guerriers redoutables, fit conduire en Sy-
bérie les prifonniers de Pultowa. Le héros
Suedois fut trop plein de confiance dans fa
générofité : l'habile Monarque de Ruffie,
fut, peut-être un peu dur, dans fa prudence. Mais la néceffité excufe la dureté, ou
plutôt elle la fait difparoître.

Ne quittons point cette matiere, de ce
qu'on eft en droit de faire contre la perfonne de l'ennemi, fans dire un mot des
difpofitions qu'on doit conferver envers lui.

Il ne faut jamais oublier, que nos ennemis font hommes. Reduits à la facheufe néceffité

cessité de pourfuivre notre droit par la force
des armes, ne dépouillons point la charité
qui nous lie à tout le genre humain. De
cette maniere nous défendrons courageuse-
ment les droits de la patrie, fans bleffer ceux
de l'humanité. Que notre valeur fe préfer-
ve d'une tache de cruauté, & l'éclat de la
victoire ne fera point terni par des actions
inhumaines & brutales. On détefte aujour-
d'hui Marius, Attila; on ne peut s'empé-
cher d'admirer & d'aimer Céfar : peut s'en
faut qu'il ne rachete par fa générofité, par
fa clémence l'injuftice de fon entreprife. La
modération, la générofité du vainqueur lui
eft plus glorieufe que fon courage : elle
annonce plus fûrement une grande ame.
Outre la gloire qui fuit infailliblement cette
vertu, on a vu fouvent des fruits préfens
& réels de l'humanité envers un ennemi.
Léopold, Duc d'Autriche, affiégeant So-
leure en l'année 1318. jetta un pont fur
l'Aar, & y plaça un gros corps de troupes : la riviere enflée extraordinairement,
emporta le pont, & ceux qui étoient deffus. Les affiégés vinrent au fecours de ces
malheureux, & en fauverent la plus grande
partie. Léopold vaincu par ce trait de gé-

nérosité, leva le siege, & fit la paix avec
la ville. Le Duc de Cumberland en 1748
après la victoire de Dettingue, se montra
plus grand encore que dans la mêlée. Comme il étoit à se faire panser d'une blessure,
on apporta un officier François blessé plus
dangereusement que lui ; le Prince ordonna aussi-tôt à son chirurgien de le quitter,
pour secourir cet officier ennemi. Si les
grands savoient combien de pareilles actions les font respecter & chérir, ils cher-
cheroient à les imiter, lors même que l'élé-
vation de leurs sentimens ne les y porteroit
pas. Aujourd'hui les nations de l'Europe
font pour l'ordinaire la guerre avec beaucoup de modération & de générosité. De
ces dispositions naissent plusieurs usages louables, & qui vont même souvent jusqu'à une
extrême politesse. Il n'y a qu'à gagner dans
une pareille modération, quand on a affaire
à un ennemi généreux. Mais elle n'est obligatoire qu'autant qu'elle ne peut nuire à la
cause que l'on défend ; & l'on voit assez
qu'un Général sage se réglera à cet égard
sur les conjonctures, sur ce qu'exige la sureté de l'armée & de l'Etat, sur la grandeur
du péril, sur le caractere & la conduite de

l'ennemi. Si une nation foible, une ville, se voit attaquée par un conquérant furieux, qui menace de la détruire, s'abstiendra-t elle de tirer sur son quartier ? C'est là, au contraire, s'il étoit possible, qu'il faudroit adresser tous les coups.

Autrefois, celui qui pouvoit tuer le Roi ou le Général ennemi, étoit loué & récompensé : on sait quel honneur étoit attaché aux *dépouilles opimes*. Rien n'étoit plus naturel : les anciens combattoient presque toujours pour leur salut ; & souvent la mort du Chef met fin à la guerre. Aujourd'hui, au moins pour l'ordinaire, un soldat n'oseroit se vanter d'avoir ôté la vie au Roi ennemi. Les Souverains s'accordent ainsi tacitement à mettre leur personne en sureté. Il faut avouer que dans une guerre peu é hauffée, & où il ne s'agit pas du salut de l'Etat, il n'y a rien que de louable dans ce respect pour la majesté Royale, rien même que de conforme aux devoirs mutuels des nations. Dans une pareille guerre, ôter la vie au Souverain de la nation ennemie, quand on pourroit l'épargner, c'est faire, peut-être à cette nation, plus de mal qu'il n'est nécessai-

re pour finir heureusement la querelle. Mais
ce n'est point une loi de la guerre, d'épargner en toute rencontre la personne du Roi
ennemi ; & on n'y est obligé que quand on
a la facilité de le faire prisonnier. 

CHAPITRE VII.

*Des Droits que donne la Guerre sur les Biens
des Ennemis.*

I. A L'égard des biens de l'ennemi,
il est incontestable que l'état de
guerre permet de les lui enlever, de les ra-
vager, de les endommager & même de les
détruire entiérement, car comme le remarque fort bien CICERON, il n'est point contraire à la nature, de dépouiller de son bien
une personne, à qui l'on peut ôter la vie
avec justice ; & toutes ces sortes de maux
que l'on peut causer à l'ennemi, en ravageant ainsi ses terres & ses biens, c'est ce
qu'on appelle *le dégat.*

☞ 138. Ajoutons encore que l'Etat
qui prend les armes pour un juste sujet, a
double droit contre son ennemi ; savoir 1°.
le droit de se mettre en possession de ce
qui lui appartient, & que l'ennemi lui refuse : à quoi il faut ajouter les dépenses faites à cette fin , les frais de la guerre & la
réparation des dommages ; car s'il étoit

obligé de fupporter ces pertes & ces frais, il n'obtiendroit point en entier ce qui eſt à lui, ou ce qui lui eſt dû. 2°. Il a le droit d'affoiblir l'ennemi pour le mettre hors d'état de foutenir une injuſte violence, il a le droit de lui ôter les moyens de réſiſter. C'eſt de-là proprement que naiſſent, comme de leur principe, tous les droits de la guerre ſur les choſes qui appartiennent à l'ennemi ; le droit même d'ôter la vie à l'ennemi en cas de réſiſtance, n'a point d'autre ſource. Il y a des occaſions extraordinaires, où le droit de punir produit de nouveaux droits ſur les choſes qui appartiennent à l'ennemi : mais toutes les guerres ne donnent pas un juſte ſujet de punir.

Le Droit de dégat, s'étend en général ſur toutes les choſes qui appartiennent à l'ennemi, & le droit des gens proprement ainſi nommé n'en excepte pas même les choſes ſacrées, c'eſt-à-dire, celles qui ſont conſacrées au vrai Dieu, ou aux fauſſes divinités, dont les hommes font l'objet de leur culte religieux. Il eſt vrai qu'à cet égard, les mœurs & les coutumes des nations ne s'accordent pas parfaitement ; les unes s'étant permis le dégat des choſes ſacrées &

religieufes, & les autres l'ayant envifagé comme une profanation criminelle : mais quels
que puiffent être l'ufage & les mœurs des
nations, c'eft ce qui ne fauroit jamais faire
la regle primitive du droit : c'eft pourquoi
pour s'affurer du droit que donne la guerre
à cet égard, il faut recourir aux principes
du Droit de la Nature & des Gens.

III. Je remarque donc que les chofes facrées ne font pas dans le fond d'une nature
différente des autres chofes, que l'on appelle profanes. Elles ne différent de celles-ci,
que par la deftination que les hommes en
ont fait pour fervir au culte de la religion.
Mais cette deftination ne donne pas aux chofes la qualité de faintes & de facrées, comme un caractere intrinféque & ineffaçable
dont perfonne ne puiffe les dépouiller. Ces
chofes ainfi facrées appartiennent toujours
au public ou au Souverain, & rien n'empêche que le Souverain qui les a deftinées au
culte religieux, ne change dans la fuite
cette deftination & ne les applique à d'autres
ufages ; car elles font de fon domaine, ainfi
que toutes les autres chofes publiques.

C'eft donc une fuperftition groffiere de
croire que par la confécration ou deftination

de ces chofes au fervice de Dieu , elles changent , pour ainfi dire , de maître , & qu'elles
n'appartiennent pas aux hommes , qu'elles
foient tout-à-fait & abfolument fouftraites
du commerce , & que la propriété en paffe
des hommes à Dieu. Superftition dangereufe qui doit fon origine à l'efprit ambitieux
des miniftres de la religion.

Il faut confidérer les chofes facrées comme des chofes publiques, qui appartiennent
à l'Etat ou au Souverain. Toute la liberté
que donne le droit de la guerre fur les chofes qui appartiennent à l'Etat, elle la donne
auffi par rapport aux chofes facrées : elles
peuvent donc être endommagées ou détruites par l'ennemi , du moins autant que le
demande le but légitime de la guerre ; mais
cette modification , cette limitation que nous
mettons au dégat des chofes facrées ou religieufes, ne leur eft pas particuliere.

IV. En général, il eft bien évident, qu'il
n'eft pas permis de faire le dégat pour le
dégat même , mais qu'il n'eft jufte & innocent que lorfqu'il peut avoir quelque rapport à la fin de la guerre ; c'eft-à-dire, lorfqu'il nous en revient à nous mêmes quelque avantage direct, en nous appropriant le

bien des ennemis, ou que du moins en les ravageant & les détruifant, nous l'affoibliffons en quelque maniere. Ce feroit une fureur également infenfée & criminelle que de faire du mal à autrui, fans qu'il nous en revînt à nous mêmes aucun bien ni directement ni indirectement: il n'arrive gueres, par exemple, qu'il foit néceffaire après la prife d'une ville, de ruiner les temples, les ftatues ou les autres bâtimens publics ou particuliers. Il faut donc pour l'ordinaire les épargner, auffi bien que les tombeaux & les fépulcres.

Difons même que par rapport aux chofes facrées, ceux qui croient qu'elles renferment quelque chofe de divin & d'inviolable, font mal, à la vérité, d'y toucher en aucune maniere; mais c'eft feulement parce qu'ils agiffent contre leur propre confcience. Enfin on peut remarquer encore une autre raifon qui pouvoit juftifier les payens du reproche de facrilege, lors même qu'ils pilloient les temples des Dieux, qu'ils reconnoiffoient pour tels; c'eft qu'ils s'imaginoient que lorfqu'une ville venoit à être prife, les Dieux qu'on y adoroit abandonnoient en même tems leurs temples & leurs autels, fur-tout après qu'ils les avoient *évoqués*, eux & toutes les chofes facrées, avec certaines cérémonies : c'eft ce qu'a fort bien développé feu M. COCCEIUS dans fa differtation *de Evocatione Sacrorum*.

☞ 139. Pour faire fentir encore le droit de dégat & de pillage des chofes même facrées, nous remarquerons, que ce que les hommes doivent ordinairement avoir le plus à cœur, c'eft la religion & ce qui la regarde. En ravageant donc & en pillant les temples, on touche l'ennemi dans la partie la plus délicate, & par-là on le difpofe à nous donner fatisfaction.

D'ailleurs, autorifé par le droit de la guerre, à affoiblir mon ennemi, & à lui ôter tous les moyens de me réfifter & de prolonger la guerre, fi les temples contiennent des effets précieux que la fuperftition y a amaffé, je puis les faifir & les employer pour fournir aux fraix de la guerre, & pour ôter à mon ennemi cette reffource. Ce moyen même me mettra fort au large, & je fournirai aux fraix immenfes de la guerre, fans toucher aux biens de mes fujets, qui d'ailleurs font affez expofés aux autres calamités de la guerre. Les Proteftans ont beau jeu à cet égard dans les guerres qu'ils entreprennent contre les Catholiques dont les Eglises font ordinairement remplies d'effets précieux que la fuperftition y confacre.

Enfin le but même de ce droit en fuggere la modération. Ainfi il faut épargner les bâtimens publics, les temples, les tombeaux, tous les monumens refpectables par leur perfection. En effet, que gagne-t-on à les détruire ? On n'affoiblit point l'ennemi par-là, on ne lui ôte point les moyens de nous réfifter plus long-tems ; nous n'en devenons pas plus puiffans. C'eft fe déclarer ennemi de genre humain, que de le priver de gaieté du cœur, de ces monumens des arts, de ces modeles du goût, comme Belifaire le répréfentoit à Totila, Roi des Goths. Nous déteftons encore aujourd'hui ces barbares, qui détruifirent tant de merveilles, quand ils inonderent l'empire Romain.

Cependant, s'il eft néceffaire de détruire des édifices de cette nature, pour les opérations de la guerre, pour pouffer les travaux d'un fiege, on en a le droit fans doute. Le Souverain du pays ou fon général, le détruit bien lui-même, quand le befoin ou les maximes de la guerre l'y invitent. Le gou-

verneur d'une ville affiégée en brule les faux-
bourgs pour empêcher que les affiégeans
ne s'y logent. Perfonne ne s'avife de blâ-
mer celui qui dévafte des jardins, des vignes,
des vergers, pour y affeoir fon camp & s'y
retrancher. Si par-là il détruit quelque beau
monument, c'eft un accident, une fuite malheureufe de la guerre : il ne fera condamné
que dans le feul cas, où il eût pu camper
ailleurs fans le moindre inconvénient.

Il eft cependant difficile d'épargner les
chefs - d'œuvre des arts, quand on bombar-
de une ville. Communément on fe borne
aujourd'hui à foudroyer les remparts & tout
ce qui appartient à la défenfe de la place :
détruire une ville par des bombes & les bou-
lets rouges, eft une extrémité à la quelle
on ne fe porte pas fans de grandes raifons.
Elle eft cependant autorifée par les loix de
la guerre, ou qui fert à nous porter des
coups dangereux.

Au pillage du pays, on a fubftitué un
ufage, en même tems plus humain & plus
avantageux au Souverain qui fait la guerre :
c'eft celui des contributions. Quiconque
fait une guerre jufte, eft en droit de faire
contribuer le pays ennemi à l'entretien de

fon armée, à tous les fraix de la guerre : il obtient ainfi une partie de ce qui lui eft dû ; & les fujets de l'ennemi, fe foumettant à cette impofition, leurs biens font garantis du pillage, le pays eft confervé. Mais fi un Général veut jouir d'une réputation fans tache, il doit modérer les contributions, & les proportionner aux facultés de ceux à qui il les impofe.

On ravage fouvent entiérement un pays, on faccage les villes & les villages, on y porte le fer & le feu. Terribles extrêmités, quand on y eft forcé ! Excès barbares & monftrueux quand on s'y abandonne fans une abfolue néceffité ! Deux raifons cependant peuvent les autorifer. 1°. La néceffité de châtier une nation injufte & féroce, de reprimer fa brutalité & de fe garantir de fes brigandages : 2°. On ravage un pays, on le rend inhabitable, pour s'en faire une barriere pour couvrir fa frontiere contre un ennemi que l'on ne fe fent pas capable d'arrêter autrement. Le moyen eft dur, il eft vrai ; mais pourquoi n'en pourroit - on pas en ufer aux dépens de l'ennemi , puifqu'on fe détermine bien dans les mêmes vues à ruiner fes propres provinces ?

Concluons donc par une regle générale qui contient tous les cas poffibles pour la direction d'un Souverain ou d'un Général lorfqu'il s'agit de dégat, ou de pillage. Otez le cas où il s'agit de punir un ennemi, tout revient à cette regle générale. Tout le mal que l'on fait à l'ennemi pour l'affoiblir, pour lui ôter les moyens de prolonger la guerre, & pour l'obliger à nous fatisfaire plus promptement, eft permis par le Droit naturel : au contraire, tout le mal que l'on fait à l'ennemi fans néceffité, toute hoftilité qui ne tend point à amener la victoire & la fin de la guerre, eft une licence que la loi naturelle condamne.

Ajoutons enfin fur cette matiere, les fages réflexions que fait GROTIUS pour engager les Généraux d'armées à garder à l'égard du dégat, une jufte modération, par le fruit qui peut leur en revenir à eux-mêmes. Et premiérement, dit-il, „ on ôtera par là à „ l'ennemi une des plus puiffantes armes, „ je veux dire le défefpoir. De plus, en „ ufant de la modération dont il s'agit, on „ donne lieu de croire que l'on a grande „ efpérance de remporter la victoire, & la „ clémence par elle-même eft très propre à

„ dompter & à gagner les esprits. C'est ce
„ que l'on pourroit prouver par plusieurs
„ faits considérables. ”

V. Outre le pouvoir que donne la guerre de gâter & de détruire les biens de l'ennemi, elle donne encore le droit d'acquérir,
de s'approprier & retenir en conscience les
choses que l'on a prises sur l'ennemi, jusqu'à la concurrence de la somme qui nous
est due, y compris les fraix de la guerre,
à laquelle l'ennemi nous a engagé , pour
n'avoir pas voulu nous satisfaire, & même
ce que l'on juge à propos de garder, comme une sureté pour l'avenir.

Selon les regles du Droit des Gens, non
seulement ceux qui ont pris les armes pour
un juste sujet, mais encore tous ceux qui
font la guerre, acquierent la propriété de
ce qu'ils prennent à l'ennemi, & cela sans
regle ni mesure, du moins quant aux effets
extérieurs, dont le droit de propriété est
accompagné, c'est-à-dire, que les nations
neutres doivent regarder les deux partis qui
font en guerre, comme propriétaires légitimes de ce qu'ils peuvent acquérir l'un sur
l'autre par la force des armes, l'état même de
neutralité ne leur permettant pas de prendre

parti, & de traiter l'un ou l'autre de ceux qui font en guerre, comme un ufurpateur, felon les principes que nous avons établis ci - deffus.

VI. Cela eft vrai généralement, tant à l'égard des chofes mobiliaires que des immeubles ; pendant qu'elles font entre les mains de celui qui les a acquifes par droit de guerre ; mais fi des mains du vainqueur elles font déja paffées entre les mains d'un tiers, rien n'empêche, fi ce font des immeubles, que celui fur lequel elles ont été prifes ne tâche de les revendiquer fur ce tiers qui les tient de fon ennemi à quelque titre que ce foit, car il a autant de droit contre le poffeffeur, que contre fon ennemi même.

J'ai dit, *fi ce font des immeubles* ; car pour ce qui eft des chofes mobiliaires, comme elles peuvent paffer aifément par le commerce entre les mains des fujets d'un Etat neutre, fans que ceux qui les acquierent fachent fouvent que ce font des chofes prifes à la guerre, la tranquillité des peuples, le bien du commerce, & l'état même de neutralité, demandent qu'elles foient toujours réputées de bonne prife & appartenir de plein droit à celui de qui on les tient ; mais il
n'en

n'en eft pas de même des immeubles, ils
font immobiles de leur nature , & ceux à
qui un Etat, qui les a pris fur fon ennemi ,
veut les céder , ne peuvent pas ignorer la
maniere dont il les poflède.

☞   140. Il me femble que cette décifion contient quelque chofe de contradic-
toire. Il eft fûr que le droit de guerre eft
un titre à la propriété. Le Souverain donc
qui vient d'acquérir un bien immeuble, en
eft propriétaire par droit de guerre. En qualité de propriétaire, il en peut difpofer, fuivant qu'il le trouvera plus convenable aux
intérêts de fes Etats ; pourquoi donc l'ancien
propriétaire qui l'a perdu par droit de guerre , pourroit-il le reclamer des mains d'un
tiers en faveur du quel le nouveau propriétaire à trouvé à propos d'en difpofer ? Il a ,
dit-on , autant de droit contre le poffeffeur
que contre fon ennemi même; mais fi celui-
ci l'a acquis par droit de guerre , je ne vois
pas quel droit l'ancien propriétaire y a après
l'acquifition que fon ennemi en a faite ; à
moins que ce ne foit une ufurpation ; mais
alors ce n'eft plus un bien acquis par droit
de guerre. Ce tiers , ajoute-t-on , ne peut
pas ignorer la maniere dont le poffede la puif-

sance qui l'a conquis. Mais c'est précisément parce qu'il sait que celui qui le lui remet, l'a acquis par droit de guerre, droit qui lui en assure la propriété, qu'il le reçoit, & qu'il s'en croit propriétaire légitime.

En effet, celui qui a acquis par droit de guerre un bien immeuble, en est propriétaire légitime, & les nations neutres doivent reconnoître cette propriété, suivant BURLAMAQUI; mais, ajoute t-il, si des mains du vainqueur cet immeuble passe entre les mains d'un tiers, celui sur lequel ce bien a été pris, peut le revendiquer sur ce tiers. Mais si le vainqueur possède ce bien à juste titre, pourquoi ne seroit-il pas possédé aussi à juste titre par le tiers en faveur de qui le nouveau propriétaire en a disposé? Si celui-ci est vraiment propriétaire, l'autre à qui il transporte son droit, le sera aussi; ou si on peut le revendiquer des mains du tiers, on pourra le revendiquer tout aussi bien des mains du vainqueur, qui par conséquent ne possederoit pas à juste titre ce qu'il auroit acquis par droit de guerre. Les Romains ayant repris la Syrie sur Tigrane qui l'avoit conquise sur Antiochus le Pieux; celui-ci la redemanda aux Romains. Pompée répondit à Antiochus, „que

„ comme il ne l'avoit point dépouillé de ses
„ Etats, pendant qu'il en étoit en possession,
„ il ne vouloit pas non plus, après qu'il
„ avoit cédé son droit à Tigrane, lui ren-
„ dre un Royaume, qu'il ne savoit point
„ garder. (a) ”

Il faut cependant remarquer, que le vainqueur n'acquiert par droit de guerre les biens
mobiliers ou immeubles, que jusqu'à la concurrence de la réparation du dommage &
des fraix de la guerre. Par conséquent il
ne possede pas légitimement ce qui surpasse
cette somme. Aussi les puissances de l'Europe sont aujourd'hui dans l'usage de rendre
les biens meubles ou immeubles qui passent
la somme de ce qu'elles ont droit d'exiger
réciproquement. Ainsi lorsque je dis qu'une
nation possede à juste titre ce qu'elle a conquis par droit de guerre, j'entends parler
des biens qui ne vont pas au - delà de ce
qu'elle est en droit de demander. Et ce
ne sont que ces biens seulement qu'on acquiert par droit de guerre ; & on n'en acquiert le sur plus que par le droit du plus
fort, qui est celui des barbares. ☞

(a) Justinus Lib. XL. cap. II.

VII. On demande, quand eft-ce que les chofes prifes par droit de guerre font cenfées véritablement prifes & appartenir à celui qui s'en eft mis en poffeffion ? GROTIUS répond en Jurifconfulte , qu'on eft cenfé avoir pris par droit de guerre les chofes mobiliaires , du moment qu'elles font à couvert de la pourfuite de l'ennemi , ou qu'on s'en eft rendu maître de telle maniere, que l'ennemi à qui on les a enlevées , doive vraifemblablement avoir perdu l'efpérance de les recouvrer. C'eft ainfi , dit-il , que les vaiffeaux & les autres chofes dont l'on s'empare fur mer ne font cenfées prifes , que lors qu'on les a amenées dans quelque port ou quelque havre de notre dépendance , ou bien dans l'endroit de la mer , où fe tient une flotte entiere que l'on y a envoyée ; car ce n'eft qu'alors que l'ennemi commence à défefpérer de les recouvrer.

Mais, pour moi, il me femble que cette maniere de répondre à la queftion eft tout-à-fait arbitraire , & qu'elle n'a aucun fondement naturel. Je ne vois pas pourquoi les prifes qu'une des parties a fait fur l'autre ne lui appartiennent pas, du moment même qu'il les a faites; car enfin, un ennemi

se trouve dans toutes les circonstances nécessaires pour acquérir la propriété , dans
le moment même de la capture : il a l'intention d'acquérir une cause ou un titre d'acquisition juste, savoir le droit de la guerre,
& il possede actuellement la chose ; & si le
principe que suppose GROTIUS avoit lieu ,
& que les choses prises sur l'ennemi ne fussent censées bien prises , que lorsqu'elles sont
transportées en lieu de sûreté, il s'en suivroit
que le butin qu'une petite troupe de soldats
auroit fait sur l'ennemi , pourroit lui être
enlevé par une troupe plus forte du même
parti, comme appartenant encore à l'ennemi sur qui il a été fait, supposé que cette
seconde troupe attaquât la premiere , avant
que celle - ci eût transporté son butin en
lieu de sûreté.

Cette derniere circonstance est donc tout-
à-fait indifférente à la question dont il s'agit:
la difficulté plus ou moins grande que peut
rencontrer l'ennemi dépouillé, à recouvrer
ce qu'on lui a enlevé, n'empêche point que
ce qui a été pris, n'appartienne actuellement
au vainqueur. Tout ennemi comme tel ,
& tant qu'il demeure tel, conserve toujours
la volonté de recouvrer ce que l'autre lui a

pris ; l'impuiſſance où il ſe trouve pour l'heure , ne fait que le réduire à la néceſſité d'attendre un tems plus favorable qu'il cherche & qu'il ſouhaite toujours. Ainſi , par rapport à lui, la choſe ne doit pas être plus cenſée priſe lorſqu'elle eſt en lieu de ſureté , que quand il eſt encore en état de la pourſuivre : tout ce qu'il y a, c'eſt que dans ce dernier cas la poſſeſſion du vainqueur n'eſt pas auſſi aſſurée que dans le premier , & la vérité eſt que cette diſtinction n'a été inventée que pour établir les regles du droit de *Poſtliminie*, ou la maniere dont les ſujets de l'Etat, à qui l'on a pris quelque choſe dans la guerre, rentrent dans leurs droits, plutôt que pour déterminer le tems de l'acquiſition des choſes priſes d'ennemi à ennemi.

VIII. Voilà ce qu'il·me ſemble que le Droit Naturel décide ſur cette queſtion. Grotius remarque encore que par l'uſage établi de ſon tems entre les peuples de l'Europe, il ſuffit que ces choſes ayent été vingt quatre heures au pouvoir de celui qui les a priſes ſur l'ennemi , pour qu'elles ſoient cenſées lui appartenir. M. De Thou dans ſon Hiſtoire ſur l'année 1595. nous donne un exemple que cela se pratiquoit ainsi sur terre. La ville de Liere en Brabant, ayant été prise & reprise dans le même jour, le butin fait sur les habitans leur fut rendu, parce qu'il n'avoit pas été vingt-quatre heures entre les ennemis; mais cette regle fut changée ensuite par rapport aux Provinces-Unies; & en général on peut remarquer que chaque Souverain peut établir là-dessus telle regle qu'il juge à propos, & faire à ce sujet des concordats avec les autres Souverains; il y en a eu plusieurs faits en différens tems, entre les Hollandois & les Espagnols, les Portugais & les Etats du Nord.

IX. Grotius applique aussi ces principes aux terres; elles ne sont pas censées prises du moment qu'on les occupe, mais il faut pour cela qu'elles soient environnées de fortifications durables, ensorte que l'ennemi ne puisse y entrer ouvertement qu'en forçant ces retranchemens : mais on peut encore appliquer à ce cas-ci les réflexions que nous avons faites ci-dessus. Un terrein appartient à l'ennemi dès qu'il en est le maître, & aussi long-tems qu'il en demeure en possession : le plus ou le moins de précautions qu'il peut prendre pour s'en affurer ne fait rien à cela.

Mais quoi qu'il en foit, il faut bien remarquer ici, que pendant tout le tems de la guerre, le droit qu'on acquiert fur les chofes dont on a dépouillé l'ennemi, n'eft valable que par rapport à un tiers neutre ; car l'ennemi lui-même peut reprendre ce qu'il a perdu, toutes les fois qu'il en trouve le moyen, jufqu'à ce que par un traité de paix, il ait renoncé à toutes fes prétentions.

X. Il eft certain encore, que pour pouvoir s'approprier une chofe par droit de guerre, il faut qu'elle appartienne à l'ennemi ; car celles qui appartiennent à des gens qui ne font ni fes fujets, ni animés du même efprit que lui contre nous, ne fauroient être prifes par droit de guerre, encore même qu'elles fe trouvent fur les terres de l'ennemi ; mais fi des étrangers neutres fournifoient à notre ennemi quelque chofe, & cela à deffein de le mettre en état de nous nuire, ils peuvent alors être regardés comme étant du parti de notre ennemi, & par conféquent leurs effets font fujets à être pris par droit de guerre.

Il faut pourtant remarquer à ce fujet que dans le doute, la préfomption eft toujours, que ce que l'on trouve en pays ennemi ou dans un de fes vaiffeaux, eft cenfé lui appartenir ; car outre que cette préfomption eft très-naturelle, fi la maxime contraire avoit lieu, elle fourniroit l'occafion à une infinité de fraudes ; mais cette préfomption, quelque raifonnable qu'elle foit en elle-même, peut être détruite par des preuves contraires.

XI. Les vaiffeaux appartenans à des amis ne font pas non plus de bonne prife, à caufe de quelques effets des ennemis qui s'y trouvent, à moins qu'ils n'y ayent été mis par le confentement du maître du vaiffeau, qui par-là femble violer la neutralité ou l'amitié, & nous donner un jufte droit de le traiter comme ennemi. Mais il faut en général remarquer fur toutes ces queftions, qu'il eft de la prudence & de la fageffe des Souverains de s'entendre entr'eux fur ces différens cas, par des concordats précis, afin d'éviter les difputes qui en peuvent naître.

Remarquons encore, que c'eft une conféquence des principes que nous venons d'établir, que quand on a pris sur l'ennemi des chofes, dont il avoit dépouillé lui-même quelqu'autre, par droit de guerre, l'ancien poffeffeur qui les a ainfi perdues, ne peut point les reclamer entre nos mains.

☞ 141. Ceci eft bien conforme à ce que nous avons remarqué dans la remarque précédente ; & la réponfe de Pompée le confirme ; mais il ne convient guere à la décifion que l'Auteur a donné au §. VI. ☜

XII. Une autre queftion que l'on fait ici, c'eft de favoir, fi les chofes prifes dans une guerre publique & folemnelle appartiennent à l'Etat, ou aux particuliers qui en font membres, ou à ceux qui en ont fait eux-mêmes le butin ? Je réponds, que comme c'eft au Souverain feul qu'appart'ent le droit de faire la guerre, & que c'eft toujours par fon autorité qu'elle fe fait, c'eft auffi à lui qu'eft acquis originairement & premierement tout le butin, qui que ce foit qui le faffe. Cependant, comme il n'y a point de citoyen à qui la guerre ne foit onéreufe, il eft de l'équité & de l'humanité du Souverain, de faire enforte que chacun fe reffente des avantages qui en peuvent revenir : pour cet effet, ou l'on peut donner à ceux que l'on fait marcher en campagne, une paye des deniers publics, ou partager entr'eux le butin : pour ce qui eſt des troupes étrangeres, le Souverain n'eſt tenu que de leur payer exactement leur ſolde ; ce qui eſt audelà eſt pure libéralité.

XIII. Grotius qui examine fort au long cette queſtion, diſtingue les actes d'hoſtilité véritablement publics, & les actes particuliers d'hoſtilité faits d'autorité privée, à l'occaſion d'une guerre publique. Par les derniers, ſelon lui, les particuliers acquierent pour eux-mêmes premierement & directement, ce qu'ils prennent ſur l'ennemi ; au lieu que par les premiers, tout ce que l'on prend eſt au profit du peuple ou du Souverain : mais on a eu raiſon de critiquer cette déciſion ; toute guerre publique ſe faiſant par autorité du peuple ou du chef du peuple, c'eſt de lui auſſi que vient originairement tout le droit que des particuliers peuvent avoir ſur les choſes priſes à l'ennemi : il faut toujours ici un conſentement ou exprès ou tacite du Souverain.

Remarquons encore ſur cette queſtion, que Grotius en la traitant, a confondu deux choſes differentes. La premiere dont il s'agit, ne se rapporte point au Droit des Gens, proprement ainsi nommé ; car de quelque maniere qu'on entende ce droit & sur quoi qu'on le fonde, il doit regarder les affaires que les peuples ont à démêler ensemble ; or, que le butin appartienne au Souverain qui fait la guerre, ou aux Généraux d'armées, ou aux soldats, ou à toute autre personne qui a pris quelque chose sur l'ennemi, cela ne fait rien, ni à l'ennemi même, ni aux autres peuples. Si ce qui est pris est de bonne prise, il importe fort peu à l'ennemi, entre les mains de qui il demeure. Pour ce qui est des peuples neutres, il suffit que ceux d'entr'eux qui ont acheté, ou acquis de quelque autre maniere une chose mobiliaire, acquise à la guerre, ne puissent point être inquiétés ou recherchés là-dessus. La vérité est que les réglemens & les usages qu'il y a sur ce sujet ne font point de droit public, & leur conformité dans plusieurs pays n'emporte autre chose qu'un droit civil, commun à plusieurs peuples séparément.

XIV. Pour ce qui regarde en particulier l'acquisition de *choses incorporelles* par droit de guerre, il faut remarquer, qu'on n'en

devient maître que quand on eſt en poſſeſſion du ſujet même auquel elles ſont attachées ; or elles accompagnent ou les choſes
ou les perſonnes. On attache ſouvent, par
exemple, aux fonds de terre, aux rivieres,
aux ports, aux villes, certains droits qui les
ſuivent toujours, à quelques poſſeſſeurs
qu'elles parviennent, ou plutôt ceux qui
les poſſédent ont par cela ſeul certains droits
ſur d'autres choſes ou ſur d'autres perſonnes.

Les droits qui conviennent directement
& immédiatement à une perſonne, regardent ou d'autres perſonnes ou ſeulement
certaines choſes : ceux qu'une perſonne a
ſur une autre perſonne, ne s'acquiérent
que par le conſentement de celle-ci, qui eſt
cenſée n'avoir voulu donner pouvoir ſur
elle qu'à une certaine perſonne déterminée,
& non à une autre ; ainſi lorſqu'on a pris
le Roi du peuple, avec qui on eſt en guerre, on n'eſt pas pour cela ſeul maître de ſon
Royaume.

Mais à l'égard des droits perſonnels ſur
les choſes, il ne ſuffit pas de s'être ſaiſi de
la perſonne de l'ennemi, pour avoir acquis
tous ſes biens, à moins qu'on ne s'empare

en effet de ces biens mêmes dans l'occasion. On peut voir là-dessus l'exemple que donnent Grotius & Puffendorf, de la donation que fit Alexandre le Grand aux Thessaliens, après avoir détruit la ville de Thébes, d'un contract par lequel les Thessaliens reconnoissoient devoir aux Thébains cent talens.

XV. Tels sont les droits que donne la guerre sur les biens de l'ennemi. Au reste, Grotius prétend que le droit en vertu duquel on acquiert les choses prises sur l'ennemi, est tellement propre & particulier aux guerres publiques, faites dans les formes, qu'il n'a aucun lieu dans les autres, comme dans les guerres civiles, &c. Et qu'en particulier dans les guerres civiles, il ne se fait aucun changement de maître, qu'en vertu de la sentence d'un Juge. Mais on peut remarquer là-dessus, que dans la plupart des guerres civiles, on ne reconnoît point de Juge commun. Si l'Etat est Monarchique, la dispute roule, ou sur la succession à la couronne, ou sur ce qu'une partie de l'Etat prétend que le Roi a abusé de son pouvoir d'une maniere qui autorise les sujets à prendre les armes contre lui.

Au premier cas, la nature même du sujet pour lequel on en est venu à la guerre, fait

que les deux parties forment alors comme
deux corps diſtinɗs, juſqu'à ce qu'ils viennent à convenir d'un chef par quelque traité : ainſi, par rapport aux deux partis qui
étoient en guerre, c'eſt d'un tel traité que
dépend le droit que l'on peut avoir ſur ce
qui a été pris de part & d'autre, & rien
n'empêche que la choſe ne ſoit laiſſée ſur le
pied, & de la même maniere qu'elle a lieu
dans les guerres publiques, entre deux Etats
toujours diſtinɗs. Pour les autres peuples
qui n'avoient point été mêlés dans la guerre, ils ne ſont pas plus autoriſés à examiner la validité des acquiſitions, que lorſqu'il
s'agit d'une guerre faite entre deux Etats.

L'autre cas, je veux dire le ſoulevement
d'une partie conſidérable de l'Etat, contre
le Prince régnant, ne peut guere arriver
que quand un Roi y a donné lieu par ſa tyrannie ou par la violation des loix fonda-
mentales ; ainſi le gouvernement eſt alors
diſſous & le corps ſe trouve aɗuellement
diviſé en deux corps diſtinɗs & indépendans, de ſorte qu'il en faut juger de même
que du premier. A plus forte raiſon, cela
a-t-il lieu dans les guerres civiles d'un Etat
Républicain, où la guerre détruit d'abord par

elle-même la souveraineté, qui ne subsiste qu² par l'union du corps.

XVI. Grotius semble avoir pris ses idées là-dessus de l'ancien Droit Romain : mais le Droit Romain vouloit que les prisonniers faits dans une guerre civile ne pussent point être réduits à l'esclavage. C'est, comme le remarque le Jurisconsulte Ulpien, *(a)* parce que l'on regardoit la guerre civile, comme n'étant pas proprement une guerre, mais une *dissension civile* ; car une véritable guerre se fait entre ceux qui sont ennemis & animés d'un esprit ennemi, qui les porte à chercher la ruine de l'Etat l'un de l'autre ; au lieu que dans une guerre civile, quelque nuisible qu'elle soit le plus souvent à l'Etat, l'un veut se sauver d'une maniere & l'autre d'une autre ; ainsi ils ne sont point ennemis : chacun des deux partis demeure toujours citoyen de l'Etat ainsi divisé.

Mais tout cela est une pure supposition, ou une *fiction de droit*, qui n'empêche pas que tout ce que nous avons dit ne soit vrai, & n'ait lieu le plus souvent ; & si parmi les Romains on ne pouvoit s'approprier, com-

---

(a) **Leg.** 21. §. 1. ff. *de Capt. & revers.*

me

me véritablement efclaves, les prifonniers faits dans une guerre, civile, c'étoit en vertu d'une loi particuliere reçue parmi eux, & non pas à caufe du défaut des conditions ou des formalités que demande, felon Grotius, une guerre publique & folemnelle felon le Droit des Gens.

XVII. Enfin, pour ce qui eft des guerres des brigands & des corfaires, fi elles ne font pas fuivies des effets dont nous avons parlé, fi elles ne donnent pas à ces corfaires le droit de s'approprier ce qu'ils ont pris, c'eft parce que ce font des voleurs, des ennemis du genre-humain, & par conféquent des gens dont tous les actes d'hoftilité font manifeftement injuftes, ce qui autorife toutes les nations à les traiter en ennemis; au lieu que dans les autres fortes de guerres, il eft fouvent affez difficile de juger de quel côté eft le bon droit, de forte que la chofe demeure & doit demeurer indécife par rapport à ceux qui n'ont pris aucun parti.

☞ 142. Difons encore quelque chofe du droit de *poftliminie*. Le droit de poftliminie eft ce droit en vertu duquel les perfonnes & les chofes prifes par l'ennemi,

Tome VIII.   H

font rendues à leur premier état, quand elles reviennent fous la puiffance de la nation à laquelle elles appartenoient. Ce droit eft fondé fur ce que le Souverain eft obligé de protéger la perfonne & les biens de fes fujets, de les défendre contre l'ennemi. Lors donc qu'un fujet, ou quelque partie de fes biens font tombés entre les mains de l'ennemi, fi quelque heureux événement le remet en la puiffance du Souverain, il n'y a nul doute qu'il ne doive les rendre à leur premier état, rétablir les perfonnes dans tous leurs droits & dans toutes leurs obligations, rendre les biens aux propriétaires, en un mot, remettre toutes chofes comme elles étoient avant que l'ennemi s'en fût rendu maître. La juftice ou l'injuftice de la guerre n'apporte ici aucune différence, non-feulement parce que, fuivant le Droit des Gens qu'on appelle volontaire, & qui n'eft fondé que fur l'impunité, la guerre quant à fes effets, eft réputée jufte de part & d'autre ; mais encore, parce que la guerre, jufte ou non, eft la caufe de la nation ; & fi les fujets qui combattent, ou qui fouffrent pour elle, après être tombés, eux ou leurs biens, entre les mains de l'ennemi, fe retrouvent,

par un heureux accident, fous la puiffance
de leur nation, il n'y a aucune raifon de ne
pas les rétablir dans leur premier état : c'eſt
comme s'ils n'euſſent point été pris. Si la guerre eſt juſte, ils avoient été pris injuſtement ;
rien de plus naturel que de les rétablir, dès
qu'on le peut : ſi la guerre eſt injuſte, ils ne
font pas plus obligés d'en porter la peine que
le reſte de la nation. La fortune fait tomber le mal ſur eux, quand ils font pris ; elle
les en délivre, lorſqu'ils échappent ; c'eſt
donc comme s'ils n'avoient pas été pris : ni
leur Souverain, ni l'ennemi n'ont aucun
droit particulier ſur eux : l'ennemi a perdu
par un accident, ce qu'il avoit gagné auparavant. Enfin ce droit à lieu auſſi-tôt que les
perſonnes ou ces choſes priſes par l'ennemi, tombent entre les mains des foldats de
la même nation, ou ſe retrouvent dans l'armée, dans le camp, dans les terres de leur
Souverain, dans les lieux où il comman-
de. 

CHAPITRE VIII.

Du Droit de Souveraineté que l'on acquiert sur les Vaincus.

I. Outre tous les effets de la guerre dont nous avons parlé jusqu'ici, il y en a encore un qui est le plus considérable, & dont il nous reste à traiter ; je veux dire le droit de souveraineté que l'on acquiert sur les vaincus. Nous avons déja fait cette remarque ci-devant, en expliquant les différentes manieres dont on peut acquérir la souveraineté, c'est qu'en général on peut l'acquérir ou d'une maniere violente & par droit de conquête, &c.

II. Mais il faut bien prendre garde, que la guerre ou la conquête, considerée en elle-même, n'est pas proprement la cause de cette acquisition ; elle n'est pas la source ou l'origine immédiate de la souveraineté, c'est toujours le consentement du peuple ou exprès ou tacite ; sans ce consentement l'état de guerre subsiste toujours, & on ne sauroit concevoir comment on pourroit être dans l'obligation d'obéir à celui à qui on n'a rien promis : la guerre n'eſt donc à proprement parler, que l'occaſion de l'acquiſition de la ſouveraineté, & les vaincus aiment mieux ſe ſoumettre au vainqueur, que s'expoſer à une entiere deſtruction.

D'ailleurs l'acquiſition de la ſouveraineté par droit de conquéte ne peut, à parler à la rigueur, paſſer pour légitime, à moins que la guerre ne ſoit juſte en elle-même, & que le but légitime que l'on ſe propoſe, n'autoriſe le vainqueur à pouſſer les actes d'hoſtilité juſqu'à acquérir la ſouveraineté ſur les vaincus, c'eſt à-dire, qu'il faut que notre ennemi n'ait pas d'autre moyen de s'acquiter envers nous de ce qu'il nous doit, de nous dédommager, ou que notre propre ſureté exige que nous le réduiſions abſolument dans notre dépendance. Dans ces circonſtances, il eſt certain que la réſiſtance d'un ennemi vaincu, autoriſe à pouſſer les actes contre lui, juſqu'à ce qu'il ſoit entierement réduit ſous notre puiſſance, & que l'on peut ſans injuſtice profiter de la ſupériorité que donne la victoire, pour lui extorquer un confentement qu'il nous devroit donner volontiers & de lui-même.

☞ 143. Les cas où le confentement du peuple eft néceffaire pour acquérir le droit de conquête, font très-rares, comme il paroîtra par l'expofition des cas où ce confentement eft inutile. Car 1°. fi la nation a été impliquée dans la guerre auffi bien que fon Souverain, comme le vainqueur peut priver ce dernier de fa fouveraineté fans fon confentement ni exprès ni tacite; pourquoi ne pourroit-il pas gouverner la nation fans fon confentement? 2°. Si la guerre eft manifeftement injufte du côté du vaincu, qui d'ailleurs n'ait pas de quoi réparer les dommages & les frais énormes de la guerre; pourquoi le vaincu ne pourroit-t-il pas s'en emparer pour fe dédommager de ce qui lui eft juftement dû? 3°. Si la nation vaincue eft une nation perfide, inquiete & dangereufe, quel befoin auroit le vainqueur de ce confentement? Car dans ce cas non-feulement il peut fe déclarer fon Souverain; mais il peut même lui ôter par forme de peine, fes droits, fes franchifes, & la mettre hors d'état de l'inquiéter, il doit même cette précaution à fa fureté & à celle de fa nation pour l'avenir. 4°. Enfin, fi les habitans fe font rendus perfonnellement coupables envers le vainqueur, par quelque attentat, ou fi en prenant injuftement les armes contre lui, ils fe font montrés directement fes ennemis ; quel befoin auroit le conquérant du confentement de ces habitans pour acquérir un véritable droit de fouveraineté fur eux ? La décifion donc de l'Auteur n'a lieu que dans le cas de ces Conquérans qu'on appelle ainfi mal à propos, mais dont le véritable nom eft celui de brigands.

III. Tels font les véritables principes fur lefquels eft établie l'acquifition de la fouveraineté par droit de conquête, d'où l'on peut conclure, que fi l'on jugeoit fur ces fondemens, des différentes acquifitions de cette nature, la plupart ne fe trouveroient pas trop bien établies ; car il eft encore affez rare que les vaincus foient effectivement réduits à cette extrêmité, que de ne pouvoir dédommager ou fatisfaire aux juftes prétentions du vainqueur, autrement qu'en fe donnant à lui & fe foumettant à fon Empire.

Difons néanmoins que l'intérêt & la tran-

quillité des peuples , exigent que l'on s'éloi-
gne un peu de la rigueur des principes que
nous venons d'établir : à la vérité fi celui
qui a contraint l'autre par la fupériorité de
fes armes , à fe foumettre à fon empire ,
avoit entrepris une guerre manifeftement injufte , ou fi le prétexte fur lequel elle eft
fondée , eft un prétexte vifiblement frivole
au jugement de toute perfonne , tant foit
peu raifonnable , j'avoue qu'une fouveraineté
acquife dans ces circonftances me paroîtroit
vifiblement injufte , & je ne vois pas pourquoi le peuple vaincu feroit plus obligé de
tenir un pareil traité , qu'un homme qui
après être tombé entre les mains des brigands , feroit tenu de leur aller porter exactement ou de payer à leur requifition , l'argent qu'il leur auroit promis pour racheter
fa vie ou fa liberté.

Mais fi le vainqueur avoit entrepris la
guerre pour quelque fujet apparent , quoique peut-être dans le fond il ne fût pas jufte
à toute rigueur , l'intérêt commun du genre humain demande que l'on obferve exactement les engagemens où l'on eft entré envers lui , quoiqu'extorqués par une crainte
qui étoit injufte en elle-même , du moins

auſſi longtems qu'il ne ſurvient pas de nouveau ſujet qui puiſſe valablement exempter
de tenir ſa promeſſe ; car le droit de nature
qui veut que les ſociétés, auſſi bien que les
particuliers, travaillent à leur conſervation,
fait par cela ſeul regarder, non pas comme
proprement juſtes les actes d'hoſtilité de la
part d'un vainqueur injuſte, mais l'engagement d'un traité exprès ou tacite comme ne
laiſſant pas que d'être néanmoins valide ; enſorte que le vaincu ne peut ſe diſpenſer de
le tenir, ſous prétexte de la crainte injuſte
qui en eſt la cauſe, comme il le pourroit
d'ailleurs, ſans la conſidération de l'avantage
qui en revient au genre humain.

Ces conſidérations deviennent encore
plus fortes, ſi l'on ſuppoſe que le vainqueur
ou les ſiens, jouiſſent paiſiblement de la ſouveraineté qu'il a acquiſe par droit de conquête, & que d'ailleurs, il gouverne les
peuples vaincus comme un vainqueur humain & généreux. Dans ces circonſtances
une longue poſſeſſion accompagnée d'un
gouvernement équitable, peut légitimer la
conquête la plus injuſte dans ſes commencemens & dans ſon principe.

IV. Quelques Juriſconſultes modernes

expliquent la chofe un peu autrement. Ils
foutiennent que dans une guerre jufte, le
vainqueur acquiert fur les vaincus un plein
droit de fouveraineté par le droit feul de la
victoire, indépendamment d'aucune convention, & cela encore même que le vainqueur ait d'ailleurs obtenu toute la fatisfaction & tout le dédommagement qu'il pouvoit defirer. La principale raifon dont ces
docteurs fe fervent pour prouver leur fentiment, c'eft que fans cela le vainqueur ne
pourroit pas être affuré de pofféder furement & paifiblement ce qu'il a pris, ou
qu'il a forcé l'ennemi de lui donner pour
fes juftes prétentions, puifque les vaincus
pourroient le reprendre par le même droit
de guerre.

Mais cette raifon prouve feulement que
le vainqueur qui s'eft emparé du pays de
l'ennemi, peut y commander pendant qu'il
le tient, & ne s'en défaifir que quand il a
par devers lui de bonnes furetés, qu'il obtiendra ou qu'il poffédera fans crainte, ce
qui eft néceffaire pour la fatisfaction & pour
les dédommagemens qu'il a droit d'exiger
par les voyes de la force ; mais le but d'une
guerre jufte ne demande pas toujours par

lui-même, qu’on acquiere fur les vaincus & en vertu de la victoire un droit de fouveraineté abfolue & perpétuelle ; c’eft feulement une occafion favorable de l’acquérir, & il faut toujours pour cela un confentement ou exprès ou tacite des vaincus. Autrement, l’état de guerre fubfiftant encore, la fouveraineté du vainqueur n’a d’autre titre que la force, & ne dure qu’auffi longtems que les peuples conquis font dans l’impuiffance de fecouer le joug. Tout ce qu’il y a, c’eft que les puiffances neutres, par cela même qu’elles le font, peuvent & doivent regarder le conquérant comme légitime poffeffeur de la fouveraineté, quand même elles croiroient la guerre injufte de fa part.

☞ 144. Nous avons vu dans la remarque précédente dans quels cas le confentement de la nation eft inutile pour acquérir le droit de conquête. Les puiffances neutres, n’étant pas juges dans la caufe des puiffances belligérantes, elles font obligées de regarder comme juftes & légitimes les prétentions du vainqueur. Auffi la conquête, indépendamment de la juftice de la guerre a toujours été regardée comme un titre légitime entre les nations ; & l’on n’a guere

vu contefter ce titre, à moins que la guerre ne fût non-feulement injufte, mais encore deftituée de tout prétexte. ☞

V. La fouveraineté ainfi acquife par droit
de guerre, ou de conquête, eft pour l'ordinaire úne fouveraineté abfolue, mais quelquefois auffi les vaincus ftipulent du vainqueur des conditions, qui mettent quelques
limites à la fouveraineté qu'il acquiert fur
eux. Quoiqu'il en foit, il eft certain que la
conquête n'autorife jamais à gouverner ty-
ranniquement les peuples conquis, puifque
comme nous l'avons vu ci-devant, la fouveraineté la plus abfolue ne donne aucun
droit de maltraiter ceux qui fe font rendus ;
& la nature même de la chofe, & les loix
naturelles confpirent également à mettre le
vainqueur dans l'obligation de gouverner
ceux qu'il a fubjugués, avec modération &
d'une maniere équitable.

Il y a donc divers ménagemens, dont on
doit ufer dans l'exercice de l'empire que
l'on acquiert fur les vaincus ; telle étoit,
par exemple, cette fage modération des anciens Romains qui confondoient, pour ainfi dire, les vaincus avec les vainqueurs, en
fe hâtant de les incorporer avec eux & de

leur faire part de leur liberté & de leurs avantages. Politique doublement salutaire, qui en même tems qu'elle rendoit plus douce la condition des vaincus, affermissoit considérablement la domination & l'Empire des Romains ; *Quel empire aurions nous aujourd'hui*, disoit Séneque, *si les vaincus n'eussent été mêlés avec les vainqueurs par l'effet d'une sage politique ? Romulus notre Fondateur fut bien sage à l'égard de la plupart des peuples qu'il subjuga, de faire dans un même jour des citoyens de ses ennemis.*

VI. Une autre modération dans la victoire, consiste à laisser aux Rois ou aux peuples vaincus, la souveraineté dont ils jouissent, & à ne point changer la forme de leur gouvernement : rien ne peut mieux assurer au vainqueur sa conquête : l'histoire ancienne, & sur-tout celle des Romains, nous en fournit plusieurs exemples.

Mais si le vainqueur ne peut pas, sans danger pour lui-même, accorder toutes ces douceurs aux vaincus, on peut prendre alors différens tempéramens, comme de laisser aux vaincus ou à leurs Rois, quelque partie de la souveraineté. Lors même que l'on dépouille entierement les vaincus de

leur fouveraineté, on peut encore leur laiſſer, pour ce qui regarde leurs affaires particulieres & les publiques de peu d'importance, leurs loix, leurs coutumes & leurs
Magiſtrats.

VII Il faut ſur-tout ne point ôter aux
vaincus l'exercice libre de leur Religion, à
moins qu'ils ne vinſſent à être perſuadés de
la vérité de celle dont le vainqueur fait pro-
feſſion : non-ſeulement cette complaiſance
eſt par elle-même très-agréable aux vaincus ; mais le vainqueur eſt abſolument obligé de l'avoir pour eux ; il ne ſauroit les
violenter à cet égard ſans tyrannie. Ce n'eſt
pas que le vainqueur ne doive tâcher d'amener les peuples vaincus à la vraie religion,
mais il ne doit employer pour cela que les
moyens proportionnés à la nature de la choſe & au but qu'il a en vue, & qui n'ayent en
eux-mêmes rien de violent & de contraire
à l'humanité.

☞ 145. Ajoutons encore quelques
remarques ſur une matiere ſi importante à
l'humanité. La plupart des jurifconſultes ont
oſé avancer ce principe monſtrueux, que le
conquérant eſt maître abſolu de ſa conquête, qu'il peut en diſpoſer comme il lui plait

& fuivant l'expreffion commune, la *traiter
en pays conquis*. C'eft même de-là qu'ils font
découler les droits du gouvernement def-
potique. BURLAMAQUI lui-même femble em-
prunter leur langage, lorfqu'il dit dans le
§. V. „ que la fouveraineté acquife par droit
„ de guerre ou de conquête, eft pour l'or-
„ dinaire une fouveraineté abfolue. " Laif-
fons les gens qui traitent les hommes comme des effets commerçables, ou comme
des bêtes de charge, qui les livrent à la propriété, au domaine d'un autre homme : rai-
fonnons fur des principes avoués de la raifon, & convenables à l'humanité.

Tout le droit du conquérant vient de la
jufte défenfe de foi - même, laquelle contient le maintien & la pourfuite de fes pro-
priétés. Lors donc qu'il a entierement vaincu une nation ennemie, il peut fans doute,
premierement, fe faire juftice fur ce qui a
donné lieu à la guerre, & fe payer des dé-
penfes & des dommages qu'elle lui a caufés : il peut, felon l'exigence du cas, lui
impofer des peines, pour l'exemple ; il peut
même, fi la prudence l'y oblige, la mettre
hors d'état de nuire fi aifément dans la fuite.

Mais pour remplir toutes ses vues, il doit préférer les moyens les plus doux, & se souvenir que la loi naturelle ne permet les maux que l'on fait à un ennemi, que précisément dans la mesure nécessaire à une juste défense & à une sureté raisonnable pour l'avenir. Quelques Princes se sont contentés d'imposer un tribut à la nation vaincue ; d'autres, de la priver de quelques droits, de lui ôter une province, ou de la brider par des forteresses : d'autres n'en voulant qu'au Souverain seul, ont laissé la nation dans tous ses droits, se bornant à lui donner un maître de leur main.

Mais si le vainqueur juge à propos de retenir la souveraineté de l'Etat conquis, il en a le droit ; & alors la maniere dont il doit traiter ces nouveaux sujets découle des mêmes principes. S'il n'a à se plaindre que du Souverain, la raison démontre qu'il n'acquiert, par sa conquête, que les droits qui appartenoient réellement à ce Souverain dépossédé : & aussi-tôt que le peuple se soumet, il doit le gouverner suivant les loix de l'Etat. Si le peuple ne se soumet pas volontairement, l'état de guerre subsiste.

Un

Un conquérant qui en prenant les armes, non pas seulement a eu en vue le Souverain, mais toute la nation elle-même ; & qui a voulu dompter un peuple féroce, en réduifant une fois pour toutes un ennemi opiniâtre, ce conquérant, dis-je, peut, avec juftice, impofer des charges aux vaincus, pour fe dédommager des frais de la guerre, & pour les punir : il peut, felon le degré de leur indocilité, les régir avec un fceptre plus ferme & capable de les matter ; les tenir quelque tems, s'il eft néceffaire, dans une efpece de fervitude. Mais cet état forcé doit finir dès que le danger ceffe, dès que les vaincus font devenus citoyens : car alors le droit du vainqueur expire, quant à ces voyes de rigueur, puifque fa défenfe & fa fureté n'exigent plus de précautions extraordinaires. Tout doit être enfin ramené aux regles d'un gouvernement doux, & aux devoirs d'un Prince modéré.

Lorfqu'un Souverain, fe prétendant le maître abfolu de la deftinée d'un peuple qu'il a vaincu, veut le réduire en efclavage, il fait fubfifter l'état de guerre entre ces peuples & lui. Les Scythes difoient à Alexandre le Grand : „ il n'y a jamais d'amitié en-

,, tre le maître & l'efclave : au milieu de la
,, paix, le droit de la guerre fubfifte tou-
,, jours ". (a) Si quelqu'un dit qu'il peut
y avoir paix dans ce cas-là, & une efpece
de contrat, par lequel le vainqueur accorde
la vie, à condition qu'on fe reconnoiffe pour
fes efclaves, il ignore que la guerre ne donne point le droit d'ôter la vie à un ennemi
défarmé & foumis (Remarque 137.) Mais
ne conteftons point : qu'il prenne pour lui
cette jurifprudence : il eft digne de s'y foumettre. Les gens de cœur qui comptent la
vie pour rien, & pour moins que rien, fi
elle n'eft accompagnée de la liberté, fe croi-
ront toujours en guerre avec cet oppref-
feur, quoique les actes en foyent fufpendus
par impuiffance. Difons donc encore que
fi la conquête doit être véritablement fou-
mife au conquérant, comme à fon Souverain légitime, il faut qu'il la gouverne
felon les vues pour lefquelles le gouvernement civil a été établi. Le Prince feul, pour
l'ordinaire donne lieu à la guerre, & par
conféquent à la conquête. C'eft bien affez

(a) Curt. Lib. VII. cap. VIII.

qu'un peuple innocent fouffre les calamités de la guerre : faudra-t-il que la paix même lui devienne funefte ? Un vainqueur généreux s'appliquera à foulager fes nouveaux fujets, à adoucir leur fort ; il s'y croira indifpenfablement obligé. La conquête, dit fort bien l'Auteur de *l'Efprit des Loix*, laiffe toujours à payer une dette immenfe, pour s'acquitter envers la nature humaine.

La faine politique fe trouve ici, comme par tout ailleurs, parfaitement d'accord avec l'humanité. Quelle fidélité, quel fecours pouvez-vous attendre d'un peuple opprimé ? Voulez-vous que votre conquête augmente véritablement vos forces, qu'elle vous foit attachée ? Traitez-la en pere, en véritable Souverain. J'admire la généreufe réponfe de cet Ambaffadeur de Pivernes. Introduit devant le Sénat Romain, & le Conful lui difant : „ Si nous ufons de clémence, „ quel fond pouvons-nous faire fur la paix „ que vous venez nous demander ? ” L'Ambaffadeur répondit : „ Si vous nous l'accor„ dez à des conditions raifonnables, elle „ fera fûre & éternelle ; finon elle ne du„ rera pas long-tems ”. Quelques-uns s'offenfoient d'un difcours fi hardi : mais la plus

faine partie du Sénat trouva que le Piver-
nate avoit parlé en homme & en homme
libre. „ Peut-on efpérer, difoient ces fages
„ Sénateurs, qu'aucun peuple, ou aucun
„ homme, demeure dans une condition
„ dont il n'eft pas content, dès que la né-
„ ceffité qui l'y retenoit viendra à ceffer ?
„ Comptez fur la paix, quand ceux à qui
„ vous la donnez la reçoivent volontiers.
„ Quelle fidélité pouvez-vous attendre de
„ ceux que vous voulez réduire à l'efclava-
„ ge ? (a) La domination la plus affurée,
„ difoit Camille, eft celle qui eft agréable à
„ ceux-là même fur qui on l'exerce (b).

Tels font les droits que la loi naturelle
affigne au conquérant, & les devoirs qu'elle
lui impofe. La maniere de faire valoir les
uns, & de remplir les autres, varie felon les
circonftances. En général, il doit confulter
les véritables intérêts de fon Etat, & par
une fage politique les concilier, autant qu'il
eft poffible, avec ceux de fa conquête. Il
peut, à l'exemple des Rois de France, l'unir

(a) Tit. Liv. lib. VIII. cap. 21.
(b) Tit. Liv. ibid. cap. 13.

& l'incorporer à fon Etat. C'eft ainfi qu'en ufoient les Romains ; mais ils y procéderent différemment, felon les cas & les conjonctures. Dans un tems où Rome avoit befoin d'accroiffement, elle détruifit la ville d'Albe, qu'elle craignoit d'avoir pour rivale : mais elle en reçut les habitans dans fon fein, & s'en fit autant de citoyens. Dans la fuite, en laiffant fubfifter les villes conquifes, elle donna le droit de bourgeoifie Romaine aux vaincus. La victoire n'eût pas été autant avantageufe à ces peuples, que le fut leur défaite.

Le vainqueur peut encore fe mettre fimplement à la place du Souverain qu'il a dépoffedé. C'eft ainfi qu'en ont ufé les Tartares à la Chine : l'empire a fubfifté tel qu'il étoit : il a feulement été gouverné par une nouvelle race de Souverains. Enfin le conquérant peut gouverner fa conquéte comme un Etat à part, en y laiffant fubfifter la forme du gouvernement. Mais cette méthode eft dangereufe : elle ne produit pas une véritable union de forces ; elle affoiblit la conquéte, fans fortifier beaucoup l'Etat conquérant.

On demande, à qui appartient la conqué-

te, au Prince qui l'a faite, ou à fon Etat ?
C'eft une queftion qui n'auroit jamais dû
naître. Le Souverain peut-il agir, en cette
qualité, pour quelque autre fin que pour le
bien de l'Etat ? A qui font les forces qu'il
employe dans fes guerres ? Quand il auroit
fait la conquête à fes propres frais, des deniers de fon épargne, de fes biens particuliers & patrimoniaux, n'y employe-t-il pas
les bras de fes fujets ? n'arrofe-t-il pas fes
conquêtes de leur fang ? Mais fuppofez encore qu'il fe fût fervi de troupes étrangeres & mercenaires, n'expofe-t-il pas fa nation au reffentiment de l'ennemi ? ne l'en-
traîne-t-il pas dans la guerre ? Et le fruit en
fera pour lui ! N'eft-ce pas pour la caufe de
l'Etat, de la nation, qu'il prend les armes ?
tous les droits qui en naiffent font donc
pour la nation.

Si le Souverain fait la guerre pour un fujet qui lui eft perfonnel, pour faire valoir,
par exemple, un droit de fucceffion à une
fouveraineté étrangere, la queftion change :
cette affaire n'eft plus celle de l'Etat ; mais
alors la nation doit être en liberté de ne
point s'en mêler, ou de fécourir fon Prince.
Telle feroit la nation Angloife fi fon Roi

devoit foutenir une guerre en Allemagne pour fes Etats d'Hannovre. Que fi le Prince a le pouvoir d'employer les forces de la nation à foutenir fes droits perfonnels ; il ne doit plus diftinguer ces droits de ceux de l'Etat. La loi de France, qui réunit à la couronne toutes les acquifitions des Rois, devroit être la loi de tous les Royaumes.

Ajoutons ici les principes de la neutralité. Les peuples neutres, dans une guerre, font ceux qui n'y prennent aucune part, demeurans amis communs des deux partis, & ne favorifant point les armes de l'un au préjudice de l'autre. Confidérons ici briévement les obligations & les droits qui découlent de la neutralité.

Pour faifir cette queftion, il faut diftinguer ce qui eft permis à une nation libre de tout engagement, avec ce qu'elle peut faire, fi elle prétend être traitée comme parfaitement neutre dans une guerre. Tant qu'un peuple neutre veut jouir furement de cet état, il doit montrer en toutes chofes une exacte impartialité entre les parties belligérantes ; car s'il favorife l'une au préjudice de l'autre, il ne pourra point fe plaindre quand celui-ci le traitera comme

adhérent & affocié de fon ennemi. Sa neutralité feroit une neutralité frauduleufe, dont
perfonne ne veut être la dupe. On la fouffre quelquefois, parce qu'on n'eft pas en
état de s'en reffentir : on diffimule, pour
ne pas s'attirer de nouvelles forces fur les
bras. Mais nous cherchons ici ce qui eft
de droit, & non ce que la prudence peut
dicter, felon les conjonctures.

La neutralité fe rapporte uniquement à
la guerre, & comprend deux chofes : 1°. De
ne point donner de fecours quand on n'y
eft pas obligé : de ne fournir librement ni
troupes, ni armes, ni munitions, ni rien
de ce qui fert directement à la guerre. Je
dis, de ne point donner de fecours, & non
pas d'en donner également : car il feroit
abfurde qu'un Etat fécourût en même tems
deux ennemis ; & puis il feroit impoffible
de le faire avec égalité ; les mêmes chofes,
le même nombre de troupes, la même
quantité d'armes, de munitions, &c. four-
nies en des circonftances différentes, ne
forment plus des fecours équivalens. 2°. Dans
tout ce qui ne regarde pas la guerre, une
nation neutre & impartiale ne refufera point
à l'un des partis, à raifon de fa querelle

préfente, ce qu'elle accorde à l'autre. Ceci ne lui ôte point la liberté, dans fes négociations, dans fes liaifons d'amitié, & dans fon commerce, de fe diriger fur le plus grand bien de l'Etat. Quand cette raifon l'engage à des préférences pour des chofes dont chacun difpofe librement, elle ne fait qu'ufer de fon droit; il n'y a point là de partialité. Mais fi elle refufoit quelqu'une de ces chofes-là à un des partis, uniquement parce qu'il fait la guerre à l'autre, & pour favorifer celui-ci, elle ne garderoit plus une exacte neutralité. Cependant, quand un Souverain fournit le fecours modéré qu'il doit, en vertu d'une ancienne alliance défenfive, il ne s'affocie point à la guerre; il peut donc s'acquitter de ce qu'il doit, & garder du refte une exacte neutralité. Les exemples en font fréquens en Europe.

Le droit de demeurer neutre, eft fondé fur l'indépendance des nations; car celui qui voudroit les contraindre à fe joindre à lui, leur feroit injure, puifqu'il entreprendroit fur leur indépendance, dans un point très-délicat. C'eft à elle uniquement de décider fi quelque raifon les invite à prendre parti; & elles ont deux chofes à confidérer. 1°. La juftice de la caufe. Si elle eft évidente, on ne peut favorifer l'injuftice ; il eft beau, au contraire de fécourir l'innocence opprimée, lorfqu'on en a le pouvoir. Si 'la caufe eft douteufe, les nations peuvent fufpendre leur jugement & ne point entrer dans une querelle étrangere. 2°. Quand elles voyent de quel côté eft la juftice, il refte encore à examiner s'il eft du bien de l'Etat de fe mêler de cette affaire, & de s'embarquer dans la guerre.

Une nation qui fait la guerre, ou qui fe prépare à la faire, prend fouvent le parti de propofer un traité de neutralité à celle qui lui eft fufpecte. Il eft prudent de favoir de bonne heure à quoi s'en tenir, & de ne point s'expofer à voir tout-à-coup un voifin fe joindre à un ennemi dans le plus fort de la guerre. En toute occafion où il eft permis de refter neutre, il eft permis auffi de s'engager à la neutralité. La nation même neutre y trouve fon avantage ; car en concluant avec les deux partis des traités de neutralité, elle fe maintient par-là en paix, elle affure fa tranquillité, & prévient toute difficulté, autrement il eft à craindre qu'il ne s'éleve des difputes fur ce que la neutralité permet, ou ne permet pas. Cette matiere offre bien des queſtions que les Auteurs ont agitées avec chaleur, & qui ont excité entre les nations des querelles encore plus fâcheuſes. Cependant le droit naturel & des gens a ſes principes invariables, & peut fournir des regles ſur cette matiere, comme ſur les autres. Il eſt auſſi des choſes qui ont paſſé en coutume entre les nations policées, & auxquelles il faut ſe conformer, ſi l'on ne veut pas s'attirer le blâme de rompre injuſtement la paix. Quant aux regles du droit des gens naturel, elles réſultent d'une juſte combinaiſon des droits de la guerre avec la liberté, le ſalut, les avantages, le commerce, & les autres droits des nations neutres. C'eſt ſur ce principe qu'on peut établir les regles ſuivantes.

Premierement, tout ce qu'une nation fait en uſant de ſes droits, & uniquement en vue de ſon propre bien, ſans partialité, ſans deſſein de favoriſer une puiſſance au préjudice d'une autre; tout cela, dis-je, ne peut, en général, être regardé comme contraire à la neutralité, & ne devient tel que dans ces occaſions particulieres, où il ne

peut avoir lieu fans faire tort à l'un des partis, qui a alors un droit particulier de s'y
oppofer. Si donc une nation neutre prête
de l'argent à mon ennemi, lui permet de
lever des troupes dans fes Etats, commerce
avec lui en armes, en bois de conftruction,
en vaiffeaux, en munition de guerre, &c.
je ne puis pas le trouver mauvais, pourvu
que cette même nation neutre ne refufe pas
de me rendre les mêmes fervices, & de me
vendre les mêmes marchandifes à un prix
raifonnable. Dans tous ces cas elle ufe de fes
droits, fans deffein de me nuire.

Mais fi la nation neutre amene elle-même ces marchandifes à mon ennemi, affec-
tant même de ne me vendre aucun de ces
articles, & en prenant des mefures pour les
porter en abondance à mon ennemi, dans
la vue manifefte de le favorifer, cette partialité la tireroit de la neutralité. Car, dès
que je fuis en guerre avec une nation, mon
falut & ma fureté demandent que je la prive, autant qu'il eft en mon pouvoir, de
tout ce qui peut la mettre en état de me
réfifter & de me nuire. Ici le droit de néceffité déploye fa force. Si ce droit m'au-

torife bien, dans l'occafion, à me faifir de ce qui appartient à autrui, ne pourra-t-il pas aufſi m'autorifer à arrêter toutes les chofes appartenantes à la guerre, que des peuples neutres conduifent à mon ennemi ? Quand je devrois par-là me faire autant d'ennemis de ces peuples neutres, il me conviendroit de le rifquer, plutôt que de laiſſer fortifier librement celui qui me fait actuellement la guerre. Il eſt donc très à-propos & très-convenable au droit des gens, qui défend de multiplier les fujets de guerre, de ne point mettre au rang des hoſtilités ces fortes de faifies faites fur des nations neutres. Quand je leur ai notifié la déclaration de guerre que j'ai faite à tel ou tel peuple, fi elles veulent s'expofer à lui porter des chofes qui fervent à la guerre, elles n'auront pas fujet de fe plaindre, au cas que leurs marchandifes tombent dans mes mains, de même que je ne leur déclare pas la guerre pour avoir tenté de les porter. Elles fouffrent, il eſt vrai, d'une guerre à laquelle elles n'ont point de part ; mais c'eſt par accident. Je ne m'oppofe point à leur droit, j'ufe feulement du mien ; & fi nos droits fe croifent & fe nuifent réciproquement, c'eſt

par l'effet d'une néceffité inviolable. Ce con-
flict arrive tous les jours dans la guerre.
Lorfqu'ufant de mes droits , j'épuife un
pays , d'où vous tiriez votre fubfiftance :
lorfque j'affiege une ville avec laquelle vous
faifiez un riche commerce , je vous nuis
fans doute , je vous caufe des pertes , des
incommodités ; mais c'eft fans deffein de
vous nuire : je ne vous fais point injure ,
puifque j'ufe de mes droits.

Mais afin de mettre des bornes à ces inconvéniens , de laiffer fubfifter la liberté du
commerce , pour les nations neutres , autant que les droits de la guerre peuvent le
permettre , il eft des regles à fuivre , & defquelles il femble que l'on foit affez généralement convenu en Europe.

La premiere eft de diftinguer foigneufement les marchandifes communes qui n'ont
point de rapport à la guerre , de celles qui
y fervent particulierement. Le commerce
des premieres doit être entierement libre
aux nations neutres : les puiffances en guerre n'ont aucune raifon de le leur refufer.
Mais quant aux marchandifes d'un ufage particulier pour la guerre , qu'on appelle auffi
marchandifes de contrebande , on demande

fi l'on doit fe borner à les arrêter, à les faifir, en en payant le prix au propriétaire, ou bien eft-on en droit de les confifquer? Se contenter d'arrêter ces marchandifes, feroit le plus fouvent un moyen inefficace, principalement fur mer, où il n'eft pas poffible de couper tout accès aux ports de l'ennemi. On prend donc le parti de confifquer toutes les marchandifes de contrebande dont on peut fe faifir, afin que la crainte de les perdre, fervant de frein à l'avidité du gain, les marchands des pays neutres s'abftiennent d'en porter à l'ennemi. Le foin de fon falut & de celui de fon peuple autorife un Souverain à y employer des moyens efficaces, à déclarer qu'il regardera comme de bonne prife toutes les chofes de cette nature que l'on conduira à fon ennemi.

Mais pour empêcher le tranfport des marchandifes de contrebande, il faut pouvoir vifiter les vaiffeaux neutres que l'on rencontre fur mer. On eft donc en droit de les vifiter. Aujourd'hui un vaiffeau neutre qui refuferoit de fouffrir la vifite, fe feroit condamner par cela feul, comme étant de bonne prife.

Si l'on trouve fur un vaiffeau neutre des

effets appartenans aux ennemis, on s'en fai-
fit par le droit de guerre ; mais naturellement on doit payer le fret au maître du
vaiſſeau, qui ne peut ſouffrir de cette ſaiſie.
Les effets des peuples neutres trouvés ſur
un vaiſſeau ennemi, doivent être rendus aux
propriétaires ſur qui on n'a aucun droit de
les confiſquer ; mais ſans indemnité par le
retard, dépériſſement, &c. La perte que les
propriétaires neutres ſouffrent en cette occaſion, eſt un accident auquel ils ſe ſont
expoſés en chargeant ſur un vaiſſeau ennemi ; & celui qui prend ce vaiſſeau en uſant
du droit de la guerre, n'eſt point reſponſable des accidens qui peuvent en réſulter,
non plus que ſi ſon canon tue ſur un bord
ennemi un paſſager neutre qui s'y rencontre pour ſon malheur. Voyez entre autres,
Grotius Liv. III. Chap. I. §. V. avec les notes, ſur ſur-tout ſa note ſixieme.

CHAPI-

CHAPITRE IX.

Des Traités publics en général.

I. LA matiere des traités publics fait une partie confidérable du droit des gens, & mérite que l'on en développe les principes & les regles avec quelque exactitude. Nous entendons ici par les traités publics, les conventions qui ne peuvent être faites, qu'en vertu d'une autorité publique, ou que les Souverains confidérés comme tels, font les uns avec les autres, fur des chofes qui intéreffent directement le bien de l'Etat; c'eft ce qui diftingue ces conventions, non-feulement de celles que les particuliers font entr'eux, mais encore des contrats que les Rois font au fujet de leurs affaires particulieres.

II. Ce que nous avons remarqué ci - devant fur la néceffité qu'il y avoit d'introduire l'ufage des conventions entre les hommes, & les avantages qui leur en reviennent, tout cela trouve fon application à l'égard des nations & des différens Etats :

Tome VIII. K

les nations peuvent au moyen des traités
s'unir enfemble par une fociété plus particuliere, qui leur affure réciproquement des
fecours utiles, foit pour les befoins & les
commodités de la vie, foit pour pourvoir
d'une maniere efficace à leur fureté en cas
de guerre.

☞ 146. Trop convaincus du peu de
fonds qu'il y a à faire fur les obligations naturelles des corps politiques, fur les devoirs
réciproques que l'humanité leur impofe;
les plus prudentes nations cherchent à fe
procurer, par des traités, les fecours & les
avantages que la loi naturelle leur affure-
roit, fi les pernicieux confeils d'une fauffe
politique ne la rendoit inefficace. D'ailleurs
le but des traités eft fouvent de nous procurer des avantages auxquels nous n'avions
pas droit de nous attendre. Nous avons déjà
remarqué (a), que l'ufage des conventions
ou des traités étoit, 1°. de produire de nouvelles obligations entre les hommes : 2°. De
rendre parfaites des obligations qui n'étoient

(a) Droit Naturel IV. Part. Chapitre IV.
Tom. IV. pag. 6.

qu'imparfaites : 3º. D'éteindre des obligations où l'on étoit entré : 4º. De remettre
en force & en vigueur des obligations in-
terrompues, ou même entierement éteintes. L'on dit cependant que le but principal des traités publics dont nous parlons
dans ce Chapitre, eſt de produire l'amitié
entre les Souverains, & la paix entre les
peuples. Cela peut bien être vrai dans la ſpé-
culation : mais on pourroit fort bien douter de ce but ſalutaire des traités publics, ſi
nous en examinons la pratique. La vie d'un
homme n'eſt pas aſſez longue pour lire at-
tentivement tous les traités qui ſe font paſ-
ſés entre les différentes puiſſances de l'Europe, ſeulement depuis la paix de Weſtphalie ; cependant on y a à peine connu la
paix & on ne l'a jamais goûtée. J'aimerois
donc mieux dire que les alliances ou les traités publics ne ſont utiles que pour donner
le tems de faire la guerre avec ſupériorité,
ou de ſe défendre avec de plus grandes forces : je crois que c'eſt l'idée qu'on doit s'en
former.

III. Quoiqu'il en ſoit, les Souverains ne
ſont pas moins obligés que les particuliers,
de tenir inviolablement leur parole, & d'être

fideles à leurs engagemens. Le droit des gens fait de cette maxime un devoir indif-pensable; car il eſt aiſé de ſentir, que ſans cela, non-ſeulement les traités publics ne ſeroient d'aucune utilité aux nations, mais que d'ailleurs leur violation les jetteroit dans un état de défiance & de guerre continuel-le, c'eſt à-dire, dans l'état le plus fâcheux. L'obligation où ſont les Souverains à cet égard, eſt donc d'autant plus forte, que la violation de ce devoir a des ſuites plus dan-gereuſes, & qui intéreſſent le bonheur d'une infinité de particuliers. La ſainteté du ſer-ment, qui accompagne pour l'ordinaire les traités publics, eſt encore une nouvelle rai-ſon pour engager les Princes à les obſerver avec la derniere 'fidélité; & certainement rien n'eſt plus honteux pour les Souverains, qui puniſſent ſi rigoureuſement ceux de leurs ſujets qui manquent à leurs engagemens, que de ſe jouer eux-mêmes des traités & de la bonne foi, & de ne les regarder que comme un moyen de ſe duper les uns les autres.

La parole Royale doit donc être inviola-ble & ſacrée; mais il y a tout lieu de crain-dre, que ſi les Princes ne ſont pas plus attentifs là-deſſus, bientôt cette expreſſion ne dégénere dans un ſens tout oppoſé, & de la même maniere qu'anciennement, (a) la *bonne foi Carthaginoiſe* ſe prenoit pour la *perfidie*.

☞ 147. En effet, celui qui fait une promeſſe à quelqu'un lui confere un véritable droit d'exiger la choſe promiſe, & par conſéquent, ne point garder une promeſſe parfaite, ſtipulée par un traité public, c'eſt violer le droit d'autrui ; c'eſt une injuſtice auſſi manifeſte, que celle de dépouiller quelqu'un de ſon droit. Toute la tranquillité, le bonheur & la ſureté du genre humain repoſent ſur la juſtice, ſur l'obligation de reſpecter les droits d'autrui. Le reſpect des autres pour nos droits de domaine & de propriété, fait la ſureté de nos poſſeſſions actuelles ; la foi des promeſſes eſt notre garant pour les choſes qui ne peuvent être livrées ou exécutées ſur le champ. Plus de ſureté, plus de commerce entre les hommes, s'ils ne ſe croyent point obligés de garder la foi, de tenir leur parole. Cette obligation eſt

---

(a) *Punica Fides.*

K 3

donc auſſi néceſſaire qu'elle eſt naturelle & indubitable, entre les nations, qui vivent enſemble dans l'état de nature, & qui ne reconnoiſſent point de ſupérieur ſur la terre pour maintenir l'ordre & la paix dans leurs ſociétés. Les nations & leurs conducteurs doivent donc garder inviolablement leurs promeſſes & leurs traités. Cette grande vérité, quoique trop ſouvent négligée dans la pratique, eſt généralement reconnue de toutes les nations. Mahomet lui-même recommandoit fortement à ſes diſciples l'obſervation des traités. (a) Le reproche de perfidie eſt une injure atroce parmi les Souverains : or celui qui n'obſerve pas un traité eſt aſſurément perfide, puiſqu'il viole ſa foi. Au contraire, rien n'eſt ſi glorieux à un Prince & à ſa nation, que la réputation d'une fidélité inviolable à ſa parole. Par-là, autant & plus encore que par ſa bravoure, la nation Suiſſe s'eſt rendue reſpectable dans l'Europe, & a mérité d'être recherchée des plus grands Monarques, qui lui confient même la garde de leurs perſonnes.

(a) Ockley. Hiſtoire des Sarraſins. T. I.

Il faut encore remarquer ici que tous les principes que nous avons établis ci - devant fur la validité ou l'invalidité des conventions en général, conviennent aux traités publics, aufli bien qu'aux contrats des particuliers; il faut donc dans les uns comme dans les autres, un confentement férieux déclaré convenablement, exempt *d'erreur*, de *dol*, de *violence*.

Si des traités faits dans ces circonftances, font obligatoires entre les Etats ou les Souverains qui les ont faits, ils le font auffi par rapport aux fujets de chaque Prince en particulier : ils font obligatoires comme conventions entre les puiffances contractantes; mais ils ont force de loi à l'égard des fujets confidérés comme tels, & il eft bien manifefte que deux Souverains qui font enfemble un traité, impofent par - là à leurs fujets, l'obligation d'agir d'une maniere conforme au traité & de ne rien faire qui y foit contraire.

IV. L'on fait plufieurs diftinctions des traités publics. Et 1°. il y en a qui roulent fimplement fur des chofes auxquelles on étoit déjà obligé par le droit naturel, & d'autres par lefquelles on s'engage à quelque chofe de plus. Il faut mettre au premier rang, tous les traités, par lefquels on s'engage purement & fimplement à ne point fe faire du mal les uns aux autres, & à fe rendre au contraire les devoirs de l'humanité. Parmi les peuples civilifés qui font profeffion de fuivre les loix naturelles, ces fortes de traités ne font pas néceffaires : le feul devoir fuffit fans un engagement formel ; mais chez les anciens, ces fortes de traités étoient regardés comme néceffaires, l'opinion commune étant que l'on n'étoit tenu d'obferver les loix de l'humanité, qu'envers fes concitoyens, & que l'on pouvoit regarder & traiter les étrangers fur le pied d'ennemis, à moins que l'on n'eût pris avec eux quelque engagement contraire ; c'eft dequoi l'on trouve plufieurs preuves dans les hiftoriens. La profeffion de brigand ou de pirate n'avoit rien de honteux chez plufieurs nations, & le mot de *hoftis* dont on fe fervoit en latin, pour dire un ennemi, ne fignifioit au commencement qu'un étranger.

☞ 148. Les traités font auffi néceffaires aux nations les plus policées, qu'ils l'étoient autre fois aux nations barbares.

C'eſt par ces traités que les nations s'aſſu-
rent d'autant mieux les ſecours qu'elles peuvent attendre des autres nations, pour déterminer ces ſecours, & ſavoir ſur quoi
compter ; elles réglent ce qui ne peut être
déterminé en général par le droit naturel,
& vont ainſi au-devant des difficultés & des
diverſes interprétations de la loi naturelle.
Enfin comme le fond d'aſſiſtance n'eſt iné-
puiſable chez aucune nation, il eſt prudent
de ſe ménager un droit propre à des ſecours qui ne pourroient ſuffire à tout le
monde.

L'on rapporte à la ſeconde claſſe tous les
traités par leſquels deux peuples entrent l'un
à l'égard de l'autre, dans quelque obligation nouvelle, ou plus particuliere, comme lorſqu'ils s'engagent formellement à des
choſes auxquelles ils n'étoient tenus qu'en
vertu d'une obligation imparfaite, ou même
auxquelles ils n'étoient nullement obligés
auparavant.

149. BURLAMAQUI ſe trompe ici,
lorſqu'il rapporte aux traités de la ſeconde
claſſe ceux par où l'on s'engage à des choſes auxquelles on n'étoit tenu qu'en vertu
d'une obligation imparfaite. Car quoique

les devoirs de l'humanité foient des devoirs imparfaits, nous y fommes cependant obligés par le droit naturel : & ces traités n'ajoutent rien à ce que nous nous devons comme freres, & comme membres de la fociété univerfelle, comme le commerce, le paffage, &c. Tous les traités donc qui ont pour but de s'affurer des devoirs de l'humanité, font des traités de la premiere claffe, favoir de ceux qui concernent fimplement des chofes déjà dues par le droit naturel.

Mais fi l'affiftance & les offices, qui font dus en vertu d'un pareil traité, fe trouvent, dans quelque rencontre, incompatibles avec les devoirs d'une nation envers elle-même, ou avec ce que le Souverain doit à fa propre nation, le cas eft tacitement excepté dans le traité. Car ni la nation, ni le Souverain, n'ont pu s'engager à abandonner le foin de leur propre falut, du falut de l'Etat, pour contribuer à celui de fon allié. Si le Souverain a befoin, pour la confervation de fa nation, des chofes qu'il a promifes par le traité : fi, par exemple, il s'eft engagé à fournir des bleds, & qu'en un tems de difette, il en ait à peine pour la nourriture

de son peuple ; il doit sans difficulté préférer sa nation. Car il ne doit naturellement
l'assistance à un peuple étranger, qu'autant
que cette assistance est en son pouvoir ; &
il n'a pu la promettre par un traité que sur
ce pied-là : car il n'est pas en son pouvoir
d'ôter la subsistance à sa nation, pour en
assister une autre. La nécessité forme ici une
exception, & il ne viole point le traité lorsqu'il ne peut y satisfaire. ☞

V. 2°. Les traités par lesquels on s'engage à quelque chose de plus, qu'à ce qui
étoit dû en vertu du Droit Naturel commun
à tous les hommes, font encore de deux
fortes ; favoir ou *égaux* ou *inégaux*. 3°. Et
les uns & les autres se font encore ou pendant la guerre, ou en pleine paix. Les
traités égaux font ceux que l'on contracte
avec une entiere égalité de part & d'autre :
c'est-à dire, dans lesquels non-seulement on
promet de part & d'autre, des choses égales, ou purement & simplement, ou à proportion des forces de chacun des contractans, mais on s'y engage encore fur le même pied ; enforte que l'une des parties ne se
reconnoît inférieure à l'autre en quoi que
ce soit.

Ces fortes de traités fe font, ou en vue du *commerce* ou de la *guerre*, ou d'autres chofes. A l'égard du commerce, par exemple, en ftipulant que les fujets de part & d'autre feront francs de tous impôts & de tous droits d'entrée & de fortie, ou qu'on n'exigera jamais d'eux davantage que des gens mêmes du pays, &c. Dans les alliances égales qui concernent la guerre, on ftipule, par exemple, que chacun fournira à l'autre une égale quantité de troupes, de vaiffeaux ou d'autres chofes ; & cela en toutes fortes de guerres, tant offenfives que défenfives, ou dans les défenfives feulement, &c. Enfin les alliances d'égalité peuvent encore rouler fur d'autres chofes, comme lorfqu'on s'engage à n'avoir point de place forte fur les frontieres l'un de l'autre, à ne point accorder de protection ou donner retraite aux fujets l'un de l'autre, en cas de crime ou de défobéiffance, ou même à les faire faifir & à les renvoyer, à ne point donner paffage aux ennemis l'un de l'autre.

☞ 150. Les nations n'étant pas moins obligées que les particuliers de refpecter l'équité, elles doivent garder autant qu'il eft poffible l'égalité dans leurs traités. Lors donc que les parties font en état de fe faire les mêmes avantages réciproques, la loi naturelle demande que leur traité foit égal, à moins qu'il n'y ait quelque raifon particuliere de s'écarter de l'égalité ; telle feroit, par exemple, la reconnoiffance d'un bienfait reçu, l'efpérance de s'attacher inviolableblement une nation, quelque motif particulier, qui feroit fingulierement défirer à l'un des contractans de conclure le traité, &c. Et même, à le bien prendre, la confidération de cette raifon particuliere remet dans le traité l'égalité, qui femble en être ôtée par la différence des chofes promifes.

Que diront ici ces prétendus grands Politiques, qui mettent toute leur fubtilité à circonvenir ceux avec qui ils traitent, à ménager de telle forte les conditions du traité, que tout l'avantage en revienne à leur maître ? Loin de rougir d'une conduite fi contraire à l'équité, à la droiture, à l'honnêteté naturelle, ils en font gloire & prétendent mériter par là le nom de grands négociateurs : jufqu'à quand les perfonnes publiques fe glorifieront-elles de ce qui déshonoreroit un particulier ? L'homme

privé, s'il eſt ſans conſcience, ſe mocque
des regles de la morale & du droit ; mais
s'il en rit, ce n'eſt qu'en ſecret : il lui ſeroit
dangereux & préjudiciable de s'en vanter :
les puiſſans abandonnent plus ouvertement
l'honnête pour l'utile. Mais il arrive ſouvent, pour le bonheur du genre humain,
que cette prétendue utilité leur devient funeſte ; & même entre Souverains, la can-
deur & la droiture ſe trouvent être la politique la plus ſûre.

VI. Ce que l'on vient de dire fait aſſez
comprendre ce que c'eſt que les traités inégaux, dans leſquels ce que l'on promet
de part & d'autre, n'eſt pas égal, ou
bien qui rendent l'un des alliés inférieur à
l'autre. L'inégalité des choſes ſtipulées eſt
tantôt du côté de la puiſſance la plus conſidérable, comme ſi elle promet du ſecours
à l'autre ſans en ſtipuler aucun de lui, ou
du côté de la puiſſance inférieure en dignité, lorſqu'elle s'engage à faire en faveur de
la puiſſance ſupérieure, plus que celle-ci ne
promet de ſon côté.

VII. Toutes les conditions des alliances
inégales ne ſont pas de même nature ; les
unes ſont telles, que quoi qu'onéreuſes à

l'allié inférieur, elles laiſſent pourtant la ſouveraineté dans ſon entier ; d'autres, au contraire, donnent quelque atteinte à l'indépendance & à la ſouveraineté de l'allié inférieur, & la diminuent en quelque choſe.

Ainſi dans le traité des Romains avec les
Carthaginois, après la ſeconde guerre punique, il étoit porté ; que les Carthaginois
ne pourroient faire la guerre à perſonne, ni
au dedans, ni au dehors de l'Afrique, ſans
le conſentement du peuple Romain ; ce qui
tout évidemment, donnoit atteinte à la ſouveraineté de Carthage, & la mettoit ſous
la dépendance de Rome.

Mais la ſouveraineté de l'allié inférieur
demeure en ſon entier, quoi qu'il s'engage,
par exemple, à payer l'armée de l'autre, à
lui rembourſer les fraix de la guerre, à ra-
ſer les fortifications de quelque place, à
donner des ôtages, à tenir pour amis ou
pour ennemis tous les amis ou ennemis de
l'autre, à n'avoir point de places fortes à
certains endroits, à ne point faire voſle en
certaines mers, à reconnoître la prééminen-
ce de l'autre, à lui témoigner dans l'occaſion quelque déférence, &c.

Cependant quoique ces conditions &

d'autres femblables ne donnent point atteinte à la fouveraineté, il faut convenir que ces fortes de traités d'inégalité ont fouvent beaucoup de délicateffe, & que fi le Prince qui eft au-deffus de l'autre en dignité, le furpaffe auffi beaucoup en force & en puiffance, il eft à craindre que le premier n'acquiere peu à peu une domination proprement ainfi nommée, fur-tout fi le traité eft perpétuel.

☞ 151. Quoiqu'en dife une politique intéreffée, il faut ou fouftraire abfolument les Souverains à l'autorité de la loi naturelle, ou convenir qu'il ne leur eft pas permis d'obliger, fans de juftes raifons, les Etats plus foibles, à compromettre leur dignité, moins encore leur liberté, dans une alliance inégale. Les nations fe doivent les mêmes fecours, les mêmes égards, la même amitié que les particuliers vivant dans l'état de nature. Loin de chercher à déprimer les foibles, à les dépouiller de leurs avantages les plus précieux, elles refpecteront, elles maintiendront leur dignité & leur liberté, fi la vertu les infpire plutôt que l'orgueil, fi elles font plus touchées de l'honnêteté, que d'un groffier intérêt ; que dis-je, dis-je, si elles sont assez éclairées pour connoître leurs véritables intéréts. Rien n'affermit plus sûrement la puissance d'un grand Monarque, que les égards qu'il a pour tous les Souverains. Plus il ménage les foibles, plus il leur témoigne d'estime, & plus ils le révèrent; ils aiment une puissance qui ne leur fait sentir sa supériorité que par ses bienfaits; ils s'attachent à elle comme à leur soutien : le Monarque devient l'arbitre des nations. Il eût été l'objet de leur jalousie & de leurs craintes, s'il se fût comporté avec orgueil : & peut être eût-il un jour succombé sous leurs efforts réunis.

Mais il est des cas, où l'inégalité des traités & des alliances, dictée par quelque raison particuliere, n'est point contraire à l'équité, ni par conséquent à la loi naturelle. Les cas sont en général tous ceux dans lesquels les devoirs d'une nation envers elle-même, ou ses devoirs envers les autres, l'invitent à s'écarter de l'égalité. Par exemple, un État foible veut, sans nécessité, construire une forteresse, qu'il ne sera pas capable de défendre dans un lieu où elle deviendroit très-dangereuse à son voisin, si

jamais elle tomboit entre les mains d'un
ennemi puiſſant. Ce voiſin peut s'oppoſer
à la conſtruction de la fortereſſe; & s'il ne
lui convient pas de payer la complaiſance
qu'il demande, il peut l'obtenir en mena-
çant de rompre de ſon côté les chemins
de communication, d'interdire tout commerce, de bâtir des fortereſſes, ou de tenir
une armée ſur la frontiere, &c. Il impoſe
ainſi une condition inégale; mais le ſoin de
ſa propre ſureté l'y autoriſe. De même, il
peut s'oppoſer à la conſtruction d'un grand
chemin, qui ouvriroit à l'ennemi l'entrée
de ſes Etats.

Les devoirs envers autrui conſeillent auſſi
quelquefois & autoriſent l'inégalité dans un
ſens contraire, ſans que pour cela le Souverain puiſſe être accuſé de ſe manquer à
ſoi-même, ou à ſon peuple. Ainſi la recon-
noiſſance, le deſir de marquer ſa ſenſibilité
pour un bienfait, portera un Souverain généreux à s'allier avec joye & accorder dans
le traité plus qu'il ne doit naturellement.

On peut encore avec juſtice impoſer les
conditions d'un traité inégal, ou même
d'une alliance inégale, par forme de peine,

pour punir un injuste aggresseur, & le mettre hors d'état de nuire aisément dans la suite. Tel fut le traité auquel Scipion l'Africain força les Carthaginois, après qu'il eut vaincu Hannibal. Le vainqueur donne souvent des loix pareilles ; & par-là il ne blesse ni la justice, ni l'équité, s'il demeure dans les bornes de la modération, après qu'il a triomphé dans une guerre juste & nécessaire.

VIII. L'on fait encore une autre division des traités publics ; & c'est qu'il y en a de *réels* & de *personnels*. Les traités personnels sont ceux que l'on fait avec un Roi considéré personnellement, ensorte que le traité expire avec lui. Les traités réels sont au contraire, ceux où l'on ne traite pas tant avec le Roi ou avec les chefs du peuple, qu'avec tout le corps de l'Etat, & qui par conséquent subsistent après la mort de ceux qui les ont faits, & obligent leurs successeurs.

152. Il est très-important de ne pas confondre ces deux sortes d'alliances. Aussi les Souverains ont-ils assez accoutumé aujourd'hui de s'expliquer dans leurs traités de maniere à ne laisser aucune incerti-

tude à cet égard ; & c'eſt ſans doute le meilleur & le plus ſûr. Au défaut de cette précaution, la matiere même du traité, ou les
expreſſions dans leſquelles il'eſt conçu, peuvent fournir les moyens de reconnoître s'il
eſt réel ou perſonnel. Donnons là - deſſus
quelques regles générales. ☞

1°. Il faut d'abord faire attention à la teneur même du traité, à ſes clauſes, & aux
vues que ſe font propoſées les parties contractantes, *Utrum autem in rem, aut in per-
ſonam factum eſt, non minus ex verbis, quàm
ex mente convenientium æſtimandum eſt* (a).
Ainſi s'il y a une clauſe expreſſe que le traité eſt fait à perpétuité, ou pour un certain
nombre d'années, ou pour le bien de l'état
ou avec le Roi pour lui & ſes ſucceſſeurs, on
voit aſſez par-là que le traité eſt réel.

☞ 153. Un traité fait par un Souverain n'oblige pas ſes ſucceſſeurs, s'il n'eſt
pas réel ; ainſi qu'on ne peut pas prendre
pour un traité réel celui qu'un Roi fait pour
lui & ſes ſucceſſeurs, par cela ſeul que l'expreſſion du traité renferme non ſeulement le

---

(a) Leg. 7. §. 8. ff. *de pactis.*

Roi régnant, mais aussi ses successeurs. Ce ne sont que les traités réels, faits pour subsister indépendamment de la personne qui les a conclus, qui obligent les successeurs du Souverain qui stipule.

L'on demande, s'il est prudent de stipuler un traité perpétuel ? Rien ne me paroît si puérile que le mot de *perpétuité* dans les traités des Princes. On sait bien que l'on contracte une promesse que l'on n'exécutera point, & que les intérêts, les situations ne se trouvant pas les mêmes, l'alliance sera rompue un jour. Je suppose que l'on soit dans le dessein de la rendre, en effet, perpétuelle s'il étoit possible ; il est encore plus sage alors de fixer un tems pour sa durée ; & de la renouveller au terme, ou un peu avant qu'il expire, si les circonstances sont les mêmes. L'amitié se relache par le seul espace du tems : ces nœuds se resserrent au contraire quand on se ménage l'occasion de les renouer ; ce sont des actes geminés qui rafraîchissent la mémoire & le sentiment.

Cette maniere de s'exprimer a encore deux avantages ; elle fixe une époque à laquelle on peut faire des changemens dont l'expérience du passé, ou de nouvelles com-

binaifons feront fentir l'utilité. Si les conjonctures déterminent à rompre l'alliance,
lorfque ce moment néceffaire eft arrivé,
on temporife, l'obligation expire; on a évi-
té le reproche & la faute d'avoir manqué à
des engagemens. ☞

2°. Tout traité avec une République eft
réel de fa nature, parce que le fujet avec
lequel on contracte eft une chofe perma-
nente.

☞ 154. Quand un peuple libre, un
Etat populaire, ou une République Arifto-
cratique fait un traité, c'eft l'Etat même qui
contracte. Ses engagemens ne dépendent
point de la vie de ceux qui n'en ont été que
les inftrumens. Les membres du peuple, ou
de la régence, changent & fe fuccédent:
l'Etat eft toujours le même. Comme donc
un pareil traité regarde directement le corps
de l'Etat, il fubfifte, quand la forme de la
république viendroit à changer, & qu'elle
fe transformeroit en Monarchie. Car l'Etat
& la nation font toujours les mêmes, quelque changement qui fe faffe dans la forme
du gouvernement; & le traité fait avec la
nation demeure en force tant que la nation
fubfifte.

Mais il eſt manifeſte qu'il faut excepter de la regle tous les traités qui ſe rapportent à la forme du gouvernement actuel. Ainſi deux Etats populaires qui ont traités expreſſement, ou qui paroiſſent évidemment avoir traité dans la vue de ſe maintenir de concert dans leur état de liberté & de gouvernement populaire, ceſſent d'être alliés, au moment que l'un des deux s'eſt ſoumis à l'empire d'un ſeul.

3°. Dans un doute, tout traité public fait avec un Roi, doit être tenu pour réel, parce que dans le doute un Roi eſt cenſé agir comme chef de l'Etat & pour le bien de l'Etat.

155. Nous déciderons autrement & peut-être mieux. En cas de doute, lorſque rien n'établit clairement ou la perſonnalité ou la réalité d'un traité; on doit le préſumer réel s'il roule ſur des choſes favorables & perſonnel en matieres odieuſes. Les choſes favorables ſont ici celles qui tendent à la commune utilité des contractans & qui favoriſent également les deux parties: les choſes odieuſes ſont celles qui chargent une partie ſeule, ou qui la chargent beaucoup plus que l'autre. Rien

n'eſt plus conforme que cette regle à la raiſon & à l'équité. Dès que la certitude manque dans les affaires des hommes ; & elle ne
manque que trop ſouvent, il faut avoir recours aux préſomptions. Or, ſi les contractans ne ſe ſont pas expliqués, il eſt naturel,
quand il s'agit de choſes favorables également
avantageuſes aux deux alliés, de penſer
que leur intention a été de faire un traité
réel, comme plus utile à leurs Etats : & ſi
l'on ſe trompe en le préſumant tel, on ne
fait tort ni à l'un ni à l'autre.

Mais ſi les engagemens ont quelque choſe d'odieux ; ſi l'un des Etats contractans
s'en trouve lezé ; comment préſumer que le
Prince qui a pris de pareils engagemens, ait
voulu impoſer ce fardeau à perpétuité ſur
ſes Etats ? Tout Souverain eſt préſumé vouloir le plus grand bien & le plus grand avantage de l'Etat qui lui eſt confié ; on ne
peut donc point ſuppoſer qu'il ait conſenti
à le charger pour toujours d'une obligation
onéreuſe. Si la néceſſité lui en faiſoit une
loi, c'étoit à ſon allié de le faire expliquer
clairement : & il eſt probable que celui - ci
n'y eût pas manqué, ſachant que les hommes & particuliérement les Souverains, ne

fe foumettent guere à des charges pefantes & défagréables, s'ils n'y font formellement obligés. S'il arrive donc que la préfomption trompe & lui faffe perdre quelque chofe de fon droit, c'eft par une fuite de fa négligence. Ajoutons que fi l'un ou l'autre doit perdre de fon droit, l'équité fera moins bleffée par la perte que celui-ci fera d'un gain, qu'elle ne le feroit par le dommage que l'on cauferoit à l'autre; c'eft la fameufe diftinction, *de lucro captando*, & *de damno vitando*.

On met fans difficulté les traités égaux de commerce au nombre des matieres favorables, puifqu'ils font en général avantageux aux deux contractans & en même tems très-conformes à la loi naturelle. Pour cequi eft des alliances faites pour la guerre, Grotius dit avec raifon, que les alliances défenfives tiennent plus du favorable, & que les alliances offenfives ont quelque chofe qui approche davantage de l'onéreux ou de l'odieux (a).

4°. Tout traité de paix eft réel de fa na-

***

(a) Liv. II. Chap. XVI. §. XVI.

ture , & doit être gardé par les succeſſeurs ;
car auſſi - tôt que l'on a exécuté ponctuelle-
ment les conditions du traité , la paix efface
entiérement les injures qui avoient allumé
la guerre , & rétablit les nations dans l'état
où elles doivent être naturellement.

☞ 156. Le traité de paix , eſt de ſa
nature fait pour durer perpétuellement , dès
qu'une fois il eſt duement conclu & ratifié ,
c'eſt une affaire conſommée; il faut l'accomplir de part & d'autre , & l'obſerver ſelon
ſa teneur. S'il s'exécute ſur le champ , tout
eſt fini. Mais ſi le traité contient des engagemens à quelques preſtations ſucceſſives
& réitérées , il ſera toujours queſtion d'examiner ſuivant les regles indiquées , s'il eſt
à cet égard *réel* ou *perſonnel* : ſi les contractans ont prétendu obliger leurs ſucceſſeurs
à ces preſtations , ou s'ils ne les ont pro-
miſes que pour le tems de leur regne ſeulement. De même , auſſi - tôt qu'un droit
eſt transféré par une convention légitime ,
il n'appartient plus à l'Etat qui l'a cédé:
l'affaire eſt conclue & terminée. Que ſi le
ſucceſſeur trouve quelque vice dans l'acte &
le prouve ; ce n'eſt pas prétendre que la convention ou le traité ne l'oblige pas , & re-

fuſer de l'accomplir, c'eſt montrer qu'il n'a point été fait ; car un acte vicieux & invalide eſt nul & comme point avenu. ☞

5°. Si l'une des parties ayant déja exécuté quelque choſe à quoi elle étoit tenue par le traité , l'autre vient de mourir avant que d'avoir exécuté de ſon côté ſes engagemens, le ſucceſſeur du Roi défunt eſt obligé ou de dédommager entiérement l'autre partie de ce qu'elle a fait ou donné , ou d'exécuter lui-même ce à quoi ſon prédéceſſeur s'étoit engagé. Que s'il n'y a encore rien d'exécuté de part ni d'autre, ou ſi ce qui a été fait de part & d'autre eſt égal, alors ſi le traité tend directement à l'avantage perſonnel du Roi ou de ſa famille , il eſt clair qu'auſſi - tôt qu'il vient à mourir, ou que ſa famille eſt éteinte , le traité finit de lui-même.

☞ 157. Tout ceci eſt étranger à la queſtion. Si l'alliance eſt réelle elle ſubſiſte, malgré la mort de l'un des contractans : ſi elle eſt perſonnelle, elle expire avec eux , ou avec l'un des deux. Mais lorſqu'une alliance perſonnelle vient à finir de cette maniere, de ſavoir ce à quoi l'un des Etats alliés eſt tenu, au cas que l'autre ait déjà exécuté quel-

que chofe en vertu du traité, c'eft une autre
queftion, & qui fe décide par d'autres principes.

Il faut diftinguer la nature de ce qui a été
fait en accompliffement du traité. Si ce font
de ces preftations déterminées & certaines,
que l'on fe promet réciproquement, par
maniere d'échange ou d'équivalent : il eft
hors de doute que celui qui a reçu doit
donner ce qui avoit été promis en retour,
s'il veut tenir l'accord, & qu'il s'eft obligé
à le tenir : s'il n'y eft pas obligé, & qu'il
ne veuille pas le tenir, il doit reftituer ce
qu'il a reçu, remettre les chofes dans leur
premier état, ou dédommager l'allié qui a
donné. En agir autrement ce feroit retenir
le bien d'autrui. C'eft le cas d'un homme,
qui a payé d'avance une chofe, laquelle ne
lui a pas été livrée. Mais s'il s'agiffoit dans
le traité perfonnel, de preftations incertai-
nes & contingentes, qui s'accompliffent dans
l'occafion, de ces promeffes qui n'obligent
à rien fi le cas de les remplir ne fe préfente
pas : le réciproque, le retour de femblables
preftations n'eft dû que pareillement auffi
dans l'occafion, & le terme de l'alliance
arrivé, perfonne n'eft plus tenu à rien. Dans

une alliance défensive, par exemple, deux Rois se seront promis réciproquement un secours gratuit, pendant leur vie. L'un se trouve attaqué : il est secouru par son allié, & meurt avant que d'avoir eu occasion de le sécourir à son tour : l'alliance est finie, & le successeur du mort n'est tenu à rien : si ce n'est qu'il doit assurément de la reconnoissance au Souverain qui a donné dans le besoin à son Etat un secours salutaire. Et il ne faut pas croire que, dans cette supposition l'allié qui a donné du secours sans en avoir reçu à son tour, soit réellement lezé dans l'alliance. Son traité étoit un de ces contracts avanturiers, dont les avantages ou les désavantages dépendent de la fortune : il pouvoit y gagner, comme il y a perdu. Il pouvoit profiter du secours de son allié, comme l'allié a profité du sien.

On pourroit ici faire une autre question. L'alliance personnelle expirant à la mort de l'un des alliés ; si le survivant, dans l'idée qu'elle doit subsister avec le successeur, remplit le traité à son égard, défend son pays, sauve quelqu'une de ses places, ou fournit des vivres à son armée ; que fera le Souverain ainsi secouru ? Il doit sans doute pas là même qu'il reçoit le fecours, être fuppofé laiffer fubfifter l'alliance comme il paroît que l'allié de fon prédéceffeur a cru qu'elle devoit fubfifter ; & cette acceptation eft cenfée un renouvellement tacite, une extenfion du traité : à moins qu'il ne paye le fervice réel qu'il a reçu, fuivant une jufte eftimation de fon importance , s'il ne veut pas continuer dans cette alliance. ☞

6°. Enfin il faut remarquer , qu'il a comme paffé en coutume, que les fucceffeurs doivent renouveller , du moins en termes généraux , les traités manifeftement reconnus pour réels , afin qu'ils foient plus fortement obligés à les obferver , & qu'ils ne s'en croient pas difpenfés , fous prétexte qu'ils ont d'autres idées touchant les intérêts de l'Etat, que celles qu'avoient leurs prédéceffeurs.

IX. L'on fait encore cette queftion , favoir, s'il eft permis de faire des traités & des alliances avec ceux qui ne profeffent pas la véritable religion ? Je réponds que par le droit de nature , il n'y a point de difficulté là - deffus. Le droit de faire des traités eft commun à tous les hommes, & n'a rien d'oppofé aux principes de la vraie re-

ligion , qui bien loin de condamner la prudence & l'humanité, recommande fortement
l'une & l'autre.

☞ 158. Au reste cette question pouvoit être nécessaire dans un tems où la fureur
des partis obscurcissoit encore des principes ,
qu'elle avoit long-tems fait oublier. Osons
croire qu'elle seroit superflue dans notre siecle. La loi naturelle seule régit les traités
des nations : la différence de Religion y est
absolument étrangere. Les peuples traitent
ensemble en qualité d'hommes , & non en
qualité de chrétiens , ou de musulmans. Leur
salut commun exige qu'ils puissent traiter
entr'eux , & traiter avec sureté. Les secours
des payens ou des musulmans ne font pas
moins efficaces que ceux des chrétiens , tout
comme les injures des premiers ne font pas
moins de tort à une nation que celles des
derniers. ☜

X Pour bien juger des causes , qui mettent fin aux traités publics , il ne faut que
faire attention aux regles des conventions en
général.

1°. Ainsi un traité conclu pour un certain
terme , expire au bout du terme dont on
est convenu.

☞ 159. Ce terme est quelquefois fixe, comme lorsqu'on s'allie pour un certain nombre d'années ; & quelquefois incertain, comme dans les alliances personnelles dont la durée dépend de la vie des contractans. Le terme est incertain encore, lorsque deux ou plusieurs Souverains forment une alliance en vue de quelque affaire particuliere ; par exemple, pour chasser une nation barbare d'un pays qu'elle aura envahi dans le voisinage : pour rétablir un Souverain sur son trône, &c. Le terme de cette alliance est attaché à la consommation de l'entreprise pour laquelle elle a été formée. Ainsi, dans le dernier exemple, lorsque le Souverain est rétabli & si bien raffermi sur son trône qu'il peut y demeurer tranquille ; l'alliance formée uniquement pour son rétablissement, est finie. Mais si l'entreprise ne réussit point ; au moment où on reconnoît l'impossibilité de l'exécuter, l'alliance finit de même ; car il faut bien renoncer à une entreprise quand elle est reconnue impossible. ☜

2°. Un traité expiré n'est point censé tacitement renouvellé ; car une nouvelle obligation ne se présume pas aisément. Lors donc

donc qu'après le terme expiré on exerce encore quelques actes qui paroissent confor-
mes aux engagemens du traité précédent,
ils doivent passer plutôt pour de simples
marques d'amitié & de bienveillance, que
pour un renouvellement tacite du traité.
A quoi pourtant il faut mettre cette exception ; à moins que les choses que l'on a faites depuis l'expiration du traité ne puissent
souffrir d'autre interprétation que celle d'un
renouvellement tacite de la convention précédente. Par exemple, si un allié s'est engagé à donner à l'autre une certaine somme
par an , & qu'après le terme de l'alliance
expiré , on fasse le payement de la même
somme pour l'année suivante , l'alliance se
renouvelle par - là tacitement pour cette année.

☞ 160. Par exemple , l'Angleterre
a un traité de subsides avec un Prince Alle-
mand, qui doit entretenir pendant dix ans
un certain nombre de troupes à la disposi-
tion de cette couronne , à condition d'en
recevoir chaque année une somme conve-
nue. Les dix ans écoulés , le Roi d'Angleterre fait compter la somme stipulée pour
une année; son allié la reçoit : le traité est

bien continué tacitement pour une année ; mais on ne peut pas dire qu'il foit renouvellé ; car ce qui s'eft paffé cette année n'impofe point l'obligation, d'en faire autant pendant dix années de fuite. Mais fuppofons qu'un Souverain foit convenu avec un Etat voifin, de lui donner un million, pour avoir droit de tenir garnifon dans une de fes places pendant dix ans. Le terme expiré ; au lieu de retirer fa garnifon, il délivre un nouveau million, & fon allié l'accepte : le traité en ce cas-là, eft renouvellé tacitement.

3°. C'eft une fuite de la nature de toutes les conventions en général, que fi l'une des parties viole les engagemens dans lefquels elle étoit entrée par le traité, l'autre eft difpenfée de tenir les fiens & peut les regarder comme rompus ; car pour l'ordinaire tous les articles d'un traité ont force de condition, dont le défaut le rend nul. Cela eft ainfi pour l'ordinaire, c'eft-à-dire, au cas que l'on ne foit pas convenu autrement, car on met quelquefois cette claufe, que la violation de quelqu'un des articles du traité ne le rompra pas entiérement, afin que l'une des parties ne puiffe pas fe dédire de fes engagemens pour la moindre offenfe , bien entendu que celui qui par le fait de l'autre , fouffre quelque dommage , doit être indemnifé de maniere ou d'autre.

☞ 161. 4°. Le traité finit avec l'un des contractans. Car de même qu'un traité perfonnel expire à la mort du Roi, le traité réel s'évanouit , fi une des nations alliées eft détruite ; c'eft-à-dire, non - feulement fi les hommes qui la compofent viennent tous à périr, mais encore fi elle perd , par quelque caufe que ce foit, fa qualité de nation ou de fociété politique indépendante. Ainfi quand un Etat eft détruit & le peuple difperfé , ou quand il eft fubjugué par un conquérant, toutes fes alliances , tous fes traités périffent avec la puiffance publique, qui les avoit contractés.

Mais il ne faut pas confondre ici les traités ou les alliances, qui portant l'obligation de preftations réciproques, ne peuvent fubfifter que par la confervation des puiffances contractantes , avec ces contrats qui donnent un droit acquis & confommé, indépendant de toute preftation mutuelle. Si, par exemple, une nation avoit cédé à perpétuité à un Prince voifin le droit de pêche dans une riviere, ou celui de tenir garnifon dans une forterefle; ce Prince ne perdroit point fes droits, quand même la nation de qui il les a reçu, viendroit à être fubjugée, ou à pafler de quelqu'autre maniere fous une domination étrangere. Ses droits ne dépendent point de la confervation de cette nation; elle les avoit aliénés; & celui qui l'a conquife n'a pu prendre que ce qui étoit à elle. De même les dettes d'une nation, ou celles pour lefquelles un Souverain a hypothéqué quelqu'une de fes villes, ou de fes provinces, ne font point anéanties par la conquête. Le Roi de Pruffe en acquérant la Siléfie par conquête & par le traité de Breslau, s'eft chargé des dettes, pour lefquelles cette province étoit engagée à des marchands Anglois. En effet il ne pouvoit y conquérir que les droits de la maifon d'Autriche; il ne pouvoit prendre la Siléfie que telle qu'elle fe trouvoit au moment de la conquête, avec fes droits & fes charges. Refufer de payer les dettes d'un pays que l'on fubjuge, ce feroit dépouiller les créanciers, avec lefquels on n'eft point en guerre.

5°. Les alliances d'une nation ne font point détruites lorfqu'elle fe met fous la protection d'une autre ; à moins qu'elles ne foient incompatibles avec les conditions de cette protection, ou qu'il n'ait été ftipulé entre les alliés que ni l'un ni l'autre ne pourroit contracter de nouvelle alliance que d'un confentement réciproque. Lors donc que la néceffité contraint un peuple à fe mettre fous la protection d'une puiffance étrangere, & à lui promettre l'affiftance de toutes fes forces, envers & contre tous, fans excepter fes alliés ; fes anciennes alliances fubfiftent, autant qu'elles ne font point incompatibles avec le nouveau traité de protection. Mais fi le cas arrive qu'un ancien allié entre en guerre avec le protecteur, l'Etat protégé fera obligé de fe déclarer pour ce dernier, auquel il eft lié par des nœuds plus étroits, & par un traité qui déroge à tous les autres en cas de collifion. C'eft ainfi que les Nepénifiens ayant été contraints de fe rendre aux Etruriens, fe crurent obligés dans la fuite à tenir le traité de leur foumiffion, ou leur capitulation, préférablement à l'alliance qu'ils avoient avec les Romains : *poftquam deditio-*

nis quam societatis, fides sanctior erat, dit Tite Live (a).

6°. Enfin, comme les traités se font par le commun consentement des parties, ils peuvent se rompre aussi d'un commun accord, par la volonté libre des contractans. Et quand même un tiers se trouveroit intéressé à la conservation du traité, & souffriroit de sa rupture ; s'il n'y est point intervenu, si on ne lui a rien promis directement, ceux qui se sont faits directement des promesses qui tournent à l'avantage de ce tiers, peuvent s'en décharcher réciproquement aussi, sans le consulter, & sans qu'il soit en droit de s'y opposer. Deux Monarques se font réciproquement promis de joindre leurs forces pour la défense d'une ville voisine. Cette ville profite de leurs secours ; mais elle n'y a aucun droit : aussi-tôt que les deux Monarques voudront s'en dispenser mutuellement, elle en sera privée, sans avoir aucun sujet de se plaindre, puisque ne lui ayant rien promis il ne lui est rien dû. ☞

(a) Lib. VI. Cap. X.

XI. Il n'y a que le Souverain qui puiſſe faire des alliances & des traités, ou par lui-même ou par ſes Officiers & ſes Miniſtres. Les traités faits par les Miniſtres, n'obligent le Souverain de l'Etat, que lorſque les Miniſtres ont été duement autoriſés, qu'ils n'ont rien fait que conformément à leurs ordres & à leur pouvoir. Il faut remarquer à ce ſujet que chez les Romains on appelloit *fœdus*, *pacte public*, *convention ſolemnelle*, un traité fait par ordre de la puiſſance Souveraine, ou qui avoit été ratifié; mais lorſque des perſonnes publiques avoient promis ſans ordre de la puiſſance Souveraine, quelque choſe qui intéreſſoit le Souverain, c'eſt ce qu'on appelloit *Sponſio*, une *ſimple promeſſe*.

XII. En général il eſt certain, que lorſque des Miniſtres font ſans ordre de leur Souverain quelque traité concernant les affaires publiques, le Souverain n'eſt pas obligé de le tenir: & même le Miniſtre qui a traité ſans ordre peut être puni ſuivant l'exigence du cas. Cependant il peut y avoir des circonſtances dans leſquelles un Souverain eſt tenu, ou par les regles de la prudence, ou même par celles de la juſtice & de

M 4

l'équité, à ratifier un traité, quoique fait &
conclu sans ordre.

XIII. Lorsqu'un Souverain vient à être
informé d'un traité conclu par un de ses Ministres, sans son ordre, son *silence* seul n'emporte pas une *ratification*, à moins qu'il ne
soit d'ailleurs accompagné de quelque acte,
ou de quelque autre circonstance qui ne
puisse vrai-semblablement souffrir d'autre ex-
plication ; & à plus forte raison, si l'accord
n'a été fait que sous cette condition, que le
Souverain le ratifiât, il n'est valable & obligatoire que lorsque le Souverain l'a ratifié
d'une maniere formelle & expresse.

XIV. Mais pour savoir si ces conventions obligent le Souverain, on peut établir
les principes suivans.

1°. Il est incontestable, que comme toute personne peut s'engager, ou par soi-même, ou par autrui, le Souverain est engagé
par les conventions faites par ses Ministres,
ou ses officiers, en conséquence des pouvoirs & des ordres qu'il leur a donnés formellement.

2°. Quiconque donne à quelqu'un un
certain pouvoir, est raisonnablement censé
lui accorder par cela même, tout ce qui en

eſt une ſuite , une dépendance néceſſaire , &
ſans quoi il ne ſauroit l'exercer convenablement ; mais il n'eſt pas cenſé accorder rien
davantage.

3°. Si celui à qui on a donné charge de
traiter n'a rien fait, que dans l'étendue de
ſon pouvoir , s'il n'a point paſſé les bornes
du pouvoir attaché à ſon emploi , quoiqu'il
ait excedé ſes ordres ſecrets, on ne laiſſe
pas d'être tenu de ce qu'il a fait , autrement
l'on ne ſauroit jamais compter ſur les engagemens contraĉtés par procureur.

4°. Le Souverain eſt encore obligé par
le fait de ſes Miniſtres & de ſes officiers ,
quoique deſtitués de pouvoir & d'ordre ,
s'il a ratifié les engagemens qu'ils ont pris,
ou d'une maniere formelle & préciſe , &
alors il n'y a aucune difficulté ; ou d'une
maniere tacite , c'eſt-à-dire , ſi inſtruit de ce
qui s'eſt paſſé , le Souverain laiſſe faire ou
fait lui-même des choſes qui ne puiſſent rai-
ſonnablement être rapportées à aucune autre
cauſe , qu'à l'intention d'exécuter les engagemens de ſon miniſtre, quoique contractés ſans ſa participation.

5°. Le Souverain peut encore être obligé à exécuter les engagemens contraĉtés par

ſes officiers ſans ſon ordre , par un effet de la loi naturelle, qui nous défend de nous enrichir aux dépens d'autrui. L'équité veut que dans ces circonſtances l'on obſerve exactement les conditions du contrat, quoique conclu par des miniſtres qui n'étoient point autoriſés.

6°. Tels ſont les principes généraux de l'équité naturelle , en vertu deſquels les Souverains peuvent être plus ou moins engagés par les conventions de leurs généraux. A quoi néanmoins il faut encore ajouter cette réflexion générale : à moins que les loix & les coutumes du pays n'y apportent quelque modification particuliere , & qu'elles ſoient connues de ceux avec qui ils ont traité.

7°. Enfin , ſi un Miniſtre public paſſe les bornes de ſa commiſſion , qu'il ne puiſſe point tenir ce qu'il a promis, & que ſon maître n'y ſoit point obligé , il eſt ſans contredit obligé à dédommager celui avec lequel il a traité : que s'il y avoit de la mauvaiſe foi de ſa part , il pourroit même être puni de ſa fourberie , & l'on ſeroit en droit de s'en prendre à ſa perſonne ou à ſes biens, ou même à l'un & à l'autre enſemble.

XV. Eclaircissons ces principes généraux, en les appliquant à quelques exemples particuliers.

1°. Un général d'armée ne peut point transiger de ce qui regarde le sujet de la guerre & ses suites ; car le pouvoir de faire la guerre dans quelque étendue qu'il ait été donné, n'emporte point le pouvoir de la finir.

2°. Les généraux d'armée ne pourroient pas non plus accorder de leur chef des trêves pour un espace de tems considérable ; car 1º. cela n'est point une dépendance nécessaire de leur commission. 2°. La chose est de trop grande conséquence pour être entiérement laissée à leur discrétion. 3°. Et enfin, les circonstances ne sont pas d'ordinaire si pressantes que l'on n'ait pas le tems de consulter le Souverain : & en général le devoir & la prudence veulent, qu'un général consulte le Souverain autant qu'il lui est possible, même par rapport aux choses qu'il a pouvoir de ménager de son chef. A plus forte raison, des généraux ne peuvent pas conclure ces sortes de trêves qui font disparoître entiérement l'appareil de la guerre, & qui approchent d'une véritable paix.

3°. A l'égard des trêves qui font de cour-te durée, il eft fans difficulté au pouvoir d'un général de les faire ; par exemple, pour enterrer les morts, &c.

XVI. Les lieutenans des généraux, ou même les officiers fubalternes, peuvent auffi faire des trêves particulieres, pendant l'attaque, par exemple, d'un corps d'ennemis retranchés, ou dans le fiege d'une ville. Car cela étant fouvent très-néceffaire, on préfume avec raifon que ce droit eft renfermé dans l'étendue de leur commiffion, par une conféquence néceffaire. Mais ces trêves particulieres n'obligent-elles que les Officiers qui les ont conclues & leurs troupes, ou bien font-elles valables par rapport aux autres commandans & au chef de l'armée ?

Grotius fe détermine pour le premier fentiment ; cependant le fecond nous paroît le mieux fondé : car 1°. comme on fuppofe, que c'eft en conféquence d'une approbation tacite du Souverain , qu'une telle trêve a été conclue par un officier fubalterne, aucun autre officier ou égal ou fupérieur, ne pourroit agir contre l'accord, fans bleffer indirectement l'autorité du Souverain. 2°. D'ailleurs, cela pourroit don-

ner lieu à des fupercheries & à des défiances qui rendroient inutile ou impraticable
l'ufage de ces trêves particulieres, fi néceffaires en diverfes occafions.

XVII. Il n'appartient pas aux généraux
d'armée, de relâcher les perfonnes acquifes
par les armes, ni de difpofer des fouve-
rainetés & des terres conquifes. Mais il eft
certainement au pouvoir des généraux d'accorder ou laiffer les chofes qui ne font pas
encore acquifes. Les villes, par exemple',
& fouvent les perfonnes ne fe rendent que
fous condition d'avoir la vie fauve ou la
liberté, ou même leurs biens, & d'ordinaire on n'a pas le tems de confulter là-deffus le
Souverain : les chefs mêmes fubalternes doivent avoir ce droit auffi loin que s'étend leur
commiffion. On peut aifément juger, par
les principes que nous avons établis, de la
conduite que tint le peuple Romain à l'é-
gard de Bituitus Roi des Auvergnats, &
dans l'affaire des Fourches Caudines.

☞ 162. Mais arrêtons-nous à ce fameux exemple des *Fourches Caudines*, pour
répandre fur cette efpece de conventions
des lumieres qui ont échappées à notre Auteur.

Les Confuls T. Veturius Calvinus , &
Sp. Poftumius , fe voyant engagés avec
l'armée Romaine dans le défilé des Fourches Caudines fans efpérances d'échapper,
firent avec les Samnites un accord honteux, en les avertiffant toutefois, qu'ils ne
pouvoient faire un véritable traité public
(*fœdus*) fans ordre du peuple Romain , fans
les Féciaux & les cérémonies confacrées par
l'ufage. Le Général Samnite fe contenta
d'exiger la parole des Confuls & des principaux officiers de l'armée, & de fe faire
donner fix cens ôtages. Il fit pofer les armes
à l'armée Romaine, & la renvoya en la faifant paffer fous le joug. Le Sénat ne voulut point accepter le traité : il livra ceux
qui l'avoient conclu aux Samnites, qui re-
fuferent de les recevoir, & Rome fe crut
libre de tout engagement & à couvert de
tout reproche.

Diftinguons d'abord deux queftions. 1°. A
quoi eft tenu celui qui a fait l'accord (*Spon-
for*) fi l'Etat le défavoue? 2°. A quoi eft
tenu l'Etat lui-même? Quant à la premiere
queftion, il faut remarquer qu'un homme
public qui promet fans ordre de fon Souverain, des chofes qui regardent l'Etat ou

la nation entiere, promet ce qu'il ne peut pas exécuter lui-même, ni faire exécuter, & par lesquelles il ne sauroit offrir ni équivalent, ni dédommagement proportionné: il n'est pas même en liberté de donner à l'ennemi ce qu'il auroit promis sans y être autorisé: enfin il n'est plus en son pouvoir de remettre les choses dans leur entier, dans leur premier état. Celui qui traite avec lui, ne peut espérer rien de semblable. Si le promettant l'a trompé, en se disant suffisamment autorisé, il est en droit de le punir, & de se venger par-là, s'il peut, de sa bonhomie. Mais si, comme les Consuls Romains aux Fourches Caudines, le promettant a agi de bonne foi, en avertissant lui-même qu'il n'est pas en pouvoir de lier l'Etat par un traité, on ne peut présumer autre chose, sinon que l'autre partie a bien voulu courir le risque de faire un traité qui deviendra nul s'il n'est pas ratifié, espérant que la considération de celui qui promet, & celle des ôtages, s'il en exige, portera le Souverain à ratifier ce qui aura été ainsi conclu. Si l'événement trompe ses espérances, il ne peut s'en prendre qu'à sa propre imprudence. „ Vos Généraux, disoit au Sénat

„ Poſtumius lui-même, & ceux des enne-
„ mis, ont également perdu la tête; nous
„ en nous engageant imprudemment dans
„ un mauvais pas; eux, en laiſſant échap-
„ per une victoire, que la nature des lieux
„ leur donnoit, ſe défiant encore de leurs
„ avantages, & ſe hâtant, à quelque prix
„ que ce fût, de déſarmer des gens tou-
„ jours redoutables les armes à la main.
„ Que ne nous retenoient-ils enfermés dans
„ notre camp? Que n'envoyoient-ils à
„ Rome, afin de traiter ſûrement de la paix,
„ avec le Sénat & le peuple? (a) " Il eſt
manifeſte que les Samnites ſe contenterent
de l'eſpérance que l'engagement des Conſuls
& des principaux officiers, & le deſir de
ſauver ſix cents chevaliers laiſſés en ôtage,
porteroient les Romains à ratifier l'accord;
conſidérant que quoi qu'il en arrivât, ils auroient toujours ces ſix cens ôtages, avec
les armes & les bagages de l'armée, la gloi-
rè, vaine, ou plutôt funeſte par les ſuites,
de l'avoir fait paſſer ſous le joug.

A quoi donc étoient tenus les Conſuls

____

(a) Tit. Liv. Lib. XI. au commencement.

&

& tous les promettans (*Sponfores*) ? Ils jugerent eux-mêmes qu'ils devoient être livrés aux Samnites. Ce n'eft point une conféquence naturelle de l'accord (*fponfionis*); & fuivant les obfervations que nous venons de faire, il ne paroît point que le promettant ayant promis des chofes que l'acceptant favoit bien n'être pas en fon pouvoir, foit obligé, étant défavoué, de fe livrer lui-même par forme de dédommagement. D'ailleurs cette efpece de dédommagement ne compenfoit pas l'avantage que les Samnites avoient laiffé échapper dans l'efpérance de la ratification du Sénat. Mais comme le promettant peut s'y engager expreffément, & qu'un tel engagement eft dans les termes de fes pouvoirs ou de fa commiffion, l'ufage de ces tems-là avoit fans doute fait de cet engagement une claufe tacite de l'accord appellé *fponfio*, puifque les Romains livrerent tous les promettans : c'étoit là une maxime de leur *droit fécial* qui étoit leur droit de guerre.

Mais fi le promettant ne s'eft point engagé expreffément à fe livrer, & fi la coutume reçue ne lui en impofe pas la loi : tout ce à quoi il femble que fa parole pourroit l'obliger, c'eſt de faire de bonne foi tout ce qu'il peut faire légitimément pour engager le Souverain à ratifier ce qu'il a promis ; & il n'y a pas de doute, que pour peu que le traité fût équitable, avantageux à l'Etat, ou ſupportable, le promettant ne dût conſeiller au Souverain de ratifier le traité, & qu'il agiroit frauduleuſement & abuſeroit honteuſement de la loi des traités, s'il s'oppoſoit à ſa ratification, ſous prétexte qu'il a été fait ſans pouvoir.

Mais que fera le général qui, pour ſauver ſon armée, a été forcé de conclure un traité pernicieux ou honteux à l'Etat ? Conſeillera-t-il au Souverain de le ratifier ? Non ſans doute ; il ſe contentera d'expoſer les motifs de ſa conduite, la néceſſité qui l'a contraint à traiter ; il remontrera, comme fit Poſtumius, que lui ſeul eſt lié, & qu'il veut bien être déſavoué & livré pour le ſalut public. Si l'ennemi eſt abuſé, c'eſt par ſa propre faute. Le Général devoit-il l'avertir que ſelon toute apparence, ſes promeſſes ne ſeroient point ratifiées ? Ce ſeroit trop exiger. Il ſuffit qu'il ne lui en impoſe point, en ſe vantant de pouvoirs plus étendus qu'il n'en a en effet ; & qu'il ſe borne à profi-

ter de ſes propoſitions, ſans l'induire à traiter ſous de trompeuſes eſpérances. C'eſt à
l'ennemi à prendre toutes ſes ſuretés ; s'il
les néglige, pourquoi ne profiteroit-on
pas de ſon imprudence, comme d'un bienfait de la fortune? „ C'eſt-elle, diſoit Poſtu-
„ mius, qui a ſauvé notre armée, après
„ l'avoir miſe dans le danger. La tête a
„ tourné à l'ennemi dans ſa proſpérité, &
„ ſes avantages n'ont été pour lui qu'un
„ beau ſonge. "

Mais ſi l'Etat ne peut être lié par un accord fait ſans ordre & ſans pouvoir de ſa
part, n'eſt-il abſolument tenu à rien ? Si
les choſes ſont encore dans leur entier, l'E-
tat ou le Souverain, peut tout ſimplement
déſavouer le traité, lequel tombe par ce
déſaveu, & ſe trouve parfaitement comme
non avenu. Mais le Souverain doit mani-
feſter ſa volonté, auſſitôt que le traité eſt
parvenu à ſa connoiſſance : non à la vérité
que ſon ſilence ſeul puiſſe donner force à
une convention, qui n'en doit avoir aucune ſans ſon approbation formelle; mais il
y auroit de la mauvaiſe foi, à laiſſer eſ-
pérer à l'autre partie une ratification qu'on

n'eſt point dans l'intention de lui donner afin de l'engager par ce délai ſimulé à exécuter de ſon côté ſes engagemens.

S'il s'eſt déjà fait quelque choſe en vertu de l'accord, ſi la partie qui a traité avec le promettant, a rempli de ſon côté ſes engagemens, en tout ou en partie ; doit - on la dédommager, ou remettre les choſes dans ſon entier, en déſavouant le traité ; ou ſera-t-il permis d'en recueillir les fruits, en même tems qu'on refuſe de les ratifier ? Il faut diſtinguer ici la nature des choſes qui ont été exécutées, & celle des avantages qui en ſont revenus à l'Etat. Celui qui, ayant traité avec une perſonne publique non munie de pouvoirs ſuffiſans, exécute l'accord de ſon côté ſans en attendre la ratification, commet une imprudence & une faute inſigne, à laquelle l'Etat avec lequel il ſuppoſe avoir contraĉté, ne l'a point induit. Bien entendu que le miniſtre public n'ait fait accroire d'une maniere à ne pouvoir pas ſe déſabuſer, à la partie, que ſes pouvoirs s'étendoient juſqu'à l'objet de ſa négociation. Car dans ce cas, le maître de la perſonne publique eſt obligé de ratifier l'accord.

Voyez notre remarque 147. au Droit Naturel, Tom IV. pag. 86. Mais si dans le premier cas, la partie contractante avec la personne publique, a donné du sien, on ne peut le retenir en profitant de sa sottise. Ainsi lorsqu'un Etat, croyant avoir fait la paix avec le Général ennemi, a livré en conséquence une de ses places, ou donné une somme d'argent ; le Souverain de ce Général doit sans doute restituer ce qu'il a reçu, s'il ne veut pas ratifier l'accord. En agir autrement, ce seroit vouloir s'enrichir du bien d'autrui, & retenir ce bien sans titre.

Mais si l'accord n'a rien donné à l'Etat qu'il n'eût déjà auparavant ; si, comme dans celui des Fourches Caudines, tout l'avantage consiste à l'avoir tiré du danger, préservé d'une perte ; c'est un bienfait de la fortune, dont on profite sans scrupule, les Généraux ayant informé l'ennemi que leurs pouvoirs ne s'étendoient pas jusqu'à la conclusion de la capitulation. Qui refusera d'être sauvé par la sottise de son ennemi ? Et qui se croira obligé d'indemniser cet ennemi de l'avantage qu'il a laissé échapper, quand on ne l'a pas induit frauduleusement à le perdre ? Les Samnites prétendoient, que fi les Romains ne vouloient pas tenir le traité fait par leurs Confuls, ils devoient renvoyer l'armée aux Fourches Caudines, & remettre toutes chofes en état : deux tribuns du peuple, qui étoient du nombre des promettans, pour éviter d'être livrés, oferent foutenir la même chofe ; & quelques autres fe déclarerent de leur fentiment. Quoi ! les Samnites veulent fe prévaloir des conjonctures, pour donner la loi aux Romains, pour leur arracher un traité honteux : ils ont l'imprudence de traiter avec les confuls, qui déclarent eux - mêmes n'être pas en pouvoir de contracter pour l'Etat ; ils laiffent échapper l'armée Romaine, après l'avoir couverte d'ignominie ; & les Romains ne profiteront pas de la folie d'un ennemi fi peu généreux ? Il faudra ou qu'ils ratifient un traité honteux, ou qu'ils rendent à cet ennemi des avantages, que la fituation des lieux lui donnoit, & qu'il a perdu par fa propre & pure faute ? Sur quel principe peut-on fonder une pareille decifion ? Rome avoit-elle promis quelque chofe aux Samnites ? Les avoit elle engagés à laiffer aller fon armée, en attendant la ratification de l'ac-

cord fait par les confuls, qui déclarent ouvertement à l'ennemi qu'ils n'ont point affez
de pouvoir pour conclure, mais que leur
accord doit être ratifié par le Sénat, qui
pouvoit ne pas le ratifier? Si un vainqueur,
après avoir fait un traité avec des miniftres,
qui auront expreffément refervé la ratification de leur maître, a l'imprudence d'abandonner toutes fes conquêtes, fans attendre
cette ratification; faudra-t il bonnement l'y
rappeller & l'en remettre en poffeffion, au
cas que le traité ne foit pas ratifié?

Il faut cependant avouer que fi l'ennemi
qui laiffe échapper une armée entiere, fur
la foi d'un accord, qu'il a conclu avec le
général, dénué de pouvoirs fuffifans & fimple promettant (*fponfor*): j'avoue, dis-je,
que fi cet ennemi en a ufé généreufement,
s'il ne s'eft point prévalu de fes avantages,
pour dicter des conditions honteufes, ou
trop dures. l'équité veut, ou que l'Etat ratifie l'accord, ou qu'il faffe un nouveau traité, à des conditions juftes & raifonnables,
fe relachant même de fes prétentions, autant que le bien public pourra le permettre.
Car il ne faut jamais abufer de la générofité
& de la noble confiance même d'un ennemi.

Puffendorf trouve que le traité des Four-
che Caudines ne renfermoit rien de trop
dur ou d'infupportable (a). Il ne paroît pas
faire grand cas de la honte & de l'ignominie qui eût réjailli fur la République entiere. Il n'a pas vu toute l'étendue de la politique des Romains , qui n'ont jamais voulu , dans leurs plus grandes détreſſes accepter un traité honteux , ni même faire la
paix comme vaincus ; politique fublime , à
laquelle Rome fut redevable de toute ſa
grandeur.

Remarquons enfin que la puiſſance inférieure ayant fait , ſans ordre & ſans pouvoirs ,
un traité équitable & honorable , pour tirer
l'Etat d'un péril imminent ; le Souverain
qui , ſe voyant délivré du danger , refuſe-
roit de ratifier le traité ; non qu'il le trouvât défavantageux , mais ſeulement pour
épargner ce qui devoit faire le prix de ſa délivrance , agiroit certainement contre toutes les regles de l'honneur & de l'équité.
Ce feroit là le cas d'appliquer la maxime :
Jummum jus , ſumma injuria.

____

(a) Droit de la Nature & des Gens Lib. VIII,
Chap. IX. §. 12.

XVIII. Il arrive quelquefois dans la guerre que des particuliers, foit de fimples foldats, foit autres, font quelques conventions avec l'ennemi. CICERON remarque judicieufement à ce fujet, que fi des particuliers ont promis quelque chofe à l'ennemi, y étant contraints par la néceffité des circonftances, ils doivent tenir religieufement leur parole (a). En effet, tous les principes que nous avons établis ci-devant, prouvent manifeftement la juftice & la néceffité de ce devoir : fans cela on mettroit fouvent obftacle à la liberté, on donneroit occafion à des carnages, &c.

Mais quoique ces engagemens foient valides en eux-mêmes, il eft bien clair qu'un particulier ne fauroit aliéner validement ce qui appartient au public, cela n'étant pas même permis aux généraux d'armée.

XIX. A l'égard des actions & des biens de chaque particulier, quoique les conventions qu'il peut faire avec l'ennemi à ce fujet, puiffent quelquefois porter quelque préjudice à l'Etat, elles ne laiffent pas d'être

______

(a) De Offic. Lib. I. cap. 13.

obligatoires. Tout ce qui tend à éviter un plus grand mal, quoique dommageable en soi-même, doit être confideré comme un bien : comme par exemple, quand on s'engage à payer quelques contributions pour fe racheter du pillage ou des incendies. Les loix de l'Etat ne fauroient même fans injuftice ôter aux particuliers le droit de pourvoir à leur fureté, en impofant aux fujets une obligation trop onéreufe, ce qui répugne entiérement à la raifon & à 'a nature.

C'eft en conféquence de ces principes que l'on tolere & avec raifon, la promeffe que fait un prifonnier de guerre de venir fe remettre en prifon. On ne le laifferoit point aller fans cela, & il vaut mieux fans doute & pour lui & pour l'Etat, qu'il ait cette permiffion pour un tems, que s'il demeuroit toujours en prifon. Ce fut donc pour fatisfaire à fon devoir que Regulus retourna à Carthage, & fe remit entre les mains des ennemis (a).

XX. Il faut juger de même de la promeffe par laquelle on s'engage *à ne point fervir*

(a) *Cicer.* de Offic. Lib. III. cap. 29.

contre celui de qui on eſt priſonnier : en vain objecteroit-on qu'un tel engagement eſt contraire à ce qu'on doit à la patrie : il n'y a rien de contraire au devoir d'un bon citoyen, de ſe procurer la liberté, en promettant de s'abſtenir d'une choſe, dont il eſt au pouvoir de l'ennemi de nous empêcher ; la patrie ne perd rien par-là, elle y gagne même quelque choſe, puiſqu'un priſonnier, tant qu'il n'eſt pas relâché, eſt perdu pour elle.

Si l'on a promis de ne point ſe ſauver, il faut inconteſtablement tenir ſa parole, quand même on l'auroit donnée dans les fers ; mais ſi le priſonnier n'a donné ſa parole qu'à condition qu'il ne ſeroit point reſſerré de cette maniere, il en eſt quitte, s'il eſt mis dans les fers.

Mais enfin, ſi les particuliers qui ſe ſont engagés à l'ennemi, ne veulent point tenir leur parole, leur Souverain doit - il les y contraindre ? Sans doute : en vain ſeroient-ils liés par leur promeſſe, s'il n'y avoit quelqu'un qui pût les contraindre à s'en acquitter.

☞ 163. La raiſon générale de la va-

lidité des traités faits par de simples particuliers, c'est que lorsqu'un sujet ne peut
ni recevoir les ordres du Souverain, ni
jouir de sa protection, il rentre dans ses
droits naturels, & doit pourvoir à sa sureté
par tous moyens justes & honnêtes. Il seroit
même permis à un sujet de renoncer à sa
patrie, si l'ennemi maître de sa personne,
ne vouloit lui accorder la vie qu'à cette condition; car dès le moment que la société
ne peut le protéger & le défendre, il rentre
dans ses droits naturels. Et d'ailleurs, s'il
s'obstinoit, que gagneroit l'Etat à sa mort?
Certainement tant qu'il reste quelque espérance, tant qu'il y a moyen de servir sa patrie, on doit s'exposer pour elle, & braver
tous les dangers. Je suppose qu'il faille, ou
renoncer à sa patrie, ou périr sans aucune
utilité pour elle; car si on peut la servir en
mourant, il est beau d'imiter la générosité
héroïque des Decius. On ne pourroit s'engager, même pour sauver sa vie, à servir
contre la patrie; un homme de cœur pé-
rira mille fois plutôt que de faire cette hon-
teuse promesse.

CHAPITRE X.

Des Conventions que l'on fait avec un Ennemi.

I. ENtre les conventions publiques, celles qui suppofent l'état *de guerre*, & que l'on fait avec un ennemi, méritent une attention particuliere. Il y en a de deux fortes, les uns qui laiffent *fubfifter l'Etat de guerre*, & qui ne font que tempérer les actes d'hoftilité : les autres, qui les font *ceffer entierement*. Mais avant que de traiter des unes & des autres, il faut dire quelque chofe en général fur la validité de ces conventions.

Si l'on doit garder la Foi entre Ennemis.

II. Cette queftion eft fans doute une des plus belles & des plus importantes du droit des gens. GROTIUS & PUFFENDORF ne font pas d'accord fur cette matiere. Le premier foutient généralement que toutes les conventions que l'on fait avec un ennemi doivent être gardées avec une fidélité in-

violable : mais Puffendorf trouve là dessus quelques difficultés , à l'égard de ces
conventions qui laissent subsister l'état de
guerre. Tâchons d'établir des principes au
moyen desquels on puisse se déterminer sûrement sur ces deux opinions.

III. Je remarque 1°. Que quoique la
guerre détruise par elle-même l'État de société entre deux nations , il ne faut pas conclure de là que la guerre ne soit assujettie à
aucune loi , & que tout droit & toute obligation cessent absolument entre deux ennemis.

2°. Au contraire , tout le monde convient qu'il y a un droit de la guerre obligatoire par lui-même entre ennemis , & de
l'observation duquel ils ne sauroient se dispenser , sans manquer à leur devoir. C'est
ce que nous avons prouvé nous-mêmes ci-
devant , soit en faisant voir qu'il y a des
guerres *justes* & *injustes* , & que même dans
les guerres les plus justes il n'est pas permis
de pousser les actes d'hostilité à l'infini ;
mais qu'il faut nécessairement rester dans certaines bornes , & que par conséquent il y a
des choses *injustes* & *illicites* , même à l'é-
gard d'un ennemi. Puis donc que la guerre

n'anéantit pas par elle-même toutes les loix de la société, on ne sauroit conclure de cela seul, que deux nations se font la guerre, qu'elles soient par cela même dispensées d'être fideles à leur parole, & de garder les engagemens qu'elles ont pris l'une avec l'autre, pendant le cours de la guerre.

3° La guerre étant en elle-même un très grand mal, il est de l'intérêt commun des nations de ne pas se priver volontairement des moyens que la prudence leur présente pour en moderer les rigueurs, & en adoucir les effets ; il est au contraire de leur devoir, de chercher à se les procurer & à s'en assurer les effets ; autant du moins que cela ne peut porter aucun préjudice au but légitime de la guerre. Mais il n'y a que la *foi publique*, qui puisse procurer à deux ennemis, pendant qu'ils ont encore les armes à la main, le doux repos d'une trêve ; c'est elle seule qui peut assurer aux villes rendues, les droits qu'elles se font reservés. Que gagneroient les peuples, ou plutôt combien n'y auroit-il pas à perdre pour eux, s'ils se croyoient autorisés à ne faire aucun cas de la parole donnée à l'ennemi, & s'ils ne considéroient les conventions faites dans ces circonſtances , que comme des moyens de ſe dupper les uns les autres ? Certainement on ne ſauroit penſer que la loi de nature puiſſe approuver des maximes auſſi manifeſtement oppoſées au bien commun du genre humain. D'ailleurs , on ne doit jamais faire la guerre pour la guerre même, mais ſeulement par néceſſité, pour obtenir une ſatisfaction juſte & raiſonnable, & une bonne paix ; d'où il ſuit néceſſairement, que le droit que donne la guerre d'ennemi à ennemi , ne ſauroit aller juſqu'à rendre les guerres éternelles , à les perpétuer à l'infini, & à mettre un obſtacle invincible au rétabliſſement de la paix.

4°. C'eſt cependant ce qui arriveroit néceſſairement, ſi le Droit Naturel n'impoſoit pas une obligation indiſpenſable de tenir ce dont on eſt volontairement convenu avec un ennemi , pendant le cours de la guerre ; ſoit que ces conventions tendent ſeulement à ſuſpendre ou à modérer les actes d'hoſtilité , ſoit qu'elles ayent pour but de les faire ceſſer entiérement & de rétablir la paix.

Car enfin, il n'y a que deux voyes pour parvenir à la paix. La premiere eſt la deſtruction

truction totale & entiere de notre ennemi ; la seconde est de faire avec lui un traité. Si donc les traités & les conventions faites entre ennemis n'étoient pas en eux-mêmes sacrés & inviolables, il ne resteroit d'autre moyen pour se procurer une paix solide, que de pousser la guerre à l'infini & à toute outrance, jusques à la destruction entiere & totale de nos ennemis. Mais qui ne voit qu'un principe qui va nécessairement à la destruction du genre humain & des sociétés, & qui d'ailleurs n'a rien de nécessaire, est directement contraire au droit de la nature & des gens, dont le grand but est la conservation & le bonheur de la société humaine en général, & des sociétés civiles en particulier ?

5°. On ne sauroit mettre ici aucune différence entre les différens traités que l'on peut faire avec un ennemi ; l'obligation que le Droit Naturel impose de les observer inviolablement, regarde aussi bien ceux qui laissent subsister l'état de guerre, que ceux qui tendent à rétablir la paix. Il n'y a point de milieu, il faut établir pour regle générale, que toute convention avec un ennemi eſt obligatoire, ou qu'il n'y en a aucune qui ſoit véritablement telle.

En effet, s'il étoit permis, par exemple, de rompre de gayeté de cœur une trêve bien conclue, d'arrêter ſans raiſon des gens à qui l'on auroit donné des paſſeports, &c. Quel mal y auroit-il de tromper l'ennemi ſous prétexte de parler de paix ? Quand on entre en négociation pour ce dernier ſujet, on ne ceſſe pas dès-lors d'être ennemi, ce n'eſt proprement qu'une eſpece de trêve dont on convient, pour voir s'il y auroit moyen de s'accommoder ; ſi les négocia-tions n'ont pas un heureux ſuccès, ce n'eſt pas une nouvelle guerre que l'on commen-ce, puiſque les différends pour leſquels on avoit pris les armes, n'ont point encore été terminés ; on ne fait que continuer les actes d'hoſtilité que l'on avoit un peu ſuſpendus ; ainſi on ne pourroit pas plus compter ſur la bonne foi de l'ennemi à l'égard des con-ventions, qui vont à rétablir la paix, que par rapport à celles dont le but eſt ſeule-ment de ſuſpendre ou de modérer les actes d'hoſtilité ; donc les défiances ſeroient con-tinuelles, les guerres ſe perpétueroient à l'infini, & on ne parviendroit jamais à une paix solide.

6°. Plus l'ambition & l'avarice ont rendu les guerres fréquentes, quoique non nécessaires, plus les principes que nous venons d'établir sont indispensables pour le repos & l'intérêt du genre humain : c'est donc avec raison que Ciceron prétend qu'il y a un droit de guerre que l'on doit observer entre ennemis, comme encore, que l'ennemi conserve certains droits malgré la guerre (a).

Ce n'est pas assez de dire, comme fait Puffendorf, que l'usage reçu parmi les nations civilisées, a établi en faveur de la gloire des armes, pour l'honneur des guerriers, & pour l'intérêt du genre humain, que l'on doit tenir pour valides, toutes les conventions faites avec l'ennemi. Il falloit ajouter de plus, que cela est indispensable, que la justice le veut ainsi, qu'il ne dépend nullement des nations d'établir les choses

----

(a) *Est autem etiam Jus bellicum, fidesque jurisjurandi sæpe cum hoste servanda.* Off. *Lib. IV. Cap. 29.*

O 2

fur un autre pied , & qu'elles ne peuvent fans crime s'écarter des regles , que le Droit Naturel leur prefcrit à cet égard pour leur avantage commun.

IV. Il ne fera pas difficile, au moyen des principes que nous venons d'établir, de répondre aux raifonnemens par lefquels Puffendorf prétend faire voir , que toutes les conventions faites avec un ennemi ne font pas obligatoires par elles-mêmes.

Nous nous contenterons de remarquer. 1°. Que les raifons dont il fe fert ne prouvent rien , parce qu'elles prouvent trop, &c. Et 2°. que tout ce que l'on en peut conclure raifonnablement, c'eft que l'on doit agir avec prudence , & bien prendre fes précautions avant que de donner parole, ou d'entrer dans quelque engagement avec un ennemi, parce que les hommes font fujets à manquer de foi pour leur propre intérêt, fur-tout lorfqu'ils ont à faire à des gens dont ils font haïs , où qu'ils haïffent eux-mêmes.

V. Mais , dira-t-on , n'eft-ce pas un principe inconteftable du Droit Naturel que toute convention , tout traité extorqué par une violence injufte , eft nul de lui-même, & que par conféquent celui qui a été forcé à le faire malgré lui, peut innocemment ne pas tenir la parole, s'il eſtime qu'il puiſſe le faire avec ſureté.

La violence & la force ouverte ſont le caractere diſtinctif de la guerre; & pour l'ordinaire c'eſt le vainqueur, ſoit qu'il faſſe une guerre juſte ou injuſte, qui impoſe au vaincu la néceſſité de traiter avec lui, & qui le contraint par la ſupériorité de ſes armes à accepter les conditions qu'il lui propoſe : comment donc eſt-il poſſible que le droit de la nature & des gens déclare ſacrés & inviolables des traités faits dans ces circonſtances ?

Je réponds, que quelque vrai que ſoit en lui-même le principe ſur lequel cette objection eſt fondée, on ne peut pas cependant l'appliquer dans toute ſon étendue à la queſtion dont il s'agit.

L'intérêt commun du genre humain demande que l'on mette ici quelque différence entre les conventions extorquées par crainte, de particulier à particulier, & celles auxquelles un Prince ou un peuple Souverain eſt contraint par la ſupériorité des armes d'un vainqueur, quoique ce ſoit en conſéquence d'une guerre injuſte. Le Droit des Gens fait donc ici une exception à la regle générale du Droit Naturel , qui annulle les conventions par l'exception d'une crainte injufte ; ou fi l'on veut , le Droit des Gens tient pour jufte de part & d'autre , la crainte qui porte deux ennemis à traiter enfemble pendant le cours de la guerre ; car autrement , il n'y auroit aucun moyen ni d'en tempérer les fureurs , ni de la terminer entiérement , comme nous l'avons montré ci-deffus,

VI. Mais pour ne rien laiffer en arriere d'effentiel fur cette queftion , il eft néceffaire d'ajouter quelques éclairciffemens à ce que nous venons de dire.

Et premierement , j'eftime qu'il faut diftinguer ici , fi celui qui par la fupériorité de fes armes , a contraint fon ennemi à traiter avec lui , avoit entrepris la guerre fans aucun fujet , ou s'il pouvoit en alléguer quelque raifon fpécieufe. Si le vainqueur avoit entrepris la guerre pour quelque fujet apparent , quoiqu'injufte ou infuffifant dans le fonds , à l'examiner à la rigueur , alors il eft fans contredit de l'intérét du genre humain que le Droit des Gens déclare valides & obligatoires les traités conclus dans ces circonftances, enforte que les vaincus ne puiffent fe difpenfer de les tenir, fous prétexte de la crainte injufte qui en eft la caufe.

Mais fi l'on fuppofe que la guerre ait été entreprife fans aucun fujet, ou bien que le fujet qu'on allégue foit manifeftement frivole ou injufte, comme quand un Alexandre va chercher à fubjuguer des peuples éloignés, qui n'avoient jamais entendu parler de lui, &c. une telle guerre étant un vrai brigandage, j'avoue qu'il ne me paroît pas que le vaincu foit plus obligé de tenir le traité auquel on l'a contraint, que ne le feroit un particulier qui auroit promis à des brigands une fomme d'argent, pour racheter fa vie ou fa liberté.

VII. Difons encore, & c'eft ici un autre éclairciffement néceffaire, que même dans le cas où l'on fuppoferoit la guerre entreprife pour quelque fujet apparent & raifonnable, fi le traité que le vainqueur impofe au vaincu, renferme en lui-même des conditions d'une injuftice qui aille jufqu'à la barbarie, & qui foient tout - à - fait contraires à l'humanité, on ne fauroit dans ces circonftances refufer au vaincu le droit de fe fouftraire à fes engagemens, & de recommencer la guerre pour s'affranchir, s'il le peut, des conditions dures & inhumaines auxquelles on l'a voulu aſſujettir, en abuſant de la victoire contre les droits de l'humanité. La guerre la plus juſte n'autoriſe pas le vainqueur à ne garder aucune meſure, aucune modération à l'égard des vaincus, & il ne ſauroit ſe plaindre raiſonnablement· de l'infraction d'un traité dont les conditions ſont injuſtes en elles·mémes, & d'ailleurs pleines de barbarie & de cruauté.

☞ 164. Voyez ce que nous avons remarqué au Chap. VIII. Remarque 145. pag. 126. ☜

Concluons donc qu'il faut garder ici un juſte milieu, & dire, que l'on doit inviolablement obſerver les traités faits avec un ennemi, ſans que l'exception d'une crainte injuſte puiſſe autoriſer à manquer à la foi qu'on lui a donnée, à moins que la guerre ne fût manifeſtement un vrai brigandage de ſa part, ou que d'ailleurs les conditions qu'il nous impoſe ne fuſſent de la derniere injuſtice, pleines de barbarie & de cruauté.

VIII. Enfin, il y a encore un cas dans lequel on peut ſans perfidie ſe diſpenſer de tenir ce qu'on a promis à l'ennemi ; c'eſt lors qu'une certaine condition, qu'on avoit fuppofée comme la bafe de l'engagement, vient à manquer; c'eft là une fuite de la nature même des conventions. C'eft en conféquence de ce principe, que l'infidélité de l'une des parties contractantes libere l'autre, car dans la regle & pour l'ordinaire, tous les articles d'un même traité font renfermés l'un dans l'autre en forme de condition, & comme fi l'on avoit dit formellement : *Je ferai telle chofe , pourvu que de votre côté vous faffiez ceci ou cela (a).*

☞ 165. Ce cas nous autorife de rompre l'engagement non-feulement avec l'ennemi, mais en général avec qui que ce foit, car c'eft une exception générale à la fidélité des conventions. Voyez ce que j'ai remarqué au Chap. XIII. de la II. Partie du Droit Naturel, Tome IV. pag. 415. Remarque 227. ☜

____

(a) *Voyez ci-deffus.*

CHAPITRE XI.

Des conventions que l'on fait avec un enne-
mi pendant le cours de la Guerre.

I. ENtre les conventions qui laiffent fubfifter *l'état de guerre*, une des principales, c'eft *la trêve*.

La trêve eft une convention par laquelle on s'engage à fufpendre pour quelque tems les actes d'hoftilité, fans que pour cela la guerre finiffe, mais l'état de guerre fubfiftant toujours. La trêve n'eft donc point une paix, puifque la guerre fubfifte. Mais fi l'on eft convenu, par exemple, de certaines contributions pendant la guerre, comme on n'accorde ces contributions que pour fe racheter des actes d'hoftilité, elles doivent ceffer pendant la trêve, puifqu'alors ces actes ne font pas permis; & au contraire, fi l'on a parlé de quelque chofe comme devant avoir lieu en tems de paix, l'intervalle de la trêve ne fera point compris là-dedans.

II. Toute trêve laiffant fubfifter l'état de guerre, c'eft encore une conféquence, qu'après le terme expiré , il n'eſt pas besoin d'une nouvelle déclaration de guerre ; la raiſon en eſt , que ce n'eſt pas une nouvelle guerre que l'on commence, c'eſt la même que l'on continue.

☞ 166. Cependant une trève à longues années reſſemble fort à la paix ; & elle en differe ſeulement en ce qu'elle laiſſe ſubſiſter le ſujet de guerre. Or comme il peut arriver que les circonſtances & les diſpoſitions ayent fort changé de part & d'autre dans un long eſpace de tems , il eſt tout-à-fait convenable à l'amour de la paix qui ſied ſi bien aux Souverains, aux ſoins qu'ils doivent prendre d'épargner le ſang de leurs ſujets, & même celui des ennemis ; il eſt, dis-je, tout-à fait convenable à ces diſpoſitions de ne point reprendre les armes à la fin d'une trève , qui en avoit fait diſparoître & oublier tout l'appareil , ſans faire quelque déclaration qui puiſſe inviter l'ennemi à prévenir une nouvelle effuſion de ſang. Les Romains ont donné l'exemple d'une modération ſi louable : ils n'avoient fait qu'une trève avec la ville de Veïes , & même leurs ennemis n'en avoient pas attendu la fin pour recommencer les hoftilités : cependant, la tréve expirée, il fut décidé par le College des Féciaux, qu'on enverroit demander fatisfaction, avant que de reprendre les armes (*a*). ☞

Ce principe, que la guerre que l'on recommence après une tréve n'eft pas une nouvelle guerre, peut s'appliquer à divers autres cas. Dans un traité de paix conclu entre l'Evêque & Prince de Trente & les Vénitiens, il avoit été convenu *que chacun feroit remis en poffeffion de ce qu'il poffédoit avant la précédente & derniere guerre.* Au commencement de cette guerre l'Evêque avoit pris un château des Vénitiens, que ceux-ci reprirent depuis. L'Evêque refufoit de le céder, fous prétexte qu'il avoit été repris après plufieurs tréves qui s'étoient faites pendant le cours de cette guerre. La queftion devoit fe décider évidemment en faveur des Vénitiens.

III. On peut faire des tréves de plufieurs fortes. 1°. Quelquefois pendant la tréve les armées ne laiffent pas de demeurer toujours

____

(*a*) Tit. Liv. Lib. IV. Cap. XXX.

fur pied avec tout l'appareil de la guerre, & ces fortes de trêves font ordinairement de courte durée ; quelquefois auffi l'on met bas les armes, & chacun fe retire chez foi, & alors elles font de plus longue durée. 2°. Il y a une *trêve générale* pour tous les pays de l'un & de l'autre peuple, & une trêve *particuliere* reftreinte à certains lieux, comme par exemple, fur mer, & non pas fur terre, &c. 3°. Enfin, il y a une trêve abfolue, indéterminée & générale, & une trêve limitée & déterminée à certaines chofes ; par exemple, pour enterrer les morts : ou bien fi une ville affiégée a obtenu une trêve feulement pour être à l'abri de certaines attaques, ou par rapport à certains actes d'hoftilité, comme pour le ravage de la campagne.

IV. Il faut remarquer encore qu'à proprement parler, une trêve ne fe fait que par une convention expreffe, & qu'il eft très-difficile d'établir une trêve fur le fondement d'une convention tacite, à moins que les faits ne foient tels en eux-mêmes & dans leurs circonftances, qu'ils ne puiffent être rapportés à un autre principe, qu'à un deffein bien fincere de fufpendre pour un tems les actes d'hostilité. Ainsi, de cela seul qu'on s'est abstenu pour quelque tems d'exercer des actes d'hostilité, l'ennemi auroit tort d'en conclure que l'on consent à une trêve.

V. La nature de la trêve fait assez connoître quels en sont les effets.

1°. En général, si la trêve est générale & absolue, tout acte d'hostilité doit cesser, tant à l'égard des personnes qu'à l'égard des choses, mais cela n'empêche pas que l'on ne puisse pendant la trêve, lever de nouvelles troupes, faire des magazins, reparer des fortifications, &c. à moins qu'il n'y ait quelque convention formelle au contraire; car ces sortes d'actes ne sont pas en eux-mêmes des actes d'hostilité, mais des précautions défensives & que l'on peut prendre même en pleine paix.

2°. Ce seroit aussi une chose contraire à la trêve que de s'emparer d'une place occupée par l'ennemi, en corrompant la garnison. Il est bien évident que l'on ne peut pas non plus innocemment s'emparer pendant la trêve, des lieux que l'ennemi a abandonnés, mais qui lui appartiennent, soit qu'il ait cessé de les garder avant la trêve, soit après.

☞ 167. Bien entendu que l'ennemi marque affez clairement qu'il veut en conferver la poffeffion ; car s'il abandonne abfolument un pofte , par exemple, une ville, un village , &c. faifant clairement comprendre qu'il ne veut plus le poffeder , rien n'empêche qu'on ne puiffe occuper ce lieu - là pendant la trêve. ☜

3°. Par conféquent, il faut rendre les chofes appartenantes à l'ennemi, qui pendant la trêve font par quelque hazard tombées entre nos mains , encore même qu'elles nous euffent appartenu auparavant.

4°. Pendant la trêve , il eft permis d'aller & de venir de part & d'autre , mais fans aucun train ou aucun appareil, d'où il puiffe y avoir quelque chofe à craindre.

☞ 168. Mais il eft libre à chaque Souverain, comme il le lui feroit auffi en pleine paix, de prendre des précautions , pour empêcher que ces allées & venues , ne lui foient préjudiciables. Des gens avec qui il va bientôt entrer en guerre, lui font fufpects à jufte titre. Il peut même en faifant la trêve, déclarer qu'il n'admettra au-

cun des ennemis dans les lieux de son obéis-
sance.

VI. A cette occasion on demande, si
ceux qui par quelque accident imprévu &
insurmontable, se trouvent malheureusement
sur les terres de l'ennemi après la trêve expirée, peuvent être retenus prisonniers, ou
si l'on doit leur accorder la liberté de se retirer? Grotius, & Puffendorf après lui, dé-
cident que l'on peut à la rigueur du droit,
les retenir prisonniers de guerre ; mais,
ajoute Grotius, il est sans doute plus humain & plus généreux de se relâcher d'un
tel droit : pour moi, il me semble que c'est
une suite du traité de tréve, que l'on laisse
aller ces gens en liberté; car puisqu'en vertu de la trêve, on étoit obligé de laisser aller
& venir en liberté pendant tout le tems de
la trêve, on doit aussi leur accorder la même permission après la trêve même, s'il paroît manifestement qu'une force majeure ou
un cas imprévu les a empêchés d'en profiter durant l'espace réglé : autrement, com-
-me ces sortes d'accidens peuvent arriver tous
les jours, une telle permission deviendroit
souvent un piege pour faire tomber bien des
gens entre les mains de l'ennemi. Tels sont

les

les principaux effets d'une trêve abfolue &
générale.

VII. Pour ce qui eft d'une trêve particuliere ou déterminée à certaines chofes, fes
effets font proportionnés à la convention,
& limités par la nature particuliere de l'accord.

1°. Ainfi, fi l'on a accordé une trêve feulement pour enterrer les morts, on n'eft
pas pour cela en droit d'entreprendre tranquillement quelque chofe de nouveau, qui
apporte quelque changement à l'état des
chofes : on ne peut pas, par exemple, pendant ce tems là fe retirer dans un port plus
fûr, ni fe retrancher, &c. car premierement,
celui qui a accordé une courte trêve pour
enterrer les morts, ne l'a accordée que pour
cela, & il n'y a nulle raifon de l'étendre
au-delà du cas dont on eft convenu ; d'où
il s'enfuit que fi celui à qui on l'a accordé
vouloit en profiter pour fe retrancher, par
exemple, ou pour quelque autre chofe,
l'autre feroit en droit de l'empêcher par la
voye des armes. Le premier ne fauroit s'en
plaindre, car on ne fauroit prétendre raifonnablement qu'une trêve conclue pour
enterrer les morts, & reftreinte à ce feul

acte, donne droit d'entreprendre & de faire tranquillement quelque autre chofe. Tout ce à quoi elle oblige celui qui l'a accordée, c'eft à ne point s'oppofer par la force à l'enterrement des morts ; il n'eft tenu à rien de plus.

2°. C'eft en conféquence des mêmes principes, que fi l'on fuppofe que par la trève on ait feulement mis les *perfonnes* à couvert des actes d'hoftilité, & non pas les *chofes*, en ce cas-là, fi pour défendre fes biens on fait du mal aux perfonnes, on n'agit point contre l'engagement de la trève ; car par cela même qu'on a accordé de part & d'autre une fureté pour les perfonnes, on s'eft auffi réfervé le droit de défendre fes biens du dégat ou du pillage ; ainfi la fureté des perfonnes n'eft point générale, mais feulement pour ceux qui vont & viennent fans deffein de rien prendre à l'ennemi avec qui on a fait cette trève limitée.

VIII. Toute trève oblige les parties contractantes, du moment que l'accord eft fait & conclu ; mais à l'égard des fujets de part & d'autre, ils ne font dans quelque obligation à cet égard, que quand la trève leur a été folemnellement notifiée. Il fuit delà que fi avant cette notification , les fujets commettent quelque aᶜte d'hoftilité ou font quelque chofe contre la trêve, ils ne feront fujets à aucune punition ; cependant les puiffances qui auront conclu la trêve, doivent dédommager ceux qui auront fouffert, & rétablir les chofes dans le premier état, autant que faire fe pourra.

Enfin, fi la trêve vient à être violée d'un côté , il eft certainement libre à l'autre des parties de reprendre les armes & de recommencer la guerre fans aucune déclaration préalable ; que fi l'on eft convenu d'une peine payable par celui qui violeroit la trêve, fi celui-ci offre la peine, ou s'il l'avoit fubie , l'autre n'eft pas en droit de recommencer les aᶜtes d'hoftilité avant le terme expiré, bien entendu qu'outre la peine ftipulée, la partie lezée eft en droit de demander un dédommagement de ce qu'elle a fouffert pour l'infraᶜtion de la trêve. Mais il faut bien remarquer que les aᶜtions des particuliers ne rompent point la trêve, à moins que le Souverain n'y ait quelque part, ou par un ordre donné ou par une approbation ; & le Souverain eft cenfé approuver ce qui a été fait, s'il ne veut ni punir ni livrer le coupable , ou s'il refuſe de rendre les choſes priſes pendant la ſuſpen-ſion d'armes.

☞ 169. A qui eſt-ce qu'il appartient de faire la trêve ? La trêve générale ne peut être conclue & arrêtée que par le Souve-rain lui-même, ou par celui à qui il en a expreſſément donné le pouvoir ; car il n'eſt point néceſſaire pour le ſuccès des opéra-tions , qu'un général ſoit revêtu d'une au-torité ſi étendue ; elle paſſeroit les termes de ſes fonctions , qui ſont de diriger les opéra-tions de la guerre là où il commande , & non de régler les intérêts généraux de l'Etat. La concluſion d'une trêve générale eſt une choſe ſi importante, que le Souverain eſt toujours cenſé ſe l'être réſervée. Un pou-voir ſi étendu ne convient qu'au gouver-neur ou à un Vice-roi d'un pays éloigné, pour les Etats qu'il gouverne ; encore ſi la trêve eſt à longues années, il eſt naturel de préſumer qu'elle a beſoin de la ratification du Souverain. Les Conſuls & autres géné-raux Romains pouvoient accorder des trê-ves générales pour le tems de leur comman-dement ; mais ſi ce tems étoit conſidérable, ou s'ils étendoient la trêve plus loin , la ra-

tification du Sénat & du peuple y étoit néceſſaire. Une tréve même particuliere, mais
pour un long-tems, ſemble encore paſſer
le pouvoir ordinaire d'un général, & il ne
peut la conclure que ſous réſerve de la ratification.

Mais pour ce qui eſt des tréves particulieres pour un terme court, il eſt ſouvent
néceſſaire, & preſque toujours convenable,
que le général ait le pouvoir de les conclure : néceſſaire, toutes les fois qu'on ne
peut attendre le conſentement du Prince ;
convenable, dans les occaſions où la tréve
ne tend qu'à épargner le ſang, & ne peut
tourner qu'au commun avantage des contractans. On préſume donc naturellement
que le général, ou le commandant en chef,
eſt revêtu de ce pouvoir.

Les ſauf-conduits ſont auſſi des conventions faites entre ennemis, & qui méritent
qu'on en diſe quelque choſe. On entend
par-là un privilege accordé à quelqu'un des
ennemis, ſans qu'il y ait ceſſation d'armes,
& par lequel on lui accorde la liberté d'aller & de revenir en ſureté. Toutes les queſtions que l'on propoſe ſur les ſauf-conduits
peuvent ſe décider, ou par la nature même

des sauf-conduits accordés, ou par les regles générales de la bonne interprétation.

1°. Un sauf-conduit donné pour des gens
de guerre, regarde non-seulement des officiers subalternes, mais encore ceux qui com-
mandent en chef : c'est l'usage naturel &
ordinaire des termes qui le veut ainsi.

2°. Si l'on permet à quelqu'un d'aller
dans un certain endroit, on est aussi censé
lui avoir permis de s'en retourner, autrement la premiere permission se trouveroit
souvent inutile. Il pourroit cependant y
avoir des cas où l'un n'emporteroit pas
l'autre.

☞ 170. On découvre la volonté de
celui qui accorde le sauf-conduit par la fin
pour laquelle il a été donné. Ainsi, par
exemple, celui à qui on a permis de s'en
aller, n'a pas le droit de revenir ; & le sauf-
conduit accordé simplement pour passer, ne
peut servir pour repasser, &c. ☜

3°. Si l'on a accordé à quelqu'un la liberté de venir, il ne peut pas pour l'ordinaire employer quelqu'autre à sa place. Et
au contraire, celui qui a eu permission d'envoyer quelqu'un ne peut pas venir lui-même;
car ce sont deux choses différentes , & la

permiffion doit naturellement être reftreinte à la perfonne même à qui elle eft accordée, car peut-être ne l'auroit-on pas accordée à un autre.

4°. Un pere à qui l'on a accordé un paffe-
port ne peut pas mener avec lui fon fils,
ni un mari fa femme.

☞ 171. Car il eft vrai qu'on ne s'établit
nulle part fans y amener fa femme & fes enfans ; mais on peut bien voyager fans fa
famille. ☜

5°. Pour les valets, quoiqu'il n'en foit
fait aucune mention, on préfume qu'il eft
permis d'en mener un ou deux, ou même
davantage felon la qualité de la perfonne.

☞ 172. Bien entendu que ces valets ne
foyent pas fufpects à l'Etat, ou bannis pour
crimes : car le Souverain qui accorde un
fauf-conduit dans les termes généraux pour
la perfonne qui le demande *& fa fuite*, ne
préfume pas qu'on ofera s'en fervir pour
mener dans fon pays de perfonnes fufpectes,
des malfaiteurs, ou des gens qui l'ont particulierement offenfé. ☜

6°. Pour l'ordinaire, le privilege d'un
fauf-conduit ne s'éteint pas par la mort de
celui qui l'a accordé ; rien n'empêche cepen-

dant qu'il ne puisse pour de bonnes raisons être révoqué par le successeur ; mais alors il faut que celui à qui le sauf-conduit avoit été donné soit averti de se retirer, & qu'on lui accorde le tems nécessaire pour parvenir en lieu de sureté.

☞ 173. Il en est de cet acte, comme des autres dispositions du commandement public : leur durée ne dépend point de la vie de celui qui les a faites, à moins que par leur nature même, ou par une déclaration expresse elles ne lui soient personnelles.

Cependant, cela n'empêche point que le successeur ne puisse révoquer un sauf-conduit, s'il en a de bonnes raisons. Celui-là même qui l'a donné peut bien le révoquer en pareil cas ; & il n'est pas tenu de dire toujours ses raisons. Tout privilege peut être révoqué, & il le doit même, quand il devient nuisible à l'Etat; le privilege gratuit, purement & simplement ; & le privilege acquis à titre onéreux, en indemnisant les intéressés. Supposez qu'un Prince, ou son général se prépare à une expédition secrete, souffrira-t-il qu'au moyen d'un sauf-conduit obtenu précédemment, on vienne épier ses préparatifs, pour en rendre compte à l'ennemi ?

Mais pour que le sauf-conduit ne devienne pas un piege, il faut en le révoquant, donner au porteur le tems & la liberté de se retirer en sureté. Si on le retient quelque tems, comme on feroit à tout autre voyageur, pour empêcher qu'il ne porte des lumieres à l'ennemi, ce doit être sans aucun mauvais traitement & seulement jusqu'à ce que cette raison n'ait plus lieu. ☞

7°. Un sauf-conduit accordé pour aussi long-tems qu'on voudra, emporte par lui-même une continuation du Sauf-conduit jusqu'à ce qu'on le révoque bien clairement; car sans cela, la volonté est censée subsister toujours la même, quelque tems qui se soit écoulé; mais un tel sauf-conduit expire si celui qui l'avoit donné vient à n'être plus revêtu de l'emploi, en vertu duquel il l'avoit donné.

☞ 174. L'Auteur se trompe ici en supposant que l'autorité du sauf-conduit émane d'un officier & non pas du Souverain immédiatement, qui souvent commet à ses officiers de le donner. Ainsi, un sauf-conduit accordé *pour aussi long-tems qu'on voudra*, ou *qu'il nous plaira*, n'expire pas si l'officier qui l'avoit donné vient à n'être plus revêtu de l'emploi, en vertu duquel il l'avoit donné, mais il faut une révocation expreffe du Souverain pour qu'il expire. ☞

X. Le rachat des prifonniers eft encore une convention, qui fe fait fouvent fans que la guerre finiffe. Les anciens Romains ne fe portoient pas aifément à racheter les prifonniers : ils examinoient, fi ceux qui avoient été pris par les ennemis avoient gardé les loix de la difcipline militaire, & par conféquent s'ils méritoient d'être rachetés ; & le parti de la rigueur prévaloit ordinairement, comme le plus avantageux à la République. Mais en général, il eft certainement plus conforme & au bien de l'Etat & à l'humanité de racheter les prifonniers, à moins que l'expérience ne faffe voir qu'il eft néceffaire d'ufer envers eux d'une grande rigueur, pour prévenir ou corriger des maux plus grands, qui fans cela feroient inévitables.

XI. Un accord fait pour la rançon d'un prifonnier ne peut être revoqué, fous prétexte que le prifonnier fe trouve plus riche que l'on ne l'avoit cru : car cette circonftance du plus ou du moins de richeſſes du priſonnier, n'a aucune liaiſon avec l'engagement ; de ſorte que ſi l'on vouloit régler là deſſus la rançon, il falloit avoir mis cette condition dans le traité.

☞ 175. Mais il eſt naturel de proportionner le prix de la rançon au rang que tient le priſonnier dans l'armée ennemie, parce que la liberté d'un officier de marque eſt d'une plus grande conſéquence que celle d'un ſimple ſoldat, ou d'un officier inférieur. Si le priſonnier a, non-ſeulement celé, mais déguiſé ſon rang, c'eſt une fraude qui donne le droit d'annuller la convention. ☜

XII. Quand on a fait quelqu'un priſonnier de guerre, on n'acquiert la propriété que de ce qu'on lui a pris effectivement : ainſi l'argent ou les autres choſes qu'un priſonnier de guerre a trouvé moyen de tenir cachées, ou de dérober aux recherches que l'on a faites, lui demeurent ſans contredit en propriété, & par conſéquent il peut s'en ſervir pour le prix de ſa rançon. L'ennemi ne ſauroit avoir pris poſſeſſion de ce dont il n'avoit aucune connoiſſance, & d'ailleurs le priſonnier n'eſt en aucune maniere tenu de lui découvrir tout ce qu'il peut avoir.

L'héritier d'un prisonnier de guerre est-il obligé de payer la rançon que le défunt avoit promise ? Si le prisonnier est mort en captivité, l'héritier ne doit rien, car la promesse du défunt supposoit son relâchement; mais s'il étoit déja relâché quand il est venu à mourir, l'héritier doit la rançon sans contredit.

Autre question. Un prisonnier relâché à condition d'en faire relâcher un autre, pris par les siens, doit-il revenir se mettre en prison, lorsque cet autre est mort, avant qu'il ait obtenu son relâchement ? Je réponds, que le prisonnier relâché n'est point tenu de se mettre en prison, car cela n'a point été stipulé; mais il ne paroît pas juste non plus qu'il jouisse de la liberté en pur gain ; il faut donc, qu'il donne un dédommagement, ou qu'il paye la valeur du prisonnier mort, à celui envers qui il s'est engagé.

CHAPITRE XII.

Des Conventions publiques, qui mettent fin à la Guerre.

I. LEs conventions qui mettent fin à la guerre font ou *principales* ou *acceſſoires*. Les conventions principales font celles qui terminent la guerre, ou par elles-mêmes, comme un traité de paix, ou par une fuite de ce dont on eſt convenu, comme quand on a remis la fin de la guerre à la déciſion du fort, ou au ſuccès d'un combat, ou au jugement d'un arbitre. Les conventions acceſſoires font celles, qu'on ajoute quelquefois aux conventions principales, pour les confirmer & en rendre plus ſûre l'exécution. Tels font les *otages*, les *gages*, les *garanties*.

Nous avons déja traité ci-devant du fort des combats, arrêtés de part & d'autre, & des arbitres conſidérés comme des moyens d'empêcher une guerre ou de la terminer; il ne nous reſte plus qu'à parler des traités de paix.

☞ 176. Voyez ce que nous en avons dit dans le dernier Chap. du Droit de la Nature, Tom. V. pag. 245. & suiv. ☜

II. La premiere queftion qui fe préfente ici, c'eft, fi les conventions qui terminent la guerre peuvent être annullées, par l'exception d'une crainte injufte qui les a arrachées.

Après les principes que nous avons établis ci-devant, pour faire voir que l'on doit garder la foi donnée à un ennemi, il n'eft pas néceffaire de nous arrêter ici à l'établir de nouveau. De toutes les conventions publiques, les traités de paix font celles que les peuples doivent regarder comme les plus facrées & les plus inviolables ; rien n'eft plus important au repos & à la tranquillité du genre humain. Les Princes & les nations n'ayant point de juge commun, qui puiffe connoître & décider de la juftice de la guerre, on ne pourroit jamais compter fur un traité de paix, fi l'exception d'une crainte injufte avoit ici lieu ordinairement. Je dis *ordinairement* ; car dans le cas où l'injuftice des conditions d'un traité de paix eft de la derniere évidence, & que le vainqueur injufte abufe de fa victoire, au point d'impo-

fer au vaincu les conditions les plus dures,
les plus cruelles & les plus infupportables;
le droit des nations ne fauroit autorifer de
femblables traités, ni impofer aux vaincus
l'obligation de s'y foumettre foigneufement.
Ajoutons encore, que bien que le Droit
des Gens ordonne qu'à l'exception du cas
dont nous venons de parler, les traités de
paix foient obfervés fidélement, & ne puiffent pas être annullés fous le prétexte d'une
contrainte injufte, il eft néanmoins inconteftable, que le vainqueur ne peut pas profiter en confcience des avantages d'un tel
traité, & qu'il eft obligé par la juftice intérieure, de reftituer tout ce qu'il peut avoir
acquis dans une guerre injufte.

☞ 177. En effet, fi cette exception
étoit admife, elle fapperoit par les fondemens, toute la fureté des traités de paix:
car il en eft peu contre lefquels on ne pût
s'en fervir pour couvrir la mauvaife foi. Autorifer une pareille défaite, ce feroit attaquer la fureté commune & le falut des nations: la maxime feroit exécrable, par les
mêmes raifons qui rendent la foi des traités
facrée dans l'univers; d'ailleurs il feroit prefque toujours honteux & ridicule d'alléguer

une pareille exception. Il n'arrive guere aujourd'hui que l'on attende les dernieres extrémités pour faire la paix : une nation, bien que vaincue en plusieurs batailles, peut encore se défendre : elle n'est pas sans ressource, tant qu'il lui reste des hommes & des armes. Si par un traité désavantageux, elle trouve à propos de se procurer une paix nécessaire ; si elle se rachete d'un danger imminent, d'une ruine entiere, par de grands sacrifices, ce qui lui reste est encore un bien qu'elle doit à la paix : elle s'est déterminée librement à préférer une perte certaine & présente, mais bornée, à un danger encore à venir, mais trop probable & terrible.

Mais il faut en excepter surement le seul cas allégué ci-dessus. Qu'un avide & injuste conquérant subjugue une nation, qu'il la force à accepter des conditions dures, honteuses, insupportables, la nécessité la contraint à se soumettre. Mais ce repos apparent n'est pas une paix, c'est une oppression que l'on souffre, tandis qu'on manque de moyens pour s'en délivrer, & contre laquelle des gens de cœur se soulevent à la premiere occasion favorable. Lorsque Ferdinand

dinand Cortez attaquoit l'Empire du Méxique, fans aucune ombre de raifon, fans le moindre prétexte apparent, fi l'infortuné Montezuma eût pu racheter fa liberté, en fe foumettant à des conditions également dures & injuftes, à recevoir garnifon dans fes places & dans fa capitale; à payer un tribut immenfe; à obéir aux ordres du Roi d'Efpagne, de bonne foi dira-t-on qu'il n'eût pu avec juftice faifir une occafion favorable pour rentrer dans fes droits, & délivrer fon peuple; pour chaffer, pour exterminer des ufurpateurs avides, infolens & crue's? Non, non, on n'avancera pas férieufement une fi grande abfurdité. Si la loi naturelle veille au falut & au repos des nations, en recommandant la fidélité dans les promeffes, elle ne favorife pas les oppreffeurs; toutes fes maximes vont au plus grand bien de l'humanité : c'eft la grande fin des loix & du droit. Celui qui rompt lui-même tous les liens de la fociété humaine, pourra-t-il les réclamer? S'il arrive qu'un peuple abufe de cette maxime pour fe foulever injuftement, & recommencer la guerre, il vaut mieux s'expofer à cet inconvénient, que de donner aux ufurpateurs un

moyen aifé d'éternifer leurs injuftices, &
d'affeoir leur ufurpation fur un fondement
folide. Mais quand vous voudrez prêcher
une doctrine qui s'oppofe à tous les mouvemens de la nature, à qui la perfuaderez-
vous ? ☞

III. Une autre queftion, c'eft de favoir,
fi un Souverain, ou un Etat doit tenir les
traités de paix & d'accommodement qu'il a
faits avec des fujets rebelles. „ Je réponds :
1°. que lorfqu'un Souverain a réduit par les
armes les fujets rebelles, c'eft à lui à voir
comment il les traitera. 2°. Mais s'il eft entré avec eux dans quelque accommodement, il eft cenfé par cela feul leur avoir
pardonné tout le paffé ; de forte qu'il ne
fauroit légitimement fe difpenfer de tenir fa
parole, fous prétexte qu'il l'avoit donnée à
des fujets rebelles. Cette obligation eft
d'autant plus inviolable, que les Souverains
font fujets à traiter de rebellion une défobéiffance ou une réfiftance par laquelle on
ne fait que maintenir fes juftes droits & s'expofer à la violation des engagemens les plus
effentiels des Souverains.

☞ 178. D'ailleurs, fi les promeffes
faites par le Souverain aux rebelles ne font

pas inviolables, il n'y aura plus de sureté pour les rebelles à traiter avec leur Souverain ; dès qu'ils auront tiré l'épée, il faudra qu'ils en jettent le foureau, comme l'a dit un ancien. Le Prince manquera le plus doux & le plus salutaire moyen d'appaiser la révolte ; il ne lui restera, pour l'étouffer, que d'exterminer les révoltés. Le désespoir les rendra formidables ; la compassion leur attirera des secours, grossira leur parti ; & l'Etat se trouvera en danger. Que seroit devenue la France, si les ligueurs n'avoient pu se fier aux promesses de Henri le Grand ? Les mêmes raisons qui doivent rendre la foi des promesses inviolable & sacrée, de particulier à particulier, de Souverain à Souverain, d'ennemi à ennemi, subsistent dans toute leur force entre le Souverain & ses sujets soulevés ou rebelles. Cependant, s'ils lui ont extorqué des conditions odieuses, contraires au bonheur de la nation, au salut de l'Etat, comme il n'est pas en droit de rien faire, de rien accorder, contre cette grande regle de sa conduite & de son pouvoir, il revoquera justement des concessions pernicieuses, en s'autorisant de l'aveu de la nation dont il prendra l'avis, de la maniere & dans les

formes qui lui feront marquées par la conftitution de l'Etat. Mais il faut ufer fobre-
ment de ce remede, & feulement pour des
chofes de grande importance , afin de ne pas
donner atteinte à la foi des promeſſes. ☞

IV. Il n'y a que celui qui a droit de faire
la guerre, qui ait le droit de la terminer par
un traité de paix ; en un mot, c'eſt ici une
partie eſſentielle de la fouveraineté.

☞ 179. C'eſt-à-dire, c'eſt une obligation des plus rigoureuſes de la fouveraineté ; car le Souverain y eſt obligé & lié même par un double nœud. Il doit ce foin à
fon peuple , fur qui la guerre attire une foule
de maux ; & il le doit de la maniere la plus
étroite & la plus indiſpenſable , puiſque l'empire ne lui eſt confié que pour le falut &
l'avantage de la nation. Il doit ce même foin
aux nations étrangeres , dont la guerre trou-
ble le bonheur. Nous avons expofé le devoir de la nation à cet égard : & le Souverain revêtu de l'autorité publique , eſt en
même tems chargé de tous les devoirs de
la fociété , & du corps de la nation.

Mais ce devoir du Souverain ne fe borne
pas à finir la guerre par un traité de paix : il eſt
de plus obligé à la procurer autant que cela

dépend de lui, à détourner les autres de la rompre fans néceffité, à leur infpirer l'amour de la juftice, de l'équité, de la tranquillité publique, de la paix : c'eft l'un des plus falutaires offices qu'il puiffe rendre à fes peuples, aux nations & à l'univers entier. Le glorieux & l'aimable perfonnage que celui de pacificateur ! Si un Prince en connoiffoit bien les avantages ; s'il fe repréfentoit la gloire fi pure & fi éclatante dont ce précieux caractere peut le faire jouir, la reconnoiffance, l'amour, la vénération, la confiance des peuples ; s'il favoit ce que c'eft que de régner fur les cœurs, il voudroit être ainfi le bienfaiteur, l'ami & le pere du genre humain : il y trouveroit mille fois plus de charmes que dans les conquêtes les plus brillantes. Augufte fermant le Temple de Janus, donnant la paix à l'univers, accommodant les différends des Rois & des peuples : Augufte, en ce moment, paroît le plus grand des mortels, c'eft pour ainfi dire, un Dieu fur la terre.

Mais un Roi prifonnier pourroit-il conclure un traité de paix valable & obligatoire pour la nation ? Je ne le penfe pas ; car il n'y a nulle apparence, & l'on ne fauroit préfumer raifonnablement que le peuple ait voulu conférer la fouveraineté à quelqu'un, avec pouvoir de l'exercer fur les chofes les plus importantes, même dans le tems qu'il ne feroit pas maître de fa propre perfonne. Mais à l'égard des conventions qu'un Roi prifonnier auroit faites, touchant ce qui lui appartient, elles font valides fans contredit, fuivant les principes que nous avons établis dans le chapitre précédent.

☞ 180. Le Souverain captif peut encore négocier la paix par lui-même, & promettre ce qui dépend de lui perfonnellement : mais le traité ne devient obligatoire pour la nation, que quand il eft ratifié par la nation même, ou par ceux qui font dépofitaires de l'autorité publique, pendant la captivité du Prince, ou enfin par lui-même, après fa délivrance. ☜

Que dirons-nous d'un Roi chaffé de fes Etats ? s'il n'eft dans aucune dépendance de perfonne, il peut fans doute faire la paix.

☞ 181. Cette décifion femble contraire au but de la fociété. Tout gouvernement légitime, quel qu'il puiffe être, eft uniquement établi pour le bien & le falut de l'Etat. Ce principe inconteftable une fois poſé, je dis que la paix n'eſt plus l'affaire propre du Souverain ; c'eſt celui de la nation. Un Souverain chaſſé de ſes Etats, a été chaſſé par la nation , ou par un uſurpateur. Dans le premier cas, en quelle qualité oſeroit-il faire la paix avec une nation, ſa propre nation ne le reconnoiſſant plus pour ſon conducteur ? Si le Souverain eſt chaſſé de ſes Etats par un injuſte uſurpateur , comment ſe mêleroit-il de faire la paix pour un Etat qu'il ne poſſede plus ? Les autres nations même , n'ayant aucun droit de s'ingérer dans les affaires domeſtiques des Etats étrangers , de ſe mêler de leur gouvernement , doivent s'en tenir au jugement de l'uſurpateur , & ſuivre ſa poſſeſſion , & s'arranger avec lui pour un traité de paix avec la nation conquiſe. Un traité de paix fait par Jacques II. lorſqu'il alloit à la ſuite de Louis XIV. auroit été regardé comme un traité fait par un Roi de théâtre.

V. Pour connoître ſûrement de quelles choſes un Roi peut diſpoſer par un traité de paix , il ne faut que faire attention à la nature de la ſouveraineté & à la maniere dont il la poſſede.

1°. Dans les Royaumes patrimoniaux ,

à les confidérer en eux-mêmes, rien n'empêche que le Roi n'aliene la fouveraineté ou une partie.

☞ 182. Voyez ce que nous avons dit de cette efpece de Royaumes dans la premiere Partie, Chap. IV. Tome VI. ☜

2°. Mais les Rois qui ne poffédent la fouveraineté qu'à titre d'ufufruit, ne peuvent par aucun traité aliéner de leur chef, ni la fouveraineté entiere ni aucune de fes parties; pour valider de telles aliénations, il faut le confentement de tout le peuple ou des Etats du Royaume. 3°. A l'égard du *domaine de la couronne*, il n'eft pas non plus pour l'ordinaire au pouvoir du Souverain de l'aliéner.

☞ 183. Il faut cependant remarquer que dans le cas d'une néceffité preffante, telle que l'impofent les événemens d'une guerre malheureufe, les aliénations que fait le Prince pour fauver l'Etat font cenfées approuvées & ratifiées par le feul filence de la nation, lorfqu'elle n'a point confervé dans la forme du gouvernement, quelque moyen aifé & ordinaire de donner fon confentement exprès, & qu'elle a abandonné

au Prince une puiſſance abſolue. Car
alors n'ayant point de moyen de déclarer
dans un cas de néceſſité preſſante expreſſément ſon conſentement , ſon ſilence
ſeul, eſt un vrai conſentement tacite. S'il
en étoit autrement, perſonne ne pourroit
traiter ſûrement avec un pareil Etat : & in-
firmer ainſi par avance tous les traités fu-
turs ; ce ſeroit agir contre le droit des gens,
qui preſcrit aux nations de conſerver les
moyens de traiter enſemble.

Il faut auſſi obſerver , que quand nous
examinons ſi le conſentement de la nation
eſt requis pour l'aliénation de quelque partie de l'Etat, nous entendons parler des parties qui ſont encore ſous la puiſſance de la
nation, & non pas de celles qui ſont tombées pendant la guerre au pouvoir de l'ennemi ; car celles-ci n'étant plus poſſédées par
la nation, c'eſt au Souverain ſeul s'il a l'ad-
miniſtration pleine & abſolue du gouvernement, le pouvoir de la guerre & de la
paix ; c'eſt, dis-je, à lui ſeul de juger s'il
convient d'abandonner ces parties de l'Etat,
ou de continuer la guerre pour les recouvrer.

4°. Pour ce qui eſt des biens des particuliers, le Souverain a comme tel, un droit éminent fur les biens des fujets, & par conféquent, il peut en difpofer & les aliéner par un traité, toutes les fois que l'utilité publique ou la néceffité le demandent, bien entendu que l'Etat doit dans ces cas-là dédommager les particuliers du dommage qu'ils fouffrent, au-delà de leur quotépart.

VI. Pour bien interpréter les claufes d'un traité de paix, & pour en determiner les effets, il ne faut que faire attention aux regles générales de l'interprétation, & à l'intention des parties contractantes.

1°. Dans tout traité de paix, s'il n'y a point de claufes au contraire, on préfume que l'on fe tient réciproquement quittes de tous les dommages caufés par la guerre; ainfi les claufes d'amniftie générale ne font que pour une plus grande précaution.

2°. Mais les dettes de particulier à particulier, déjà contractées avant la guerre, & dont on n'avoit pas pu pendant la guerre exiger le payement, ne font point cenfées éteintes par le traité de paix.

3°. Les chofes mêmes que l'on ignore avoir été commifes, foit qu'elles l'ayent été avant ou pendant la guerre, font cenſées comprifes dans les termes généraux, par lefquels on tient quitte l'ennemi de tout le mal qu'il nous a fait.

4°. Il faut rendre tout ce qui peut avoir été pris depuis la paix conclue; cela n'a point de difficulté.

5°. Si dans un traité de paix on fixe un certain tems pour l'accompliſſement des conditions, dont on eſt convenu, ce terme doit s'entendre à la derniere rigueur; enforte que lorfqu'il eſt expiré, le moindre retardement n'eſt pas excuſable, à moins qu'il ne provînt d'une force majeure, ou qu'il ne paroiſſe manifeſtement que ce délai ne vient d'aucune mauvaiſe intention.

6°. Enfin, il faut remarquer que tout traité de paix eſt par lui-même perpétuel, & pour parler ainſi, éternel de ſa nature, c'eſt-à-dire, que l'on eſt cenſé de part & d'autre être convenu, de ne prendre jamais plus les armes au ſujet des démélés qui avoient allumé la guerre, & de les tenir déformais pour entiérement terminés.

☞ 184. Mais comme il eſt bien difficile qu'il ne ſe trouve quelque ambiguité dans un traité, dreſſé même avec toute la bonne foi poſſible, voici quelques regles d'interprétation qui conviennent plus particulierement à ces traités en cas d'ambiguité, 1°. Dans le doute, l'interprétation ſe fait contre celui qui a donné la loi dans le traité; car c'eſt lui, en quelque façon qui l'a dicté; c'eſt ſa faute s'il ne s'eſt pas énoncé plus clairement; & en étendant ou en reſſerrant la ſignification des termes, dans le ſens qui lui eſt moins favorable, on ne lui fait aucun tort, ou on ne lui fait que celui auquel il a bien voulu s'expoſer. Mais par une interprétation contraire, on riſqueroit de tourner des termes vagues, ou ambigus, en pieges contre le plus foible contractant, qui a été obligé de recevoir ce que le plus fort a dicté.

2°. Les noms des pays cédés par le traité, doivent s'entendre ſuivant l'uſage reçu alors par les perſonnes habiles & intelligentes; car on ne préſume point que des ignorans, ſoient chargés d'une choſe auſſi importante que l'eſt un traité de paix; & les diſpoſitions d'un contrat doivent s'entendre de ce que les contractans ont eu vraiſemblablement dans l'eſprit, puiſque c'eſt ſur ce qu'ils ont dans l'eſprit qu'ils contractent.

3°. Le traité de paix ne se rapporte naturellement & de lui-même qu'à la guerre à laquelle il met fin ; ses clauses vagues ne doivent donc s'entendre que dans cette rélation ; ainsi la simple stipulation du rétablissement des choses dans leur état, ne le rapporte point à des changemens qui n'ont pas été opérés par la guerre même. ☞

VII. C'est une autre question importante de savoir, quand la paix peut être regardée comme rompue.

1°. Quelques personnes distinguent ici entre *rompre la paix*, & *fournir sujet de guerre*. Rompre la paix, c'est contrevenir à quelques articles du traité ; fournir un nouveau sujet de guerre, c'est prendre les armes pour quelque nouvelle raison dont il n'est point fait mention dans le traité.

2°. Mais lorsqu'on donne ainsi un nouveau sujet de guerre, le traité se rompt par-là indirectement, si l'on refuse de faire satisfaction à l'offensé ; car alors l'offensé pouvant prendre les armes, & traiter l'offenseur en ennemi, contre qui tout est permis, il faut aussi sans contredit le dispenser de tenir les conditions de la paix, quoique le traité n'ait point été rompu formellement par rap-

port à fa teneur : d'ailleurs , la diftinction
dont il s'agit ne peut guere être d'ufage aujourd'hui , parce que les traités de paix font
conçus de telle maniere, qu'ils emportent
un engagement de vivre déformais en bonne
amitié à tous égards.　Il faut donc dire en
général, que tout nouvel acte d'hoftilité injufte rompt la paix.

☞　185. Je penfe au contraire qu'il
eft très-important de bien diftinguer entre
une guerre nouvelle & la rupture du traité
de paix , parce que les droits acquis par ce
traité fubfiftent, malgré la guerre nouvelle ;
au lieu qu'ils font éteints par la rupture du
traité fur lequel ils étoient fondés.　Il eft
vrai , que celui qui avoit accordé ces droits,
en fufpend fans doute l'exercice pendant la
guerre , autant qu'il eft en fon pouvoir , &
peut même en dépouiller entiérement fon
ennemi, par le droit de la guerre, comme
il peut lui ôter fes autres biens. Mais alors
il tient ces droits comme des chofes prifes
fur l'ennemi ; & celui-ci peut en preffer la
reftitution au nouveau traité de paix. Il y a
bien de la différence dans ces fortes de négociations , entre exiger la reftitution de ce
qu'on poffédoit avant la guerre , & deman-

der des concessions nouvelles : un peu d'é-
galité dans le succès, suffit pour insister sur
le premier : le second ne s'obtient que par
une supériorité décidée. Il arrive souvent,
quand les armes sont à peu près égales, que
l'on convient de rendre les conquêtes & de
rétablir toutes choses dans leur état ; &
alors, si la guerre étoit nouvelle, les anciens traités subsistent ; mais s'ils ont été
rompus par la reprise d'armes, & la premiere guerre ressuscitée, ces traités demeurent
anéantis : & si l'on veut qu'ils subsistent encore, il faut que le nouveau traité les rap-
pelle & les rétablisse expressément.

La question est encore très-importante,
par rapport aux autres nations qui peuvent
être intéressées au traité ou invitées par
leurs propres affaires à en maintenir l'observation : elle est essentielle pour les garants
du traité, s'il y en a, & pour des alliés qui
ont à reconnoître le cas où ils doivent des
secours.

3°. Pour ceux qui ne font que repousser
la force par la force, ils ne rompent en aucune maniere la paix.

4°. Si la paix est conclue avec plusieurs
alliés de celui avec qui le traité a été fait,

la paix n'eft pas rompue, fi quelqu'un de
ces alliés vient à reprendre les armes, à
moins qu'elle n'eût été conclue fur ce pied-
là. Mais c'eft ce qu'on ne préfume point,
& fans doute le feul infracteur peut être regardé comme ennemi.

5°. Des violences ou des actes d'hoftilité
que quelques fujets de l'Etat commettent de
leur chef, ne peuvent rompre la paix qu'en
fuppofant que le Souverain les approuve,
& c'eft ce que l'on préfume, s'il a la con-
noiffance du fait, le pouvoir de punir, &
qu'il néglige de le faire.

6°. La paix eft cenfée rompue, lorfque
fans un fujet légitime, on exerce quelque
acte d'hoftilité, non-feulement contre tout
le corps de l'Etat, mais même contre des
particuliers ou des fujets de l'Etat ; car le but
d'un traité de paix eft, que tous les fujets
de l'Etat foient déformais en fureté.

7°. Un traité de paix eft rompu fans contredit, fi l'on contrevient aux articles clairs
& formels qu'il renferme : quelques docteurs néanmoins diftinguent ici entre les articles du traité qui font *de grande importance*, & ceux qui font *de peu d'importance*; mais cette diftinction eft peu fûre en
elle-même,

elle-même, & d'une application difficile &
délicate. En général tous les articles d'un
traité doivent être regardés comme affez
importans, pour qu'ils doivent être ponc-
tuellement obfervés. Il faut pourtant avoir
égard ici à ce que demande l'humanité &
pardonner plutôt les fautes légeres que d'en
pourfuivre la réparation par les armes.

8°. Si l'une des parties eft réduite par
quelque néceffité invincible, à l'impoffibilité
d'effectuer fes engagemens, on ne doit pas
tenir la paix pour rompue; mais l'autre partie doit, ou attendre quelque tems l'effet
de ce qu'on lui a promis, s'il y a encore
quelque efpérance, ou bien elle peut demander un équivalent raifonnable.

9°. Lors même qu'il y a de la perfidie
d'un côté, il eft libre certainement à la partie innocente de laiffer fubfifter la paix, &
il feroit ridicule de prétendre que celui qui
le premier enfreint la paix, puiffe fe déga-
ger de l'obligation où il étoit, en agiffant
contre cette même obligation.

VIII. L'on joint quelquefois aux traités
de paix, pour fureté de leur exécution, des
ôtages, des gages ou des garants.

☞ 186. Dans les tems les plus recu-
lés, on promettoit d'exécuter les traités ; on
prenoit la divinité à témoin des engagemens
où l'on entroit, & toutes les conventions
s'accomplissoient : ces tems heureux ont
bientôt passé. Il y a long-tems qu'un intérêt de peu de conséquence, que le desir de
satisfaire un sentiment de vengeance, ou
quelque autre passion, l'ont emporté sur
les sermens. Les histoires les plus anciennes, & sur-tout celles de l'Asie, sont
remplies d'exemples des trahisons les plus
noires, & des cruautés les plus odieuses,
commises après la foi donnée.

Si les engagemens ne sont pas aujour-
d'hui plus respectés, du moins le mépris
qu'on en fait n'est pas suivi de ces horreurs
qui révoltent l'humanité. On convient que
les hommes sont devenus meilleurs dans
ce sens ; mais le genre humain y trou-
voit-il dans le fond quelque avantage ? Les
guerres, pour ainsi dire, continuelles, les
armées beaucoup plus nombreuses en Europe depuis près d'un siecle, qu'elles ne
l'avoient été depuis l'invasion des peuples du Nord, ont fait couler autant &
plus de sang que jamais. On a poli l'exté-

rieur ; au dedans la cruauté eſt la même ; on fait toujours très peu de cas de la vie des hommes. On eut beau redoubler les ſermens, ſe donner aux Dieux infernaux, jurer ſur ce que la Religion a de plus ſacré, on ne fit que la profaner davantage. Il fallut chercher les moyens de ſureté plus efficaces : on imagina les ôtages.

Les ôtages ſont de pluſieurs ſortes ; car ou ils ſe donnent eux-mêmes volontairement, ou c'eſt par ordre de leur Souverain, ou bien ils ſont pris de force par l'ennemi : rien n'eſt plus commun aujourd'hui, par exemple, que d'enlever des ôtages par force pour la ſureté des contributions.

Le Souverain peut, en vertu de ſon autorité, contraindre quelques-uns de ſes ſujets à ſe mettre entre les mains de l'ennemi pour ôtage ; car s'il eſt en droit quand la néceſſité le requiert, de les expoſer à un péril de mort, à plus forte raiſon peut-il engager leur liberté corporelle. Mais d'un autre côté, l'Etat doit aſſurément indemniſer les ôtages de tout ce qu'ils peuvent ſouffrir pour le bien de la ſociété.

IX. L'on demande, & l'on donne des ôtages pour la ſureté de l'exécution de quelque engagement ; il faut donc pour cela que l'on puisse garder les ôtages comme on le juge à propos , jusqu'à l'accomplissement de ce dont on est convenu ; il suit de-là qu'un ôtage qui s'est constitué tel volontairement, ou celui qui a été donné par le Souverain, ne peut pas se sauver ; cependant Grotius accorde cette liberté aux derniers : mais il faudroit pour cela, ou que l'intention de l'Etat fût que l'ôtage ne demeurât point entre les mains de l'ennemi , ou qu'il n'eût pas le pouvoir d'obliger l'ôtage à y demeurer. Le premier est manifestement faux , car autrement l'ôtage ne serviroit point de sureté & la convention seroit illusoire : l'autre n'est pas plus vrai ; car si l'Etat en vertu de son *domaine éminent*, peut exposer la vie même des citoyens , pourquoi ne pourroit-il pas engager leur liberté ? Aussi Grotius convient-il lui-même, que les Romains étoient obligés de rendre Clelie à Porsenna : mais il n'en est pas tout-à-fait de même à l'égard des ôtages qui ont été pris par force ; car ils sont toujours en droit de se sauver, tant qu'ils n'ont pas donné leur parole qu'ils ne le feroient pas.

X. On demande, si celui à qui l'on a

donné des ôtages peut les faire mourir, au cas que l'on n'exécute pas ses engagemens? Je réponds, que les ôtages eux-mêmes n'ont pu donner à l'ennemi aucun pouvoir sur leur propre vie, dont ils ne sont pas les maîtres. Pour ce qui est de l'Etat, il a bien le pouvoir d'exposer au péril de la mort, la vie de ses sujets, lorsque le bien public le demande; mais ici, tout ce que le bien public exige, c'est qu'il engage la liberté corporelle de ceux qu'il donne en ôtage, & il ne peut pas plus les rendre responsables de son infidélité, au péril de leur vie, qu'il ne peut faire que l'innocent soit criminel : ainsi l'Etat n'engage nullement la vie des ôtages : celui à qui on les donne est censé les recevoir à ces conditions, & quoique par l'infraction du traité ils se trouvent à sa merci, il ne s'ensuit pas qu'il ait droit en conscience de les faire mourir pour ce sujet seul ; il peut seulement les retenir désormais comme prisonniers de guerre.

☞ 187. Autrefois on les mettoit à mort en pareil cas : cruauté barbare, fondée sur l'erreur. On croyoit que le Souverain pouvoit disposer arbitrairement de la vie de ses sujets, ou que chaque homme étoit le maître de fa propre vie, & en droit de l'engager, lorfqu'il fe donnoit en ôtage. Il eft beau de voir aujourd'hui les nations Européennes fe contenter entr'elles de la parole des ôtages. Les Seigneurs Anglois remis à la France, en cette qualité, fuivant le traité d'Aix-la-Chapelle en 1748. jufqu'à la reftitution du Cap-Breton, liés par leur feule parole, vivoient à la cour & dans Paris, plutôt en Miniftres de leur nation, qu'en ôtages. ☞

XI. Les ôtages donnés pour un certain fujet font libres dès que l'on y a fatisfait, & par conféquent ne peuvent pas être tenus pour une autre caufe, pour laquelle on n'avoit point promis d'ôtages. Que fi l'on a manqué de parole en quelque autre chofe, ou contracté quelque nouvelle dette, les ôtages donnés peuvent alors être retenus, non comme ôtages, mais en conféquence de cette regle du Droit des gens, qui autorife à arrêter la perfonne des fujets, pour le fait de leur Souverain.

☞ 188. La regle eft vraie; mais l'application n'eft pas jufte. Car il faut faire attention, qu'un ôtage ne feroit pas fous la main de ce Souverain, fans la foi du traité en vertu duquel il a été livré, ni exposé à être saisi si facilement : & que la foi d'un pareil traité ne souffre pas qu'on en fasse aucun autre usage que celui auquel il est destiné, ni qu'on s'en prévaille au-delà de ce qui a été précisément convenu. L'ôtage est livré pour sûreté d'une promesse, & pour cela uniquement ; dès que la promesse est remplie, l'ôtage doit être remis en son premier état. Lui dire qu'on le relâche comme ôtage, mais qu'on le retient comme gage, pour sûreté de quelque autre prétention ; ce seroit profiter de son état d'ôtage, contre l'esprit manifeste, & même contre la lettre de la convention, suivant laquelle, dès que la promesse est accomplie, l'ôtage doit être rendu à lui-même & à sa patrie, & remis dans l'état où il étoit, comme s'il n'eût jamais été donné en ôtage. Si l'on ne se tient rigoureusement à ce principe, il n'y aura plus de sûreté à donner des ôtages, puisqu'il seroit toujours très-facile aux Princes de trouver quelque prétexte pour les retenir. Albert le sage, Duc d'Autriche, faisant la guerre à la ville de Zuric, en l'année 1351 ; les deux parties remirent à des arbitres la décision de leurs différends, &

Zuric donna des ôtages. Les arbitres ren-
dirent une fentence injufte, dictée par la
partialité. Cependant Zuric, après de juftes
plaintes, prenoit le parti de s'y foumettre.
Mais le Duc forma de nouvelles prétentions,
& retint les ôtages; certainement contre la
foi du compromis, & au mépris du Droit
des Gens.

Mais on peut retenir un ôtage pour fes
propres faits, pour des attentats commis,
ou pour des dettes contractées dans le pays,
pendant qu'il y eft en ôtage. Ce n'eft point
donner atteinte à la foi du traité. Pour être
affuré de recouvrer fa liberté aux termes du
traité, l'ôtage ne doit point être en droit
de commettre impunément des attentats
contre la nation qui le garde; & lorfqu'il
doit partir, il eft jufte qu'il paye fes dettes 👉

XII. Un ôtage eft-il libéré par la mort
du Prince qui l'avoit donné? Cela dépend
de la nature du traité, pour la fureté duquel
on avoit livré l'ôtage; c'eft-à-dire, qu'il faut
examiner s'il eft *perfonnel* ou *réel*. Que fi
l'ôtage devient l'héritier & fucceffeur du Prince qui l'avoit donné, il n'eft plus tenu alors
de demeurer en ôtage, quoique le traité foit

réel ; il doit ſeulement mettre quelqu'un à ſa place , ſi l'autre partie le demande. Le cas dont il s'agit étoit tacitement excepté ; car on ne ſauroit préſumer qu'un Prince , par exemple , qui auroit donné pour ôtage ſon propre fils , ſon héritier préſomptif , ait prétendu , qu'au cas qu'il vînt à mourir lui-méme , l'Etat fût privé de ſon chef.

☞ 189. Une nation peut remettre quelques uns de ſes biens entre les mains d'une autre , pour ſureté de ſa parole. Si elle remet des choſes mobiliaires , elle donne des *gages*. La Pologne a mis autrefois en gage une couronne & d'autres joyaux entre les mains des Souverains de la Pruſſe. Mais on donne quelquefois des villes & des provinces en *engagement*. Si elles ſont engagées ſeulement par un acte , qui les aſſigne pour ſureté d'une dette , elles ſervent proprement d'*hypotheque* ; ſi on les remet entre les mains du créancier , ou de celui avec qui l'on a traité , il les tient à titre d'*engagement* ; & ſi on lui en cede les revenus , en équivalent de l'intérêt de la dette , c'eſt le pacte qu'on appelle d'*antichreſe*.

Tout le droit de celui qui tient une ville ou une province en engagement, ſe rapporte à la fureté de ce qui lui eft dû, ou de la promeſſe qui lui a été faite. Il peut donc garder la ville, ou la province en ſa main, juſqu'à ce qu'il ſoit ſatisfait ; mais il n'eſt point en droit d'y faire aucun changement ; car cette ville, ou ce pays ne lui appartient point en propre. Il ne peut même ſe mê-ler, au-delà de ce qu'exige ſa fureté ; à moins que l'empire, ou l'exercice de la ſouverai-neté ne lui ait été expreſſément engagé. Ce dernier point ne ſe préſume pas ; puiſqu'il ſuffit à la fureté de l'engagiſte, que le pays ſoit mis en ſes mains, & ſous ſa puiſſance. Il eſt encore obligé, comme tout engagiſte en général, à conſerver le pays qu'il tient par engagement, à en prévenir, autant qu'il eſt en lui, la détérioration ; il en eſt reſpon-ſable, & ſi ce pays vient à ſe perdre par ſa faute, il doit indemniſer l'Etat qui le lui a remis. Si l'empire lui eſt engagé, avec le pays même ; il doit le gouverner ſuivant ſes conſtitutions, & préciſément comme le Souverain de ce pays étoit obligé de les gou-verner ; car ce dernier n'a pu lui engager que ſon droit légitime.

Auſſi-tôt que la dette eſt payée, ou que le traité eſt accompli, l'engagement finit :

& celui qui tient une ville, ou une province à ce titre, doit la reſtituer fidélement, dans le même état où il l'a reçue, autant que cela dépend de lui. Mais parmi ceux qui n'ont de regle que leur avarice, ou leur ambition, qui, comme Achille mettent tout le droit à la pointe de leur épée (a) ; la tentation eſt délicate : ils ont recours à mille chicanes, à mille prétextes, pour retenir une place importante, un pays à leur bienféance. La matiere eſt trop odieuſe, pour alléguer des exemples : ils ſont aſſez connus, & en aſſez grand nombre, pour convaincre toute nation ſenſée, qu'il eſt très-imprudent de donner de pareils nantiſſemens.

Mais ſi la dette n'eſt point payée dans le tems convenu, ſi le traité n'eſt point accompli, on peut retenir & s'approprier ce qui a été donné en engagement, ou s'emparer de la choſe hypothéquée, au moins juſqu'à concurrence de la dette, ou d'un juſte dédommagement. La maiſon de Sa-

---

(a) *Jura negat ſibi nata, nil non arrogat armis !* Horat.

voye avoit hypothéqué le pays de Vaud
aux deux cantons de Berne & de Fribourg.
Comme elle ne payoit point, ces deux
Cantons prirent les armes & s'emparerent
du pays. Le Duc de Savoye leur opposa la
force, au lieu de les satisfaire promptement;
il leur donna d'autres sujets de plainte encore: les Cantons victorieux ont retenu ce
pays, tant pour se payer de la dette, que
pour les frais de la guerre & pour une juste
indemnité. ☞

Enfin, il arrive aussi que les Princes ou
des Etats, sur-tout ceux qui ont été média-
teurs de la paix, se rendent garants des ob-
servations de part & d'autre, par une espece
de *cautionnement* qui emporte l'obligation
d'interposer leurs bons offices, pour faire
obtenir une satisfaction raisonnable à celui,
au préjudice duquel l'autre auroit violé
quelque article du traité, & même de donner secours au premier qui sera insulté par
l'autre, contre les articles & les conditions
de la paix.

☞ 190. Et comme dans ce cas il se
trouve obligé d'employer la force contre
celui des contractans qui voudroit manquer
à ses promesses, c'est un engagement qu'an

Souverain ne doit jamais prendre légérement & fans de très - fortes raifons. Les Princes ne s'y prêtent guere, que quand ils ont un intérêt indirect à l'obfervation du traité, ou fur des rélations particulieres d'amitié. La garantie peut fe promettre également à toutes les parties contractantes, à quelques-unes feulement, ou même à une feule : ordinairement elle fe promet à toutes en général. Il peut arriver auffi que plufieurs Souverains entrant dans une alliance commune, fe rendent réciproquement garants de fon obfervation, les uns envers les autres. La *garantie* eft une efpece de traité, par lequel on promet affiftance & fecours à quelqu'un, au cas qu'il en ait befoin, pour contraindre un infidele à remplir fes promeffes.

La garantie étant donnée en faveur des contractans, ou de l'un d'eux, elle n'autorife point le garant à intervenir dans l'exécution du traité, à en preffer l'obfervation de lui-même & fans en être requis. Si les parties d'un commun accord, jugent à propos de s'écarter de la teneur du traité, d'en changer quelques difpofitions, de l'annuller même entiérement; fi l'une veut bien fe relâcher

de quelque chofe en faveur de l'autre, elles
font en droit de le faire; & le garant ne
peut s'y oppofer. Obligé, par fa promeffe,
de foutenir celle qui auroit à fe plaindre de
quelque infraction, il n'a acquis aucun droit
pour lui-même. Le traité n'a pas été fait
pour lui; autrement il ne feroit pas fimple
garant, mais auffi partie principale contractante. Cette obfervation eft importante.
Il faut prendre garde que, fous prétexte de
garantie, un Souverain puiffant ne s'érige
en arbitre des affaires de fes voifins, & ne
prétende leur donner la loi. Mais il eft vrai
que fi les parties apportent du changement
aux difpofitions du traité, fans l'aveu & le
concours du garant, celui-ci n'eft plus tenu
à la garantie : car le traité ainfi changé, n'eft
plus celui qu'il a garanti.

Aucune nation n'étant obligée de faire
pour une autre ce que celle-ci peut faire
elle-même, naturellement le garant n'eft tenu à donner du fecours que dans le cas où
celui à qui il a accordé fa garantie, n'eft
pas en état de fe procurer lui-même juftice.
S'il s'éleve des conteftations entre les contractans, fur le fens de quelque article du
traité, le garant n'eft point obligé tout de

fuite à affifter celui en faveur de qui il a donné fa garantie. Comme il ne peut s'engager
à foutenir l'injuftice, c'eft à lui d'examiner,
de chercher le vrai fens du traité, de pefer
les prétentions de celui qui reclame fa garantie ; & fi les trouvant mal fondées, il
refufe de les foutenir, il ne manque point à
fes engagemens.

Il n'eft pas moins évidènt que la garantie ne peut nuire au droit d'un tiers. S'il
arrive donc que le traité garanti fe trouve
contraire au droit d'un tiers, ce traité étant
injufte en ce point, le garant n'eft aucune-
ment tenu à en procurer l'accompliffement ;
car il ne peut jamais, comme nous venons
de le d're, s'être obligé à foutenir l'injuftice. C'eft la raifon que la France a alléguée,
lorfqu'elle s'eft déclarée pour la maifon de
Baviere, contre l'héritiere de Charles VI.
quoiqu'elle eût garanti la fameufe *Sanction
Pragmatique* de cet Empereur. La raifon eft
inconteftable dans fa généralité ; il s'agiffoit
donc de voir fi on en faifoit une jufte application.

La garantie fubfifte naturellement autant
que le traité qui en fait l'objet : & en cas de
doute, on doit toujours le préfumer ainfi.

puifqu'elle eft recherchée & donnée pour la fureté du traité. Mais rien n'empêche qu'elle ne puiffe être reftreinte à un certain tems, à la vie des contractans, à celle du garant, &c. En un mot, on peut appliquer à un traité de garantie tout ce qui a été dit dans le Chapitre IX. & les fuivāns *des traités en général.*

Il y a une feconde efpece de garantie, par laquelle les parties contractantes fe garantiffent mutuellement leurs poffeffions. Cette expreffion qui, fi l'on veut, engage plus précifément, ne donne pas une plus grande certitude de la folidité de la promeffe. Lorfque trois puiffances fe font garanties réciproquement, & que la guerre s'allume entre deux de ces trois, le tiers également lié avec tous les deux, ne doit plus rien ni à l'un ni à l'autre.

Il n'eft point aujourd'hui de puiffance en Europe qui n'ait garanti plufieurs Etats; il n'eft point d'Etat qui ne foit garanti par plufieurs puiffances. Plus ces traités fe multiplient, plus ils fe détruifent. Si tous les Potentats de l'Europe Chrétienne fe font garantis leurs villes, leurs provinces, il ne peut y avoir de guerre entr'eux: fi les guer-

res

res font fréquentes malgré ces garanties, la garantie eft un mot vuide de fens, un traité de paroles, duquel on ne doit point attendre d'effets.

Concluons donc que la vraie garantie, l'affurance la plus forte de l'exécution des traités, c'eft d'en faire les conditions équitables & convenables à l'intérêt de chacun, fans égard aux avantages de la guerre. On doit peu compter fur les loix qui font dures, & qu'impofe la fupériorité pefante. On ne doit pas compter qu'un peuple, qu'un Etat demeurent conftamment dans une fituation qui les gêne ou les humilie ; elle n'attend qu'une occafion favorable pour fecouer le joug. Peut être, la plus excellente politique que le Prince d'un grand Etat pourroit mettre en œuvre aujourd'hui, feroit de convaincre fes voifins par les effets, que la principale regle pour faire & exécuter les traités, feroit la bonne foi. De même que cette méthode & la neutralité confervent les petits Etats, ceux qui font déjà puiffans y trouveroient leur affermiffement & leur gloire. Si le Prince eft fidele dans fes alliances, neutre autant qu'il lui fera permis de l'être ; fi ces procédés prouvent fon défintéreffement, il n'eft guere poffible qu'il ne foit le médiateur, même l'arbitre des autres puiffances. Un Prince dont l'Etat fera peuplé & enrichi par la paix, qui aura formé fa réputation par fa juftice, fans étendre fes frontieres étendra fa domination.

On doit obferver cependant que la morale qui peut s'allier avec la politique, n'eft pas abfolument la même que cel'e qui doit regler la conduite du commun des hommes. Le fort des Rois eft plus malheureux, dans un fens, que celui des fujets. Une tranfaction fur procès termine les différends de ceux-ci : fi l'une des parties refufe d'entretenir ce traité de paix, ils ont des juges; un arrêt oblige l'infracteur au filence, & donne à la partie du repos. Mais les querelles des Etats ne finiffent point, parce qu'ils ne reconnoiffent pas de fupérieurs. Il eft clair que les mefures à prendre, les regles pour agir, ne fauroient être les mêmes lorfque la juftice a un tribunal, ou lorfque la feule force décide du droit. Delà la néceffité de fe fortifier par foi-même, ou par autrui: d'abandonner un parti foible pour affurer fa condition ; delà la néceffité de s'oppofer aux progrès de celui qui pourroit devenir trop fort. Delà enfin la néceffité de varier les alliances fuivant les circonftances & les événemens.

Une autre raifon prépondérante oblige les Souverains à fuivre des principes différens de ceux que doivent fuivre les particuliers. Les démêlés des Etats menacent directement ou indirectement leur exiftence : les différends entre les fujets ne regardent que leurs fortunes. La fituation des Etats eft la même que celle des hommes dont on mettroit la vie en danger ; on ne plaide pas, on attaque : on fait affez que cette pofition autorife à relâcher quelque chofe du rigide exact, non-feulement à confidérer les vertus humaines, mais encore les maximes de religion. Il eft inconteftable qu'il eft permis de défendre fa vie même au hazard de la faire perdre à l'aggreffeur. On doit donc permettre à la politique de fe relâcher des regles communes de la morale des particuliers : mais on abufe de cette maxime : je le répéterai fouvent, les hommes ne favent pas s'arrêter dans les milieux. Quelques exemples expliqueront ma penfée.

Il n'étoit pas naturel aux Etats qui s'é-

toient ligués après la journée de Marignan,
pour empêcher François I. d'affujettir l'Italie, de demeurer dans la même ligue avec
Charles V. après la bataille de Pavie. L'ai-
gle étendoit fes aîles & obfcurciffoit déjà de
fon ombre une partie de l'Europe : les mêmes fe liguerent pour la délivrance du Roi
de France, contre leur premier allié ; ils ne
fauroient être blâmés ; il s'agiffoit de leur
confervation, de leur être ; la morale n'étoit
pas bleffée de ce changement. Mais lorfque Guillaume I. Roi d'Angleterre, auparavant Prince d'Orange, imagina le fameux
fyftême de l'équilibre de l'Europe, ce fut un
prétexte dicté ou par fa haine contre la France, ou par l'intérêt unique de conferver à
fa perfonne fa domination fur les Provinces-Unies, & fur le Royaume dont il avoit
chaffé fon beau-pere ; il craignoit les forces
de Louis XIV. qui lui donnoit un afyle. Ni
l'Angleterre ni la Hollande ne courroient
aucun danger. Ce fyftême fatal a forcé d'a-
bord la France de demeurer dans un état
perpétuel de défenfe & d'attaque, parce qu'il
lui a fufcité des ennemis de principe. L'aug-
mentation néceffaire de fes troupes en tems
paix, a obligé les autres puiffances à faire

de même. Ainfi il n'y a plus d'intervalle &
de repit, l'Europe eft en un état de guerre
continuel. C'eft la fuite de l'intérêt perfonnel de Guillaume.

Lorfqu'on a combattu, pour difputer
l'Efpagne à la Maifon de Bourbon, on a
combattu pour un phantôme. Cette fucceffion dévolue à un Prince de France ne dé-
rangeoit pas réellement le projet de l'équilibre. Ce qui s'eft paffé dans la fuite, & ce
que l'on voit encore, en font une preuve
bien fenfible. Les Princes n'ont d'autre famille que leurs Etats : fi on n'eût demandé
que les affurances les plus fortes contre la
réunion des deux couronnes fur la même
tête, Louis XIV. ne les auroit pas refufées.
On pouvoit même fe repofer fur l'Efpagne
de l'exécution de cette convention. On vit
alors que fon feul objet étoit d'éviter le dé-
membrement de fes provinces ; elle auroit
reçu pour Roi l'Archiduc comme le Duc
d'Anjou pour n'être pas ébrechée : il eût
été tems, lorfque l'occafion de la réunion
fe feroit préfentée, de faire la guerre que
l'on fit alors pour un être de raifon. La façon de penfer des Efpagnols étoit un fûr
garant aux Etats qui s'allierent, qu'ils pou-

voient compter fur tous les efforts de l'Efpagne pour fe conferver ou fe donner un
Roi, & ne pas devenir province.

Quelle ne fut donc pas l'imprudence de
l'Angleterre, de la Hollande & de l'Empire? Les deux premieres travaillerent pour
la grandeur énorme & préfente d'un même
Prince, dans la crainte de la grandeur incertaine d'un autre dont on envifageoit feulement la poffibilité dans un avenir douteux;
& l'Empire élevoit fur fa tête une puiffance
qui auroit été employée fur le champ à le
fubjuguer. Les paffions agiffoient; on cho-
quoit ouvertement la politique & la mo-
rale. 

CHAPITRE XIII.

Du Droit des Ambassadeurs.

I. IL ne nous reste plus qu'à dire quelque chose des Ambassadeurs, & des privileges que le Droit des Gens leur accorde. Il est naturel de traiter ici cette matiere, puisque c'est par le moyen de ces Ministres que se négocient & se concluent ordinairement les traités.

Rien n'est plus ordinaire que la maxime, qui établit que les Ambassadeurs sont des personnes sacrées & inviolables, & qu'ils sont sous la protection du Droit des Gens. En effet, on ne sauroit douter qu'il n'importe extrêmement à tous les hommes & à tous les peuples, non-seulement de mettre fin aux querelles & aux guerres, mais encore d'établir & d'entretenir entr'eux le commerce & l'amitié : or les Ambassadeurs sont nécessaires pour procurer ces avantages, d'où il suit que Dieu qui veut sans contredit tout ce qui contribue à la conservation & au bonheur de la société humaine,

S 4

ne peut que défendre par la loi naturelle de faire aucun mal à ces sortes de personnes, & qu'il ordonne au contraire, qu'on leur accorde toutes les suretés, tous les privileges que demande le but de leur emploi & de leurs fonctions.

☞ 191. J'ai dit que les Ambassadeurs sont nécessaires pour procurer les avantages indiqués; car les nations, ou les Etats Souverains, ne traitent point ensemble immédiatement; & leurs conducteurs ou les Souverains, ne peuvent guere s'aboucher eux-mêmes pour traiter ensemble de leurs affaires. Souvent ces entrevues seroient impraticables; & sans compter les longueurs, les embarras, la dépense, & tant d'autres inconvéniens, rarement, suivant la remarque de Philippe de Comines pourroit-on s'en promettre un bon effet. Il ne reste donc aux nations & aux Souverains que de communiquer & traiter ensemble, par l'entremise des Ambassadeurs, ou de ce qu'on appelle *Ministres Publics.* ☜

II. Avant que d'entrer dans l'application des privileges que le Droit des Gens accorde aux Ambassadeurs, il faut d'abord remarquer avec Grotius, qu'ils appartiennent uniquement aux Ambaſſadeurs envoyés de Souverain à Souverain, car pour ce qui eſt des députés des Villes ou des Provinces auprès de leur propre Souverain, ce n'eſt pas par le Droit des Gens commun aux nations, qu'il faut juger de leurs privileges, mais par le droit civil du pays : en un mot, les privileges des Ambaſſadeurs ne regardent que les etrangers, c'eſt - à - dire, ceux qui ne ſont pas de notre dépendance.

Rien n'empêche donc qu'un allié inférieur, n'ait droit d'envoyer des Ambaſſadeurs à l'allié ſupérieur ; car dans cette alliance inéga'e, l'allié inférieur ne ceſſe pas pour ce'a d'être indépendant.

☞ 192. Et comme le traité de protection n'eſt pas incompatible avec la Souveraineté, il ne dépouille pas un Etat du droit d'envoyer & de recevoir des miniſtres publics. Si le Protégé n'a pas renoncé expreſſément au droit d'entretenir des rélations & de traiter avec d'autres puiſſances, il conferve néceſſairement celui de leur envoyer des miniſtres, & d'en recevoir de leur part. Il en faut dire autant des vaſſaux & des tributaires qui ne ſont point ſujets.

Bien plus, ce droit peut ſe trouver même chez des princes ou des communautés qui ne font pas Souverains ; car les droits dont l'affemblage conftitue la Souveraineté, ne font pas indivifibles : & fi par la conftitution de l'Etat, par la conceffion du Souverain, ou par les referves que les fujets ont faites avec lui, un Prince ou une communauté fe trouve en poffeffion de quelqu'un de ces droits qui appartiennent ordinairement au Souverain feul, il peut l'exercer & le faire valoir dans tous les effets & dans toutes fes conféquences naturelles ou néceffaires, à moins qu'elles n'aient été formellement exceptées. Quoique les Princes & les Etats de l'Empire relévent de l'Empereur & de l'Empire, ils font Souverains à bien des égards, & puifque les conftitutions de l'Empire leur affurent le droit de traiter avec les puiffances étrangeres, & de contracter avec elles des alliances, ils ont inconteftablement celui d'envoyer & de recevoir des miniftres publics. Les Empereurs le leur ont quelque fois contefté, quand ils fe font vus en état de porter fort haut leurs prétentions, ou du moins ils ont voulu en foumettre l'exercice à leur autorité fupréme, prétendant que leur permiffion devoit y intervenir ; mais depuis la paix de Weftphalie , & par le moyen des capitulations impériales , les Princes & Etats d'Allemagne ont fu fe maintenir dans la poffeffion de ce droit ; & ils s'en font affurés tant d'autres, que l'Empire eft confidéré aujourd'hui comme une République de Souverains.

Enfin , il eft même des villes fujettes , & qui fe reconnoiffent pour telles, qui ont droit de recevoir des miniftres des puiffances étrangeres, & de leur envoyer des députés , puifqu'elles ont droit de traiter avec elles. C'eft de là que dépend toute la queftion ; car celui qui a droit à la fin , a droit aux moyens. Il feroit abfurde de reconnoître le droit de négocier & de traiter , & d'en contefter les moyens néceffaires.

Mais un Roi vaincu dans une guerre & dépouillé de fon Royaume , peut-il envoyer des Ambaffadeurs ? La queftion eft inutile par rapport au vainqueur, qui n'aura garde de penfer feulement s'il doit recevoir des Ambaffadeurs de la part de celui qu'il a dépouillé de fes Etats. A l'égard des autres puiffances, fi le conquérant fait une guerre manifeftement injufte , elles n'en doivent pas moins, tant qu'elles le peuvent ſans s'expoſer à quelque grand inconvénient, reconnoître pour véritable Roi, celui qui l'eſt effectivement, & par conſéquent recevoir ſes Ambaſſadeurs.

☞ 193. Cette déciſion peut à peine ſervir d'exception à la regle générale, qui eſt que les étrangers ne ſont pas en droit de ſe mêler, & moins encore de juger des affaires domeſtiques d'un peuple. Pour refuſer donc les Ambaſſadeurs d'un conquérant quoique injuſte, & recevoir ceux du Roi légitime chaſſé de ſes Etats, il faut 1°. que l'uſurpation ſoit claire & manifeſte à ne pouvoir point en douter ; ce qui eſt très-rare, au moins ſuivant le droit des Gens extérieur qui nous oblige à regarder toute guerre, juſte de part & d'autre. 2°. Il faut encore que l'Etat y trouve ſon intérêt ; ou au moins qu'il ne s'expoſe point. Au commencement du ſiecle dernier, Charles, Duc de Sudermanie, s'étant fait couronner Roi de Suede, au préjudice de Sigismond Roi de Pologne, ſon neveu, il fut bientôt reconnu par la plupart des Souverains. Villeroy, Miniſtre de Henri IV, Roi de France, diſoit nettement au Préſident Jeannin dans une dépé-

che du 8e. Avril 1608. „ Toutes ces rai-
„ fons & confidérations n'empêcheront
„ point le Roi de traiter avec Charles, s'il
„ y trouve fon intérêt & celui de fon Royau-
„ me. ” Ce difcours étoit fenfé: le Roi de
France n'étoit ni le juge ni le tuteur de la
nation Suédoife, pour refufer de traiter avec
fon nouveau conducteur, parce que les par-
tifans de Sigismond le traitoient d'ufurpateur. Lors donc que des puiffances étrangeres ont admis les miniftres d'un ufurpateur,
& lui ont envoyé les leurs, le Prince légitime venant à remonter fur le trône, ne
peut fe plaindre de ces démarches, comme
d'une injure, ni en faire un jufte fujet de
guerre, pourvu que ces puiffances ne foient
pas allées plus avant, & n'aient point donné
des fecours contre lui.

Le cas d'une guerre civile, eft un cas extraordinaire, dans lequel la néceffité oblige
quelquefois à recevoir des Ambaffadeurs de
part & d'autre. Alors une feule & même nation eft regardée pour un tems, comme faifant deux corps de peuple. Mais les pirates
& les brigands ne formant point de corps
d'Etat, ne peuvent point jouir, à l'égard
des Ambaffadeurs, des privileges du Droic

des Gens, à moins qu'ils ne l'obtiennent par un traité, comme cela est arrivé quelquefois.

III. Les Anciens ne distinguoient pas différentes sortes de personnes envoyées par une Puissance auprès d'une autre, ils étoient tous appellés chez les Latins *legati* ou *oratores*. Aujourd'hui on donne divers titres à ces Ministres publics, mais l'emploi est au fonds le même, & toutes les distinctions que l'on fait, sont plutôt fondées sur le plus ou le moins d'éclat avec lequel ils soutiennent leur dignité, & sur la pension plus ou moins grosse qui leur est assignée, que sur quelque autre raison qui ait du rapport à leur caractere.

La distinction des Ambassadeurs la plus commune & la plus en usage aujourd'hui, est celle des *Ambassadeurs extraordinaires* & des *Ambassadeurs ordinaires*. Cette différence étoit tout-à-fait inconnue aux Anciens. Tous les Ambassadeurs qu'ils envoyoient étoient extraordinaires, c'est-à-dire, chargés seulement d'une certaine négociation particuliere; au lieu que les Ambassadeurs ordinaires, sont ceux que l'on tient dans les cours des Etats dont on est ami, pour

y ménager toutes fortes d'affaires & même
pour y épier ce qui s'y paſſe.

Le changement de la ſituation des choſes
dans notre Europe depuis la deſtruction de
l'Empire Romain, les divers Princes Souverains, les différentes Républiques qui ſe
ſont élevées, & l'accroiſſement du commerce, ont rendu commodes & même néceſſaires ces Ambaſſadeurs ordinaires, & en
ont fait introduire l'uſage : Auſſi pluſieurs
Hiſtoriens remarquent avec raiſon que les
Turcs qui n'entretiennent point de Miniſtres
dans les pays étrangers, uſent en cela d'une
mauvaiſe politique ; car comme ils ne reçoivent leurs nouvelles que par des marchands
Juifs ou Arméniens, ils n'apprennent le plus
ſouvent les choſes que fort tard, ou bien
ils ſont mal informés, ce qui fait qu'ils prennent ſouvent de fauſſes meſures, parce qu'ils
ont eu de faux avis.

IV. Grotius remarque, qu'il y a deux
maximes principales du Droit des Gens touchant les Ambaſſadeurs. La premiere, *qu'il
faut recevoir les Ambaſſadeurs*, la ſeconde
*qu'on ne leur doit faire aucun mal, & que
leur perſonne eſt ſacrée & inviolable.*

Sur la premiere des ces maximes, il faut

remarquer , que l'obligation où font les Princes & les Etats de recevoir les Ambassadeurs, est fondée en général sur la société & l'humanité. Car comme toutes les nations forment entr'elles une espece de société , & qu'en conséquence elles doivent s'entr'aider les unes les autres par un commerce mutuel d'offices & de services, l'usage des Ambassadeurs devient nécessaire entr'elles. par cela même. C'est donc une regle du Droit des Gens , que l'on doit recevoir un Ambassadeur , & ne le pas refuser sans une juste cause.

Mais lors même qu'on est tenu de recevoir les Ambassadeurs, ce n'est qu'en vertu d'un devoir d'humanité , qui ne produit qu'une obligation imparfaite & non rigoureuse ; de sorte qu'un simple refus ne peut pas être regardé , comme une injustice proprement dite, qui donnera un juste sujet de guerre. D'ailleurs, l'obligation de recevoir tous les Ambassadeurs regarde aussi bien ceux qui nous sont envoyes par l'ennemi, que ceux qui viennent d'une puissance amie. Il est du devoir des Princes mêmes , qui sont en guerre , de chercher les moyens de rétablir entr'eux une paix juste & raisonnable,

&

& ils ne fauroient en venir à bout, à moins qu'ils ne foient difpofés à écouter les propofitions qu'ils peuvent fe faire réciproquement; & la maniere la plus convenable pour cela eft de fe fervir d'Ambaffadeurs ou de Miniftres. Le même devoir d'humanité impofe aux Princes neutres, ou à des tiers, l'obligation de laiffer paffer fur leurs terres les Ambaffadeurs que d'autres puiffances s'envoyent.

J'ai dit que l'on ne doit pas refufer fans un jufte fujet, de recevoir un Ambaffadeur, car il peut fe faire que l'on ait de très - bonnes raifons pour ne pas le recevoir. Par exemple, fi fon maître nous a déjà dupé, fous prétexte d'Ambaffade, & que l'on ait lieu de foupçonner une pareille tromperie ; fi celui qui nous envoye des Ambaffadeurs nous a trahi, ou s'il s'eft rendu coupable envers nous de quelque crime atroce ; fi l'on fait avec certitude que fous prétexte de quelques négociations , l'Ambaffadeur ne vient que pour caufer quelque fédition, ou pour efpionner.

Ainfi dans la retraite des dix mille dont Xenophon nous a laiffé l'hiftoire , les généraux réfolurent que tant qu'ils feroient en pays ennemi, ils ne recevroient point de Hérauts ; & ce qui les obligea à prendre une telle réfolution, ce fut, qu'ils avoient éprouvé, que fous prétexte d'Ambaffadeurs , ils venoient efpionner & débaucher les foldats.

Il peut auffi arriver que l'on ait de juftes raifons de refufer un Ambaffadeur ou un Envoyé d'une puiffance amie, parce qu'en le recevant, on donneroit quelque fujet de défiance à quelque autre Puiffance qu'il nous convient de ménager. Enfin , la perfonnè même ou le caractere de celui qu'on veut nous envoyer, peut fournir de juftes raifons pour ne pas le recevoir.

☞ 194. Mais les grands Monarques refufent à quelques petits Etats le droit d'envoyer des Ambaffadeurs : voyons fi c'eft avec raifon. Suivant l'ufage généralement reçu, l'Ambaffadeur eft un miniftre public qui repréfente la perfonne & la dignité d'un Souverain ; & comme ce caractere repréfentatif lui attire des honneurs particuliers , c'eft la raifon pourquoi les grands Princes ont peine à admettre l'Ambaffadeur d'un petit Etat , fe fentant de la répugnance à lui accorder des honneurs fi diftingués.

Mais il eſt manifeſte que tout Souverain a un droit égal de ſe faire repréſenter ; & la dignité Souveraine mérite par elle-même dans la ſociété des nations, une conſidération diſtinguée. Nous avons fait voir que la dignité des nations indépendantes eſt eſſentiellement la même ; qu'un Prince foible, mais Souverain, eſt auſſi bien Souverain & indépendant que le plus grand Monarque : comme un nain n'eſt pas moins un homme qu'un géant ; quoique, à la vérité, le géant politique faſſe une plus grande figure que le nain dans la ſociété générale, & s'attire par-là plus de reſpect, & des honneurs plus recherchés. Il eſt donc évident que tout Prince, tout Etat véritablement Souverain a le droit d'envoyer des Ambaſſadeurs ; & que lui conteſter ce droit, c'eſt lui faire une grande injure ; c'eſt lui conteſter ſa dignité ſouveraine ; & s'il a ce droit, droit très-parfait par lui-même, quoiqu'en diſe ici BURLAMAQUI, on ne peut refuſer à ſes Ambaſſadeurs les égards & les honneurs que l'uſage attribue particuliérement au caractere qui porte la repréſentation d'un Souverain. Le Roi de France n'admet point d'Ambaſſadeurs de la part des

Princes d'Allemagne , refufant à leurs Miniftres les honneurs affectés aux Ambaffadeurs proprement dits ; & cependant il reçoit les Ambaffadeurs des Princes d'Italie :
c'eft qu'il prétend que ces derniers font plus
parfaitement Souverains que les autres , ne
rélevant pas de même de l'autorité de l'Empereur & de l'Empire, bien qu'ils en foyent
feudataires. Les Empereurs cependant af-
fectent fur les Princes d'Italie les mêmes
droits, qu'ils peuvent avoir fur ceux d'Allemagne. Mais la France voyant que ceux-là
ne font pas corps avec l'Allemagne, & n'af-
fiftent point aux Diettes , les fépare de l'Empire , autant qu'elle peut , en favorifant leur
indépendance abfolue.

V. Pour l'autre regle du Droit des Gens
qui établit, que l'on ne doit faire aucun mal
aux Ambaffadeurs, & que leur perfonne doit
être regardée comme facrée & inviolable,
il eft un peu plus difficile de décider les
queftions qui s'y rapportent.

Quand on dit, que le droit des gens défend de faire aucun mal aux Ambaffadeurs,
ou en paroles ou en actions, on ne donne
en cela aucun privilege particulier aux Ambaffadeurs ; car les loix de la nature affurent

à tous particuliers la jouiſſance de leur vie, de leur honneur & de leurs biens. Mais quand on ajoute, que la perſonne des Ambaſſadeurs eſt ſacrée & inviolable par le droit des gens, on prétend attribuer par-là aux Ambaſſadeurs des prérogatives, des privileges qui ne ſont pas dûs aux ſimples particuliers.

Quand on dit que la perſonne d'un Ambaſſadeur eſt ſacrée, cela veut dire ſelon la ſignification de ce terme, que l'on punit plus rigoureuſement ceux qui ont maltraité un Ambaſſadeur, que ceux qui ont fait quelque injure ou quelque inſulte à quelque particulier, & que c'eſt à cauſe du caractere qui rend les Ambaſſadeurs ſacrés que l'on décerne une peine ſi différente pour un même genre d'offenſe.

☞ 195. D'ailleurs, ſi la perſonne des Ambaſſadeurs n'eſt pas à couvert de toute violence, le droit des Ambaſſades devient précaire, & leur ſuccès très-incertain. Le droit à la fin eſt inſéparable du droit aux moyens néceſſaires. Les Ambaſſades étant d'une ſi grande importance, dans la ſociété univerſelle des nations, ſi néceſſaire à leur ſalut commun, la perſonne des miniſtres chargés de ces Ambassades doit être sacrée & inviolable chez tous les peuples. Quiconque fait violence à un Ambassadeur, ou à tout autre ministre public, ne fait pas seulement injure au Souverain que ce Ministre représente, il blesse la sureté commune & le salut des nations, il se rend coupable d'un crime atroce envers tous les peuples.

Ensuite, ce qui fait que l'on appelle sacrée & inviolable la personne des Ambassadeurs, c'est qu'ils ne font point soumis à la jurisdiction civile ou criminelle du Souverain, auprès duquel ils font envoyés, ni à l'égard de leurs personnes, ni à l'égard des gens de leur suite, ni à l'égard de leurs biens, & par conséquent on ne peut pas agir contr'eux par les voyes ordinaires de la justice, & c'est en cela que consistent principalement leurs privileges.

VI. Le fondement de ces privileges que le droit des gens accorde aux Ambassadeurs, c'est que, comme un Ambassadeur représente la personne même de son maître, il doit par conséquent jouir de tous les privileges, de tous les droits, qu'auroit pour lui - même un Prince Souverain, qui viendroit en perſonne dans les Etats d'un autre Prince, pour travailler à ſes propres affaires, pour négocier, par exemple, ou conclurre un traité, une alliance, pour établir ſon commerce, & autres choſes ſemblables &c. Or certainement, pour quelque raiſon qu'un Prince Souverain paſſe de ſon pays dans un pays étranger, on ne ſauroit penſer qu'il perde ſon caractere & ſon indépendance, & qu'il devienne ſujet du Prince dans les terres duquel il ſe trouve : au contraire, il doit être cenſé vouloir demeurer, comme auparavant, égal & indépendant de toute juriſdiction civile ou criminelle, de celui chez qui il va, & celui-ci le reçoit ſur ce pied-là, comme il voudroit être reçu lui-même, s'il alloit à ſon tour dans les Etats de l'autre. Il faut accorder à l'Ambaſſadeur en vertu de ſon caractere repréſentatif, les mêmes immunités, les mêmes prérogatives.

Le but même & la fin des Ambaſſades, rend néceſſaires ces privileges des Ambaſſadeurs ; car il eſt inconteſtable que ſi l'Ambaſſadeur peut traiter avec le Prince à qui il eſt envoyé, avec une pleine indépendance, il ſe trouvera bien plus en état de s'acquitter de ſes fonctions & de ſervir ſon maître utilement, que s'il étoit affujetti à la jurifdiction du Prince avec qui il a à négocier, qu'il pût être affigné en juſtice, lui ou ſes gens, & que l'on pût faiſir ou arrêter ſes effets, &c.

☞ 106. Ajoutons que les Seigneurs de la Cour, les perſonnes les plus confidérables ne ſe chargeroient qu'avec répugnance d'une ambaſſade, ſi cette commiſſion devoit les ſoumettre à une autorité étrangere, ſouvent chez des nations peu amies de la leur, où ils auroient à ſoutenir des prétentions déſagréables, à entrer dans des diſcuſſions, où l'aigreur ſe mêle aiſément. Enfin, ſi l'Ambaſſadeur peut être accuſé pour délits communs, pourſuivi criminellement, arrêté, puni; s'il peut être cité en juſtice pour des affaires civiles, il arrivera ſouvent qu'il ne lui reſtera ni le pouvoir, ni le loiſir, ni la liberté d'eſprit que demandent les affaires de ſon maître. Et la dignité de la repréſentation, comment ſe maintiendra - t - elle dans cet affujettiſſement ?

L'uſage eſt entiérement conforme à ces principes. Tous les Souverains prétendent une parfaite indépendance pour leurs Ambaſſadeurs & Miniſtres. ☜

VII. Pour ce qui eſt des Ambaſſadeurs qui viennent de la part d'un ennemi, & qui n'ont fait eux-mêmes aucun mal avant qu'on les ait reçus, leur ſureté dépend uniquement des loix de l'humanité, car un ennemi comme tel, eſt en droit de faire du mal à ſon ennemi : ainſi tant qu'il n'y a point de convention à ce ſujet, on n'eſt obligé d'épargner l'Ambaſſadeur d'un ennemi, qu'en vertu des ſentimens d'humanité, que l'on ne doit jamais dépouiller, & qui nous engagent à reſpecter tout ce qui tend au bien de la paix.

☞ 197. Au reſte lorſqu'un Ambaſſadeur vient de la part d'un ennemi, il prendra la précaution de demander un paſſeport, ou ſauf-conduit, ſoit par un ami commun, ſoit par un de ces meſſagers privilégiés ſuivant les loix de la guerre ; je veux dire, par un trompette, ou un tambour. Il eſt vrai que l'on peut refuſer le ſauf-conduit, & ne point admettre le miniſtre, ſi on a des raiſons particulieres & ſolides : mais cette liberté fondée ſur le ſoin que chaque nation doit à ſa propre ſureté, n'empêche point qu'on ne puiſſe poſer comme une maxime générale, qu'on ne doit pas refuſer d'admettre, &

d'entendre le miniſtre d'un ennemi ; c'eſt-à-dire, que la guerre ſeule & par elle-même, n'eſt pas une raiſon ſuffiſante, pour refuſer d'entendre toute propoſition venant d'un ennemi : il faut que l'on y ſoit autoriſé par quelque raiſon particuliere & bien fondée. Telle ſeroit, par exemple, une crainte raiſonnable & juſtifiée par la conduite même d'un ennemi artificieux, qu'il ne penſe à envoyer ſes miniſtres, à faire des propoſitions, que dans la vue de déſunir des alliés, & de les endormir par des apparences de paix, & de les ſurprendre.

Les privileges que le Droit des Gens accorde aux Miniſtres publics, ne les exempte pas de s'acquitter de certains devoirs envers la nation qui les reçoit ; & leur indépendance ne doit pas être couvertie en licence. Ils ne ſont point diſpenſés de ſe conformer dans leurs actes extérieurs aux uſages & aux loix du pays, dans tout ce qui eſt étranger à l'objet de leur caractere : ils ſont indépendans mais ils n'ont point droit de faire tout ce qu'il leur plait. Ainſi, par exemple, s'il eſt défendu généralement à tout le monde de paſſer en caroſſe auprès d'un magaſin à poudre, ou ſur un pont, de viſiter & d'examiner les fortifications d'une place , &c. l'Ambaſſadeur doit reſpecter de pareilles défenſes : s'il oublie ſes devoirs, s'il devient inſolent , s'il commet des fautes & des crimes, il y a divers moyens de le réprimer , ſelon l'importance & la nature de ſes fautes , comme nous le verrons tout - à - l'heure. Il ne peut ſe prévaloir de ſon indépendance pour choquer les loix & les uſages, mais il doit s'y conformer, autant que ces loix & ces uſages peuvent le concerner , quoique le Magiſtrat n'ait pas le pouvoir de l'y contraindre ; & ſur-tout il eſt obligé d'obſerver réligieuſement les regles univerſelles de la juſtice envers tous ceux qui ont affaire à lui. A l'égard du Prince à qui il eſt envoyé, l'Ambaſſadeur doit ſe ſouvenir que ſon miniſtere eſt uniquement un miniſtere de paix ; & qu'il n'eſt reçu que ſur ce pied - là ; cette raiſon lui interdit toute mauvaiſe pratique. Qu'il ſerve ſon maître, ſans faire tort au Prince qui le reçoit. C'eſt une lâche trahiſon que d'abuſer d'un caractere ſacré, pour tramer ſans crainte la perte de ceux qui reſpectent ce caractere, pour leur tendre des embuches , pour leur nuire ſourdement , pour brouiller & ruiner leurs affaires. Ce

qui feroit infâme & abominable dans un hô-
te particulier, deviendra-t-il donc honnête
& permis au repréfentant d'un Souverain ?

Il fe préfente ici une queſtion intéreſſan-
te. Il n'eſt que trop ordinaire aux Ambaſſadeurs de travailler à corrompre la fidélité
des Miniſtres de la Cour où ils réſident, celle
des fecrétaires, & autres employés dans les
bureaux. Que doit-on penfer de cette pratique ? Corrompre quelqu'un, le féduire,
l'engager par l'attrait puiſſant de l'or à trahir fon Prince & fon devoir, c'eſt inconteſtablement une mauvaife action, felon tous
les principes de la morale. Comment fe la
permet-on fi aifément dans les affaires publiques ? A ne confulter que les principes
facrés & inviolables du droit, principes in-
féparables de la faine politique, la corruption eſt un moyen contraire à toutes les regles de la vertu & de l'honnêteté ; elle bleſſe
évidemment la loi naturelle. On ne peut
rien concevoir de plus déshonnête, de plus
oppofé aux devoirs mutuels des hommes,
que d'induire quelqu'un à faire le mal. Le
corrupteur péche certainement envers le mi-
férable qu'il féduit : il offenfe évidemment
le Souverain, dont il découvre par la fraude

les secrets, il lui fait injure, en profitant de l'accès favorable qui lui est accordé à la cour, pour corrompre la fidélité de ses serviteurs. Le Prince ainsi trompé est en droit de chasser le corrupteur, & de demander justice à celui qui l'a envoyé.

Si jamais la corruption est excusable, c'est lorsqu'elle se trouve l'unique moyen de découvrir pleinement, & de déconcerter une trame odieuse, capable de ruiner, ou de mettre en grand péril l'Etat que l'on sert. Celui qui trahit un pareil secret, peut, selon les circonstances, n'être pas condamnable. Le grand & légitime avantage qui découle de l'action qu'on lui fait faire, la nécessité d'y avoir recours peuvent nous dispenser de nous arrêter trop scrupuleusement sur ce qu'elle peut avoir d'équivoque de sa part. Le gagner est un acte de simple & juste défense. Tous les jours on se voit obligé, pour faire avorter les complots des méchans, de mettre en œuvre les dispositions vicieuses de leurs semblables. C'est sur ce pied-là, que Henri IV. disoit à l'Ambassadeur d'Espagne, „ qu'il est permis à l'Ambassadeur „ d'employer la corruption pour découvrir „ les intrigues qui se font contre le service

„ de fon maître " (*a*); ajoutant que les affaires de Marfeille, de Metz, & plufieurs
autres, faifoient affez voir, qu'il avoit raifon de tâcher à pénétrer les deffeins qu'on
formoit à Bruxelles contre le repos de fon
Royaume. Ce grand Prince ne jugeoit pas
fans doute que la féduction fût toujours
une pratique excufable dans un Miniftre
étranger, puifqu'il fit arrêter Bruneau, fecretaire de l'Ambaffadeur d'Efpagne, qui
avoit pratiqué Mairargues, pour faire livrer Marfeille aux Efpagnols.

Profiter fimplement des offres d'un traitre
que l'on n'a point féduit, eft moins contraire à la juftice & à l'honnêteté. Mais les
exemples des Romains dans les beaux jours
de la République, où il s'agiffoit cependant
d'ennemis déclarés, font voir que la grandeur d'ame rejette même ce moyen, pour
ne pas encourager l'infâme trahifon. Un
Prince, un Miniftre, dont les fentimens
ne feront point inférieurs à ceux de cet ancien peuple, ne fe permettra d'accepter les

---

(*a*) Sully.

offres d'un traitre, que quand une cruelle nécessité lui en fera la loi; & il regrettera de devoir son salut à cette indigne ressource.

Mais lorsqu'on a promis de recevoir ou reçu effectivement l'Ambassadeur d'un ennemi, on s'est engagé par-là manifestement à lui procurer une entiere sureté, tant qu'il ne fera lui-même aucun mal : il ne faut pas même excepter ici les Hérauts qui sont envoyés pour déclarer la guerre, pourvu qu'ils le fassent d'une maniere qui n'ait rien d'offensant.

VIII. A l'égard des Ambassadeurs qui ont commis des crimes & se sont rendus coupables vis-à-vis la nation auprès de laquelle ils ont été envoyés, il faut distinguer s'ils ont fait du mal ou *d'eux-mêmes*, ou par *ordre de leur maître*. Si c'est d'eux-mêmes, ils perdent le droit d'être en sureté, & de jouir de leurs privileges, lorsque leur crime est *manifeste & atroce*; car un Ambassadeur, quel qu'il soit, ne peut jamais avoir plus de privilege que n'en auroit son maître; or on ne pardonneroit pas au maître un tel crime. Par *crime atroce*, il faut entendre ici ceux qui tendent ou à troubler l'Etat, ou à priver de la vie les fujets du Prince auprès duquel l'Ambaſſadeur eſt envoyé, ou à leur cauſer quelque préjudice conſidérable en leur honneur ou en leurs biens.

Lorſque le crime offenſe directement l'Etat ou celui qui en eſt le chef, ſoit que l'Ambaſſadeur ait actuellement uſé de violence ou non, c'eſt-à-dire, ſoit qu'il ait pouſſé les ſujets à quelque ſédition, ou qu'il ait conſpiré lui-même contre l'Etat, ou qu'il ait favoriſé le complot, ſoit qu'il ait pris les armes avec les rebelles ou avec l'ennemi, ou qu'il les ait fait prendre à ſes gens &c., on peut s'en venger, même en le tuant, non comme ſujet, mais comme ennemi ; car ſon maître même n'auroit pas lieu de s'attendre à un meilleur traitement ; & le but des Ambaſſadeurs établis pour le bien commun des nations, n'exige point qu'on accorde à un Ambaſſadeur, qui le premier viole ouvertement les loix les plus ſacrées du droit des gens, les privileges que ce droit accorde aux Ambaſſadeurs. Que ſi un Ambaſſadeur s'eſt ſauvé, ſon maître eſt tenu de le livrer, lorſqu'on le lui demande.

☞ 198. Cette déciſion eſt un peu précipitée. L'Auteur confond ici pluſieurs

cas

cas qu'il faut foigneufement diftinguer; & comme la queftion eft des plus importantes dans la matiere des Miniftres publics, nous nous y arrêterons quelques momens pour la décider conformément à la différence des cas.

Peut-on donc tuer un Miniftre public, un Ambaffadeur coupable de crimes atroces? Doit-on fe borner toujours à le chaffer de l'Etat où il s'eft rendu criminel? Quelques Auteurs foutiennent ce dernier parti, fondés fur la parfaite indépendance du Miniftre public; j'avoue qu'il eft indépendant de la jurifdiction du pays, & j'ai déjà dit que par cette raifon le Magiftrat ordinaire ne peut procéder contre lui : je conviens encore que, pour toutes fortes de délits communs, pour les fcandales & les défordres qui font tort aux citoyens & à la fociété, fans mettre l'Etat ou le Souverain en péril, on doit ce ménagement à un caractere fi néceffaire pour la correfpondance des nations, & à la dignité du Prince repréfenté, de fe plaindre à lui de la mauvaife conduite de fon Miniftre, & de lui en demander fatisfaction : & fi on ne peut rien obtenir, de fe borner à chaffer ce Miniftre,

bien entendu que la gravité de ſes fautes,
exige abſolument qu'on y mette ordre.

Mais l'Ambaſſadeur pourra - t - il impunément cabaler contre l'Etat où il réſide, en
machiner la perte , inviter les ſujets à la
révolte , & ourdir ſans crainte les conſpirations les plus dangereuſes , lorſqu'il ſe tient
aſſuré de l'aveu de ſon maître? S'il ſe com-
porte en ennemi, ne ſera-t-il pas permis de
le traiter comme tel ? La choſe eſt indubitable , à l'égard d'un Ambaſſadeur qui en
vient aux voyes de fait, qui prend les armes,
qui uſe de violence. Ceux qu'il attaque peuvent ſans contredit le repouſſer : la défenſe
de ſoi-même eſt de droit naturel. Les Ambaſſadeurs Romains envoyés aux Gaulois qui
combattirent contre eux avec les peuples
de Cluſium , ſe dépouillerent eux - mêmes
de leur caractere (a). Qui pourroit penſer
que les Gaulois devoient les épargner dans
la bataille ?

La queſtion a plus de difficulté à l'égard
d'un Ambaſſadeur qui, ſans en venir actu-

(a) *Legati contra jus gentium arma capiunt.*
Tit. Liv. Lib. V. Cap. XXVI.

ellement aux voyes de fait, ourdit des trames dangereuses, invite par ses menées les sujets à la révolte, forme & fomente des conspirations contre le Souverain ou contre l'Etat. Ne sera-t-on pas en droit de reprimer & de punir exemplairement un traitre qui abuse de son caractere, & qui viole le premier le droit des gens? Cette loi sacrée ne pourvoit pas moins à la sureté du Prince qui reçoit un Ambassadeur, qu'à celle de l'Ambassadeur lui-même. Mais d'un autre côté, si nous donnons au Prince offensé, le droit de punir en pareil cas un ministre étranger, il en résultera de fréquens sujets de contestation & de rupture entre les puissances; & il sera fort à craindre que le caractere d'Ambassadeur ne soit privé de la sureté qui lui est nécessaire. Il est certaines pratiques tolérées dans les Ministres étrangers, quoiqu'elles ne soient pas toujours fort honnêtes: il en est qu'on ne peut réprimer par des peines, mais seulement en ordonnant au Ministre de se retirer: & comment marquer toujours les limites de ces divers degrés de faute? On chargera d'odieuses couleurs les intrigues d'un Ministre que l'on voudra troubler; on calomniera ses in-

tentions & fes démarches par des interprétations finiftres ; on lui fufcitera même de
fauffes accufations. Enfin, les entreprifes de
cette nature fe font d'ordinaire avec précaution, elles fe ménagent avec tant de fecret,
que la preuve complette en eft difficile &
ne s'obtient guere que par les enquettes ju-
diciaires. Or on'ne peut affujettir à ces formalités un Miniftre indépendant de la jurifdiction du pays.

Difons donc qu'en faveur de la grande
utilité, de la néceffité même des Ambaffa-
des, les Souverains font obligés de refpecter l'inviolabilité de l'Ambaffadeur, tant
qu'elle ne fe trouve pas manifeftement incompatible avec leur propre fureté & le falut de leur Etat. Et par conféquent, quand
les menées de l'Ambaffadeur font dévoilées,
& fes complots découverts, quand le péril
eft paffé, en forte que, pour s'en garantir,
il n'eft plus néceffaire de mettre la main fur
lui, il faut, en confidération du caractere,
renoncer au droit général de punir un traître, un ennemi couvert, qui attente au
falut de l'Etat, & fe borner à chaffer le Miniftre coupable, en demandant fa punition
au Souverain de qui il dépend.

C'est en effet de quoi la plupart des nations, & sur-tout celles de l'Europe, sont tombées d'accord. On peut voir dans Vicquefort (a), & dans la *science du Gouvernement* (b) plusieurs exemples des principaux Souverains de l'Europe, qui se sont contentés de chasser des Ambassadeurs coupables d'entreprises odieuses, quelquefois même sans en demander la punition aux maîtres, de qui ils n'espéroient pas de l'obtenir. Apportons - en quelques - uns. Le Duc d'Orléans Régent usa de ménagement envers le Prince de Cellammare Ambassadeur d'Espagne, qui avoit tramé contre lui une conspiration dangereuse, se bornant à lui donner des gardes, à saisir ses papiers & à le faire conduire hors du Royaume. L'histoire Romaine fournit un exemple très - ancien dans la personne des Ambassadeurs de Tarquin. Venus à Rome, sous prétexte de réclamer les biens particuliers de leur maître qui avoit été chassé, ils y pratiquerent une jeunesse corrompue, & l'engagerent dans une horri-

------

(a) Ambassadeur Liv. I. Sect. 27. 28. 29.
(b) Tom. V. Chap. I.

V 3

ble trahison contre la patrie. Quoique la
conduite de ces Ambassadeurs parût autoriser à les traiter en ennemis , & que leur
maître même fût l'ennemi le plus terrible
que Rome avoit alors, les Consuls & le Sénat
respecterent dans ces Ambassadeurs le droit
des Gens ; ils furent renvoyés sans qu'on
leur fit aucun mal: mais il paroît par le récit
de Tite Live, qu'on leur enleva les lettres
des conjurés dont ils étoient chargés pour
Tarquin. (a)

Cet exemple nous conduit à la véritable
regle du droit des gens, dans les cas dont
il est question On ne peut punir l'Ambassadeur parce qu'il est indépendant; & il ne
convient pas, par les raisons que nous venons d'exposer, de le traiter en ennemi, tant
qu'il n'en vient pas lui-même à la violence &
aux voyes de fait : mais on peut contre lui
tout ce qu'exige raisonnablement le soin de
se garantir du mal qu'il a machiné, de faire
avorter ses complots. S'il étoit nécessaire,
pour déconcerter & prévenir une conjuration, d'arrêter, de faire périr même un Am-

____

(a) Lib. II. Cap. IV.

baſſadeur qui l'anime & la dirige, je ne vois pas qu'il y eût à balancer, non ſeulement parce que le ſalut de l'Etat eſt la loi ſuprême; mais encore parce que, indépendamment de cette maxime, on en a un droit parfait & particulier, produit par les propres faits de l'Ambaſſadeur. Le Miniſtre public eſt indépendant, il eſt vrai, & ſa perſonne ſacrée: mais il eſt permis ſans doute de repouſſer ſes attaques ſourdes ou ouvertes, de ſe défendre contre lui, dès qu'il agit en ennemi, & en traitre. Et ſi nous ne pouvons nous ſauver, ſans qu'il lui en arrive du mal, c'eſt lui qui nous met dans la néceſſité de ne pas l'épargner. Alors on peut dire avec raiſon que le Miniſtre ſe prive lui même de la protection du droit des gens. Je ſuppoſe que le Sénat de Veniſe, découvrant la conjuration du Marquis de Bedmar, & convaincu que cet Ambaſſadeur en étoit l'ame & le chef, n'eût pas eu d'ailleurs des lumieres ſuffiſantes pour étouffer cet horrible complot; qu'il eût été incertain ſur le nombre & la condition des conjurés, ſur les objets de la conjuration, ſur le lieu où elle devoit éclater: qu'il eût été en doute ſi on ſe propoſoit de faire révolter l'armée navale, ou

V 4

les troupes de terre, de furprendre quelque
place importante ; auroit - il été obligé de
laiſſer partir l'Ambaſſadeur en liberté, & par-
là de lui donner moyen d'aller ſe mettre à
la tête de ſes complices, & de faire réuſſir
ſes deſſeins ? On ne le dira pas férieuſement.
Le Sénat eût donc été en droit de faire arrêter le Marquis & toute ſa maiſon, de leur
arracher même leur funeſte ſecret. Mais ces
prudens Républicains, voyant le péril paſſé,
& la conjuration entiérement étouffée, vou-
lurent ſe ménager avec l'Eſpagne, & défen-
dant d'accuſer les Eſpagnols d'avoir eu part au
complot, ils prierent ſeulement l'Ambaſſadeur de ſe retirer, pour le garantir de la fureur du peuple.

Mais ſi un Ambaſſadeur commet de ces
crimes atroces qui attaquent la ſureté du
genre humain, s'il entreprend d'aſſaſſiner
ou d'empoiſonner le Prince qui l'a reçu à ſa
cour, il mérite ſans difficulté d'être puni comme un ennemi traître, empoiſonneur ou
aſſaſſin. Son caractere, qu'il a ſi indigne-
ment ſouillé, ne peut le ſouſtraire à la peine. Le droit des gens protégeroit-il un ſcé-
lérat, dont la ſureté de tous les Princes &
celle du genre humain demandent le ſuppli-

ce ? On doit peu s'attendre, il eft vrai, qu'un miniftre public fe porte à de fi horribles excès. Ce font ordinairement des gens d'honneur que l'on décore de ce caractere : & quand il s'en trouveroit quelqu'un qui ne fe fît fcrupule de rien, il eft certain que les difficultés, la grandeur du péril feroient capables de l'arrêter. Cependant ces attentats ne font pas fans exemple dans l'Hiftoire. M. Barbeyrac rapporte celui d'un affaffinat commis en la perfonne du Seigneur de Sirmium, par un Ambaffadeur que lui envoya Conftantin Diogene, Gouverneur de la Province voifine pour Bafile II. Empereur de Conftantinople, & il cite l'Hiftorien Cedrenus (a). Charles III. Roi de Naples, ayant envoyé en 1382. à fon competiteur, Louis Duc d'Anjou, un Chevalier nommé Matthieu Sauvage, en qualité de Héraut, pour le défier à un combat fingulier ; ce héraut fut foupçonné de porter une demi-lance, dont le fer étoit imbu d'un poifon fi fubtil, que quiconque y arrêtoit fixement

---

(a) Dans fes Notes fur le traité du juge compétent des Ambaffadeurs par M. Bynkershoek Chap. XXIV. §. V. n. 12.

la vue, ou en laiſſoit toucher ſes habits, tomboit mort à l'inſtant. Le Duc d'Anjou averti, refuſa de voir l'héraut, & le fit arrêter ; on l'interrogea, & ſur ſa propre confeſſion il eut la tête tranchée. Charles ſe plaignit du ſupplice de ſon héraut, comme d'une infraction aux loix & aux uſages de la guerre. Louis lui fit ſentir dans ſa réponſe qu'il n'avoit point violé les loix de la guerre à l'égard du Chevalier Sauvage, condamné ſur ſa propre déclaration (*a*). Si le crime imputé au Chévalier eût été bien avéré, ce héraut étoit un aſſaſſin, qu'aucune loi ne pouvoit protéger. Mais la nature ſeule de l'accuſation en montre aſſez la fauſſeté ; & le pauvre Chevalier fut la victime de l'ignorance de ſon ſiecle.

La queſtion que nous venons de traiter, a été débattue en Angleterre & en France, en deux occaſions célébres. Elle le fut à Londres à l'occaſion de Jean Leſley, Evêque de Roſſe, Ambaſſadeur de Marie d'Ecoſſe. Ce Miniſtre ne ceſſoit de cabaler contre la

____

(*a*) Hiſt. des Rois des Deux-Siciles ; par M. D'Egly.

Reine Elizabeth & contre le repos de l'Etat ;
il formoit des conjurations , il excitoit les
sujets à la révolte. Cinq des plus habiles
Avocats, consultés par le Conseil privé, dé-
„ clarerent „ que l'Ambassadeur qui excite
„ une rebellion contre le Prince auprès du
„ quel il réside , est déchu des privileges du
„ caractere, & sujet aux peines de la loi. ”
Ils devoient ajouter qu'on peut le traiter en
ennemi. Mais le Conseil se contenta de faire arrêter l'Evêque : & après l'avoir detenu
prisonnier à la Tour pendant deux ans , on
le mit en liberté, quand on n'eut plus rien
à craindre de ses intrigues , & on le fit sortir du Royaume (a).

Bruneau , secretaire de l'Ambassade d'Espagne en France , fut surpris traitant avec
Mairargues , en pleine paix , pour faire livrer Marseille aux Espagnols. On le mit en
prison, & le Parlement qui fit le procès à
Mairargues , interrogea Bruneau juridique-
ment , mais il ne le condamna pas : il le
renvoya au Roi qui le rendit à son maître,

(a) Camden *Annal. Angl. ad ann.* 1571.
1573.

à condition qu'il le feroit fortir inceffam-
ment du Royaume. L'Ambaffadeur fe plei-
gnit vivement de la détention de fon fecretaire ; mais Henri IV. lui répondit très-judi-
cieufement, „ que le droit des gens n'empê-
„ che pas qu'on ne puiffe arrêter un miniftre
„ public, pour lui ôter le moyen de faire
„ du mal. ” Le Roi pouvoit ajouter, qu'on
a même le droit de mettre en ufage contre
le miniftre public, tout ce qui eft néceffaire pour fe garantir du mal qu'il a voulu
faire, pour déconcerter fes entreprifes, &
en prévenir les fuites. C'eft ce qui autori-
foit le Parlement à faire fubir un interro-
gatoire à Bruneau , pour découvrir tous
ceux qui avoient trempé dans un complot fi
dangereux. La queftion , fi les Miniftres
étrangers qui violent le droit des Gens, font
déchus de leurs privileges , fut agitée fortement à Paris ; mais le Roi n'en attendit
pas la décifion, pour rendre Bruneau à fon
Maître (a).

IX. Mais fi le crime a été commis par

____

(a) Mem. de Nevers Tom. II. pag. 858.
fuiv. &c.

ordre du maître , il y auroit fans doute de l'imprudence à lui renvoyer l'Ambaffadeur, puifqu'on a tout lieu de croire que celui qui ordonné le crime , n'aura garde ni de livrer le coupable ni de le punir. On peut donc en ce cas - là , s'affurer de la perfonne de l'Ambaffadeur , jufqu'à - ce que le maître ait réparé l'injuftice commife & par fon Ambaffadeur & par lui - même. Pour ceux qui ne repréfentent pas la perfonne du Prince, comme de fimples meffagers, les trompettes &c. , on peut les tuer fur le champ, s'ils viennent, par exemple, dire des injures à un autre Prince, par ordre de leur maître.

Mais rien n'eft plus abfurde que ce que quelques-uns prétendent, que tout le mal que les Ambaffadeurs font par ordre de leur maître, doit être uniquement imputé au maître; fi cela étoit, les Ambaffadeurs auroient plus de privileges fur les terres d'autrui, que n'en auroit leur maître même s'il y venoit; & le Souverain du pays au contraire, auroit moins de pouvoir chez lui que n'en a un pere de famille dans fa maifon.

En un mot, la fureté des Ambaffadeurs doit être entendue de maniere, qu'elle n'em-

porte rien de contraire à la fureté des puiſ-
fances auprès defquelles ils font envoyés ,
& qui autrement ne voudroient ni ne pourroient les recevoir. Or il eſt certain que
les Ambaſſadeurs feront moins hardis à entreprendre quelque chofe contre le Souverain ou les membres d'un Etat étranger , s'ils
craignent qu'en cas de trahifon ou de quelque autre malverfation confidérable , le Souverain du pays pourra lui - même en tirer
raifon , que s'ils n'ont à appréhender que le
châtiment de leur maître. ☞

X. Lorſque l'Ambaſſadeur lui-même n'a
commis aucun crime , il n'eſt pas permis de
le maltraiter , ou de le tuer par droit de *Ta-
lion* ou de *Repréfailles* : car dès qu'on l'a reçu fous ce caractere , on a renoncé par
cela méme, au droit qu'on pouvoit avoir à
cet égard. Inutilement objecteroit - on un
aſſez grand nombre d'exemples de vengeance de cette efpece , rapportés par l'hiſtoire ;
car les Hiſtoriens ne racontent pas feulement des actions juſtes & innocentes , mais
on y trouve auſſi bien des chofes faites contre la juſtice dans le feu de la colere , ou
par quelque autre mouvement de paſſion dé-
réglée.

☞ 199. De plus, le Prince qui ufe de violence contre un miniftre public, commet un crime : & l'on ne doit pas s'en venger en l'imitant. On ne peut jamais, fous prétexte de répréfailles, commettre des actions illicites en elles-mêmes ; & tels feroient fans doute de mauvais traitemens faits à un miniftre innocent, pour les fautes de fon maître. S'il eft indifpenfable d'obferver généralement cette regle en fait de répréfailles, le refpect qui eft dû au caractere le rend plus particuliérement obligatoire envers l'Ambaffadeur. 'Les Carthaginois avoient violé le Droit des Gens envers les Ambaffadeurs de Rome : on amena à Scipion quelques Ambaffadeurs de ce peuple perfide, & on lui demanda ce qu'il vouloit qu'on leur fît. „ Rien, dit-il, de femblable „ à ce que les Carthaginois ont fait aux nô- „ tres ; " & il les renvoya en fureté (a). Mais en même tems il fe prépara à punir par les armes l'Etat qui avoit violé le droit des Gens. Tite Live fait dire à Scipion : „ Quoique les Carthaginois aient violé la foi „ de la tréve & le droit des gens en la per- „ fonne de nos Ambaffadeurs, je ne ferai

(a) Appien lib. 2. cap. 28. §. 7.

„ rien contre les leurs , qui foit indigne
„ des maximes du peuple Romain , & de
„ mes principes " (a). Voila le vrai modele
de la conduite qu'un Souverain doit tenir en
pareille occafion. Si l'injure , par laquelle
on veut ufer de répréfailles , ne regarde pas
un Miniftre public , il eft bien plus certain
encore qu'on ne peut les exercer contre
l'Ambaffadeur de la puiffance dont on fe
plaint. La fureté des Miniftres publics feroit
bien incertaine , fi elle étoit dépendante de
tous les différends qui peuvent furvenir.

Mais il eft un cas où il paroît très - permis d'arrêter un Ambaffadeur, pourvu qu'on
ne lui faffe fouffrir d'ailleurs aucun mauvais
traitement. Quand un Prince , violant le
droit des gens , a fait arrêter notre Ambaffadeur , nous pouvons arrêter & retenir le
fien , afin d'affurer par ce gage la vie & la
liberté du nôtre. Si ce moyen ne réuffiffoit
pas , il faudroit relâcher l'Ambaffadeur.
Charles V. fit arrêter l'Ambaffadeur de France, qui lui avoit déclaré la guerre ; fur quoi
François I. fit arrêter auffi Granvelle , Am-

____

(a) Lib. XXX. Cap. XXV.

baffadeur

baffadeur de l'Empereur. On convint en-
fuite que les Amballadeurs feroient conduits fur la frontiere, & elargis en même
tems. (a) ☞

XI. Ce que l'on a dit jufqu'ici des droits
des Amballadeurs doit être appliqué à leurs
domeftiques & à toute leur fuite. Si quelqu'un de fes domeftiques a fait du mal, on
peut demander à fon maître qu'il le livre;
s'il ne le fait pas, il fe rend coupable de fon
crime, & en ce cas-la, il donne droit d'agir
contre lui, de la même maniere que s'il avoit
commis un crime, qui lui fût propre &
perfonnel. Un Amballadeur ne peut pourtant pas punir lui-même fes domeftiques,
car ce droit n'étant pas néceffaire au but de
fon emploi, il n'y a pas lieu de préfumer
que fon maître le lui ait donné.

☞ 200. Il eft cependant fûr que l'Ambaffadeur eft néceffairement revêtu de toute
l'autorité néceffaire pour les contenir. Quelques jurifconfultes prétendent même, que
cette autorité s'étend jufqu'au droit de vie
& de mort. Le Marquis de Rofny, depuis

(a) Mezzeray, Hift. de France, Tom. II
pag. 470.

Tome VIII.   X

Duc de Sully , étant Ambaſſadeur extraordinaire de France en Angleterre, un Gentil-
homme de ſa ſuite ſe rendit coupable d'un
meurtre, ce qui excita une grand rumeur
parmi le peuple de Londres. L'Ambaſſadeur
aſſembla quelques Seigneurs François qui
l'avoient accompagné ; fit le procès au meur-
trier, & le condamna à perdre la tête : après
quoi il fit dire au Maire de Londres, qu'il
avoit jugé du criminel, & lui demanda des
archers & un bourreau pour exécuter la ſen-
tence.   Mais enſuite il convint de livrer le
coupable aux Anglois , pour en faire eux-
mêmes juſtice, comme ils l'entendoient ; &
M. de Beaumont , Ambaſſadeur ordinaire
de France , obtint du Roi d'Angleterre la
grace du jeune homme , qui étoit ſon pa-
rent. (a)

Il dépend du Souverain d'étendre juſqu'à
ce point le pouvoir de ſon Ambaſſadeur ſur
les gens de ſa maiſon ; & le Marquis de Roſny
ſe tenoit bien aſſuré de l'aveu de ſon maître,
qui en effet approuva ſa conduite. Mais en

(a) Mem. de Sully, Tom. VI. Chap. L.
édit. 12.

général , on doit préfumer que l'Ambaffadeur eft feulement revêtu d'un pouvoir coer-
citif, fuffifant pour contenir fes gens, par la
prifon & par d'autres peines, non capitales
& point infamantes. Il peut châtier les fautes commifes contre lui & contre le fervice
du maître , ou renvoyer les coupables à
leur Souverain , pour être punis. Que fi fes
gens fe rendent coupables envers la focieté
par des crimes dignes d'une peine févere ,
l'Ambaffadeur doit diftinguer entre les domeftiques de fa nation , & ceux qui font fujets du pays où il réfide : le plus court &
le plus naturel , eft de chaffer ces derniers
de fa maifon , & de les livrer à la juftice.
Quant à ceux qui font de fa nation , s'ils
ont offenfé le Souverain du pays, ou commis
de ces crimes atroces dont la punition intéreffe toutes les nations, & qu'il eft d'ufage,
pour cette raifon , de reclamer & de rendre
d'un Etat à l'autre , pourquoi ne le livreroit-
il pas à la nation qui demande leur fupplice ?
Si la faute eft d'un autre genre , il les ren-
verra à fon Souverain.

Enfin dans un cas douteux , l'Ambaffadeur doit tenir le criminel dans les fers,
jufqu'à ce qu'il ait reçu les ordres de fa cour.

X 2

Mais s'il condamne le coupable à mort, je ne penfe pas qu'il puiffe le faire exécuter dans fon hôtel; car une exécution de cette nature, eft un acte de suprématie territoriale, qui n'appartient qu'au Souverain du pays: & fi l'Ambaffadeur eft réputé hors du territoire, auffi bien que fa maifon & fon hôtel, ce n'eft qu'une façon d'exprimer fon indépendance & tous les droits néceffaires au fuccès de l'Ambaffade. Cette fiction ne peut emporter des droits réfervés au Souverain, trop délicats & trop importans pour être communiqués à un étranger, & dont l'Ambaffadeur n'a pas befoin pour s'acquitter dignement de ces fonctions. Si le coupable a péché contre l'Ambaffadeur ou contre le fervice du maître, l'Ambaffadeur peut l'envoyer à fon Souverain: fi le crime intéreffe l'Etat où le miniftre réfide, il peut juger le criminel, & le trouvant digne de mort, le livrer à la juftice du pays, comme fit le Marquis de Rofny.

XII. A l'égard des biens d'un Ambaffadeur, on ne peut pas les faire faifir, ni pour payement ni pour fureté, par voye de juftice, car cela fuppoferoit qu'il releve de la jurifdiction du Souverain auprès duquel il réfide, Mais s'il ne veut pas payer fes dettes, on doit après l'avoir averti, s'adreſſer à fon maître, après quoi ſi le maître lui-même refuſe de nous rendre juſtice, alors on peut ſaiſir les biens de l'Ambaſſadeur.

☞ 201. Pour réſoudre avec quelque exactitude cette queſtion, il faut voir ce qui peut aſſujettir les biens à la juriſdiction d'un pays, & ce qui peut les en exempter. En général tout ce qui ſe trouve dans l'étendue d'un pays, eſt ſoumis à l'autorité du Souverain & à ſa juriſdiction. S'il s'éleve quelque conteſtation au ſujet d'effets, de marchandiſes, qui ſe trouvent dans le pays, ou qui y paſſent, c'eſt au juge du lieu qu'en appartient la déciſion. En vertu de cette dépendance, on a établi en bien des pays le moyen des arrêts, ou ſaiſies, pour obliger un étranger à venir dans le lieu où ſe fait l'arrêt, répondre à quelque demande qu'on a à lui faire, quoiqu'elle n'ait pas pour objet direct les effets ſaiſis. Mais le miniſtre étranger eſt indépendant de la juriſdiction du pays ; & ſon indépendance perſonnelle, quant au civil, lui ſeroit aſſez inutile, ſi elle ne s'étendoit à tout ce qui lui eſt néceſſaire pour vivre avec dignité, & pour vaquer

tranquillement à ſes fonctions. D'ailleurs,
tout ce qu'il a amené ou acquis pour ſon
uſage, comme miniſtre, eſt tellement attaché à ſa perſonne, qu'il en doit ſuivre le
ſort. Le Miniſtre venant comme indépendant, il n'a pu entendre de ſoumettre à la
juriſdiction du pays ſon train, ſes bagages,
tout ce qui ſert à ſa perſonne. Toutes les
choſes donc qui appartiennent directement
à la perſonne du Miniſtre, en ſa qualité de
miniſtre public, tout ce qui eſt à ſon uſage, tout ce qui ſert à ſon entretien ; tout
cela, dis - je, participe à l'indépendance du
miniſtre, & eſt abſolument exempt de toute juriſdiction dans le pays. Ces choſes - là
ſont conſidérées comme étant hors du territoire, avec la perſonne à qui elles appartiennent.

Mais il n'en peut être de même des effets
qui appartiennent manifeſtement au Miniſtre, ſous une autre rélation que celle de
miniſtre. Ce qui n'a aucun rapport à ſes fonctions & à ſon caractere, ne peut participer aux
privileges que ſes fonctions & ſon caractere
lui donnent. S'il arrive donc, comme on
l'a vu ſouvent, qu'un miniſtre faſſe quelque
trafic ; tous les effets, marchandiſes, ar-

gent, dettes actives & paffives, appartenans à fon commerce, toutes les conteftations même & les procès qui en réfultent:
tout cela eft foumis à la jurifdiction du pays.
Et bien que, pour ces procès, on ne puiffe
s'adreffer directement à la perfonne du miniftre, à caufe de fon indépendance, on
l'oblige indirectement à répondre par la faifie des effets qui appartiennent à fon commerce. Les abus qui naîtroient d'un ufage
contraire font manifeftes. Que feroit - ce
qu'un marchand privilégié qui pourroit commettre impunément dans un pays étranger
toutes fortes d'injuftices? Il n'y a aucune
raifon d'étendre les droits & les attributs des
Miniftres jufqu'à des chofes de cette nature.
Si le maître craint quelque inconvénient de
la dépendance indirecte, où fon Miniftre fe
trouvera par-là, il n'a qu'à lui défendre un
négoce, qui auffi bien fied mal à la dignité
du caractere.

Ajoutons deux éclairciffemens à ce qui
vient d'être dit. 1°. Dans le doute, il paroît
que le refpect dû au caractere exige que l'on
explique toujours les chofes à l'avantage de
ce même caractere: je veux dire, que quand
il y a lieu de douter fi une chofe eft véri-

tablement deftinée à l'ufage du miniftre &
de fa maifon, ou fi elle appartient à fon commerce , il faut juger à l'avantage du miniftre ,
autrement on s'expoferoit à violer fes privileges. 2°. Quand je dis que l'on peut faifir
les effets du miniftre, qui n'ont aucun rapport à fon caractere, ceux de fon commerce
en particulier, il faut l'entendre dans la fup-
pofition que ce ne foit point pour quelque
fujet provenant des affaires que peut avoir le
Miniftre, dans fa qualité de Miniftre, pour
fournitures faites à fa maifon, par exemple,
pour loyer de fon hôtel, car les affaires que
l'on a avec lui, fous cette rélation, ne peuvent être jugées dans le pays, ni par conféquent être foumifes à la jurifdiction, par la
voye indirecte des arrêts & des faifies.

Tous les fonds de terre, tous les biens immeubles relevent de la jurifdiction du pays,
quel qu'en foit le propriétaire. Pourroit-on
les en fouftraire par cela feul, que le maître
fera envoyé en qualité d'Ambaffadeur par
une puiffance étrangere ? il n'y auroit aucune raifon à cela. L'Ambaffadeur ne pof-
féde pas ces biens-là comme Ambaffadeur :
ils ne font pas attachés à fa perfonne, de
maniere qu'ils puiffent être réputés hors du

territoire avec elle. Si le Prince étranger
craint les fuites de cette dépendance où fe
trouvera fon miniftre, par rapport à quelques-uns de fes biens, il peut en choifir un
autre. Difons donc que les biens immeubles, poffedés par un Miniftre étranger, ne
changent point de nature par la qualité du
propriétaire, & qu'ils demeurent fous la
jurifdiction de l'Etat où ils font fitués. Toute difficulté, tout procès qui le concerne,
doit être porté devant les tribunaux du pays;
& les mêmes tribunaux en peuvent ordonner la faifie fur un titre légitime. Au refte
on comprendra aifément que fi l'Ambaffadeur logeoit dans une maifon qui lui appartient en propre, cette maifon eft exceptée
de la regle. Cette maifon devient fon hôtel,
elle doit jouir des privileges attachés à l'ha-
bitation d'un Ambaffadeur, comme fervant
actuellement à fon ufage On peut voir dans
le traité de M. Bynkershoek que la coutume
eft conforme aux principes que nous venons
d'établir (a).

XIII. Enfin pour ce qui eft du droit

____

(a) *Du juge competent des Ambaffadeurs*, chap.
XVI.

d'azile & des franchifes, il n'eft nullement
une fuite de la nature & du but des Ambaffadeurs. Cependant fi l'on l'a une fois accordé aux Ambaffadeurs d'une puiffance, rien
ne nous autorife à le révoquer, tant que le
bien de l'Etat ne le demande pas.

☞ 202. L'Auteur fe trompe ici,
car les mêmes raifons qui démontrent l'indépendance des Ambaffadeurs, leur affurent
le droit d'afyle & les franchifes. En effet,
leur indépendance feroit bien imparfaite,
& leur fureté bien mal établie, fi la maifon
qu'ils occupent ne jouiffoit pas d'une entiere franchife & fi elle n'étoit pas inaccef-
fible aux miniftres ordinaires de la juftice.
L'Ambaffadeur pourroit être troublé fous
mille prétextes ; fon fecret découvert par
la vifite de fes papiers, & fa perfonne expo-
fée à des avanies. Ce droit du caractere eft
généralement reconnu chez les nations ci-
vilifées ; on confidere, au moins dans tous
les cas ordinaires de la vie, l'hôtel d'un Ambaffadeur comme étant hors du territoire,
auffi-bien que fa perfonne ; on en a vu, il
y a peu d'années, un exemple remarquable
à Petersbourg. Trente foldats, aux ordres
d'un officier, entrerent le 3. Avril 1752.

dans l'hôtel du Baron de Greiffenheim, Miniſtre de Suede, & enleverent deux de ſes
domeſtiques, qu'ils conduiſirent en priſon,
ſous prétexte que ces deux hommes avoient
vendu clandeſtinement des boiſſons que la
ferme Impériale a ſeule le privilege de débi-
ter. La cour indignée d'une pareille action,
fit arrêter auſſi-tôt les auteurs de cette violence ; & l'Impératrice ordonna de donner
ſatisfaction au Miniſtre offenſé. Elle lui fit
remettre, & aux autres Miniſtres des Puiſſances étrangeres, une déclaration, dans
laquelle cette Souveraine témoignoit ſon
indignation & ſon déplaiſir de ce qui s'étoit
paſſé, & faiſoit part des ordres qu'elle avoit
donnés au Sénat, de faire le procès au chef
du burreau, établi pour empêcher la vente
clandeſtine des liqueurs, qui étoit le principal coupable. La maiſon d'un Ambaſſadeur doit être à couvert de toute inſulte,
ſous la protection particuliere des loix & du
Droit des Gens : l'inſulter, c'eſt ſe rendre
coupable envers l'Etat & envers toutes les
nations.

Mais l'immunité, la franchiſe de l'hôtel
n'eſt établie qu'en faveur du Miniſtre & de
ſes gens, comme on le voit évidemment

par les raisons mêmes sur lesquelles elle est
fondée. Pourra-t-il s'en prévaloir pour faire
de sa maison un asyle, dans lequel il retire-
roit les ennemis du Prince & de l'Etat, les
malfaiteurs de toute espece, afin de les sous-
traire aux peines qu'ils auront méritées ?
Une pareille conduite seroit contraire à tous
les devoirs de l'Ambassadeur, à l'esprit qui
doit l'animer, aux vues légitimes qui l'ont
fait admettre ; personne n'osera le nier.

Mais nous allons plus loin; & nous
posons comme une vérité certaine, qu'un
Souverain n'est point obligé de souffrir un abus si pernicieux à son Etat,
si préjudiciable à la société. A la vérité,
quand il s'agit de certains délits communs,
de gens souvent plus malheureux que coupables, ou dont la punition n'est pas fort
importante au repos de la société, l'hôtel
d'un Ambassadeur peut bien leur servir d'a-
syle ; & il vaut mieux laisser échapper des
coupables de cette espece, que d'exposer le
ministre à se voir souvent troublé, sous prétexte de la recherche qu'on en pourroit
faire, & que de compromettre l'Etat dans
les inconvéniens qui en pourroient naître.
Et comme l'hôtel d'un Ambassadeur est in-

dépendant de la jurifdiction ordinaire, il n’appartient en aucun cas aux Magiftrats, juges de police, ou autres fubalternes, d’y entrer de leur autorité, ou d’y envoyer leurs gens, fi ce n’eft dans les occafions de néceffité preffante où le bien public feroit en danger & ne permettroit point de délai. Tout ce qui touche une matiere fi élevée & fi délicate, tout ce qui intéreffe les droits & la gloire d’une puiffance étrangere ; tout ce qui pourroit commettre l’Etat avec cette puiffance, doit être porté immédiatement au Souverain, & reglé par lui-même, ou fous fes ordres par fon confeil d’Etat. C’eft donc au Souverain de décider, dans l’occafion, jufqu’à quel point on doit refpecter le droit d’afyle qu’un Ambaffadeur attribue à fon hôtel ; mais s’il s’agit d’un coupable, dont la détention ou le châtiment foit d’une grande importance à l’Etat, le Prince ne peut être arrêté par la confidération d’un privilege qui n’a jamais été donné pour tourner au dommage & à la ruine des Etats. L’an 1726. le fameux Duc de Ripperda, s’étant refugié chez Mylord Harrington, Ambaffadeur d’Angleterre en Efpagne, le Confeil de Caftille décida, „ qu’on pouvoit

„ l'en faire enlever, même de force, puif-
„ qu'autrement ce qui avoit été reglé pour
„ maintenir une plus grande correfpondan-
„ ce entre les Souverains, tourneroit au
„ contraire à la ruine & à la deftruction de
„ leur autorité : qu'étendre les privileges
„ accordés aux hôtels des Ambaffadeurs,
„ en faveur fimplement des délits com-
„ muns, jufqu'aux fujets dépofitaires des
„ finances, des forces & des fecrets de l'E-
„ tat, lorfqu'ils viennent à manquer aux
„ devoirs de leur miniftere, ce feroit intro-
„ duire la chofe du monde la plus préju-
„ diciable & la plus contraire à toutes les
„ puiffances de la terre, qui fe verroient
„ forcées, fi jamais cette maxime avoit lieu,
„ non-feulement à fouffrir, mais même à
„ voir foutenir dans leur cour, tous ceux
„ qui machineroient leur perte. (a)" On
ne peut rien dire de plus vrai & de plus ju-
dicieux fur cette matiere.

L'abus de la franchife n'a été porté nulle
part plus loin qu'à Rome, où les Ambaffa-

(a) *Memoires* de M. l'Abbé de Montgon.
Tom. I.

deurs des couronnes la prétendent pour tout le quartier dans lequel leur hôtel eſt ſitué. Les Papes, autrefois ſi formidables aux Souverains, ſont depuis plus de deux ſiecles, dans la néceſſité de les ménager à leur tour : ils ont fait de vains efforts pour abolir, ou pour reſerver, du moins dans de juſtes bornes, un privilege abuſif que le plus ancien uſage ne devroit pas ſoutenir contre la juſtice & la raiſon.

Les caroſſes, les équipages de l'Ambaſſadeur jouiſſent des mêmes privileges que ſon hôtel, & par les mêmes raiſons, les inſulter, c'eſt attaquer l'Ambaſſadeur lui-même & le Souverain qu'il repréſente. Ils ſont indépendans de toute autorité ſubalterne, des gardes, des commis, des magiſtrats, & de leurs ſuppots, & ne peuvent être arrêtés & viſités ſans un ordre ſupérieur. Mais ici, comme à l'égard de l'hôtel, il faut éviter de confondre l'abus avec le droit : il ſeroit abſurde qu'un miniſtre étranger pût faire évader dans ſon caroſſe un criminel d'importance, un homme dont il ſeroit eſſentiel à l'Etat de s'aſſurer ; & cela, ſous les yeux d'un Souverain qui ſe verroit ainſi bravé dans ſon Royaume & à ſa cour. En eſt-il

un qui le voulût souffrir? Le Marquis de
Fontenay, Ambassadeur de France à Rome,
donnoit retraite aux exilés & aux rebelles
de Naples, & voulut enfin les faire sortir
de Rome, dans ses carosses; mais en sortant
de la ville, les carosses furent arrêtés par
des Corses de la garde du Pape, & les Napolitains mis en prison. L'Ambassadeur se
plaignit vivement : le Pape lui répondit.
„ Qu'il avoit voulu faire saisir des gens que
„ l'Ambassadeur avoit fait évader de la pri-
„ son : que puisque l'Ambassadeur se don-
„ noit la liberté de protéger des scélérats,
„ & tout ce qu'il y avoit de criminel dans
„ l'Etat de l'Eglise, il devoit pour le moins
„ être permis à lui, qui en étoit le Souve-
„ rain, de les faire reprendre par-tout où
„ ils se rencontreroient; le droit & le pri-
„ vilege des Ambassadeurs, ne devant pas
„ s'étendre si loin ". L'Ambassadeur repar-
tit „ qu'il ne se trouveroit point qu'il eût
„ donné retraite aux sujets du Pape; mais
„ bien à quelques Napolitains, à qui il pou-
„ voit donner sureté contre les persécutions
„ des Espagnols ". (a) Ce Ministre conve-

(a) Wicquefort *Ambassadeur*, Liv. I. Sect.
XXVII.

noit donc tacitement, par fa réponfe, qu'il n'auroit pas été fondé à fe plaindre de ce qu'on avoit arrêté fes carroffes, s'il les eût fait fervir à l'évafion de quelques fujets du Pape, & à fouftraire des criminels à la juftice.

L'inviolabilité de l'Ambaffadeur fe communique aux gens de fa fuite, & fon indépendance s'étend à tout ce qui forme fa maifon. Toutes ces perfonnes lui font tellement attachées, qu'elles fuivent fon fort, elles dépendent de lui feul immédiatement & font exemptes de la jurifdiction du pays, où elles ne fe trouvent qu'avec cette referve: l'Ambaffadeur doit les protéger: & on ne peut les infulter, fans l'infulter lui-même. Si les domeftiques & toute la maifon d'un miniftre étranger ne dépendoient pas de lui uniquement, on fent avec quelle facilité il pourroit être moleflé, inquiété, & troublé dans l'exercice de fes fonctions. Ces maximes font reconnues par-tout aujourd'hui, & confirmées par l'ufage.

L'Epoufe de l'Ambaffadeur lui eft intimément unie, & lui appartient plus particuliérement que toute autre perfonne de fa maifon: auffi participe-t-elle à fon indépendance & à fon inviolabilité ; on lui rend même des honneurs diftingués, & qui ne pourroient lui être refufés à un certain point, fans faire affront à l'Ambaffadeur : le cérémonial en eft réglé dans la plupart des cours. La confidération qui eft due à l'Ambaffadeur, réjallit encore fur fes enfans qui participent auffi à fes immunités.

Le fecretaire de l'Ambaffadeur eft au nombre de fes domeftiques ; & le fecretaire de l'Ambaffade tient la commiffion du Souverain même ; ce qui en fait une efpece de Miniftre public qui jouit par lui-même de la protection du droit des gens, & des immunités attachées à fon état, indépendamment de l'Ambaffadeur, aux ordres duquel il n'eft même foumis que fort imparfaitement, quelquefois point du tout, & toujours fuivant que leur maître commun l'a reglé.

Les courriers qu'un Ambaffadeur dépêche ou reçoit, fes papiers, fes lettres, & dépêches, font autant de chofes qui appartiennent effentiellement à l'Ambaffade, & qui doivent par conféquent être facrées ; puifque fi on ne les refpecte pas, l'Ambaffade ne fauroit obtenir fa fin légitime, ni l'Ambaſſadeur remplir ſes fonctions avec la ſureté convenable. Les Etats Généraux des Provinces-Unies ont jugé, dans le tems que le Préſident Jeannin étoit Ambaſſadeur de France auprès d'eux, qu'ouvrir les lettres d'un Miniſtre public, c'eſt violer le droit des gens (a). Ce privilege n'empêche pas cependant, que dans les occaſions importantes où l'Ambaſſadeur a violé lui-même le droit des gens, en formant ou en favoriſant des complots dangereux, des conſpirations contre l'Etat, on ne puiſſe, par les raiſons indiquées plus haut, ſaiſir tous ſes papiers pour découvrir toute la trame & connoître les complices, puiſqu'on peut bien en pareil cas l'arrêter & l'interroger lui-même. On en uſa ainſi à l'égard des lettres remiſes par des traîtres aux Ambaſſadeurs de Tarquin.

XIV. On ne doit pas non plus ſans de fortes raiſons refuſer aux Ambaſſadeurs les autres ſortes de Droits & les honneurs qui ſont établis par un commun conſentement des Souverains, car alors ce ſeroit une eſpece d'outrage.

____

(a) Wicquefort, Liv. I. Sect. XXVII.

☞ 203. Je n'entrerai point ici dans le détail des honneurs qui font dûs & qui fe rendent en effet aux Ambaffadeurs ; ce font des chofes de pure inftitution & de coutume. Je dirai feulement en général qu'on leur doit les civilités & les diftinctions que l'ufage & les mœurs deftinent à marquer une confidération convenable au repréfentant d'un Souverain : & il faut obferver ici, au fujet des chofes d'inftitution & d'ufage, que quand une coutume eft tellement établie qu'elle donne une valeur réelle à des chofes indifférentes de leur nature, & une fignification conftante, fuivant les mœurs & les ufages ; le droit des gens oblige d'avoir égard à cette inftitution & de fe conduire, par rapport à ces chofes-là, comme fi elles avoient d'elles-mêmes la valeur que les hommes y ont attachée. C'eft, par exemple, dans les mœurs de toute l'Europe, une prérogative propre à l'Ambaffadeur, que le droit de fe couvrir devant le Prince, à qui il eft envoyé. Ce droit marque qu'on le reconnoît pour le repréfentant d'un Souverain : & le refufer à l'Ambaffadeur d'un Etat véritablement indépendant, c'eft faire injure à cet Etat, & le dégrader en quelque forte. A Rome, les Ambaſſadeurs de Malthe ne ſe couvroient point devant le Pape, comme les autres Ambaſſadeurs, quoi qu'ils y fuſſent également ſous la protection du droit des gens. La raiſon de cette différence, dans le traitement, ſe tiroit de ce que le Pape regarde le Grand Maître & les Chevaliers de Malthe, comme ſes ſujets. Mais cette raiſon n'étoit pas ſans replique. Car ce n'eſt pas entant qu'Ordre de Religieux que Malte a droit d'envoyer des Ambaſſadeurs; mais en qualité de Souverain de l'Isle; & cette ſouveraineté ne releve point de la cour de Rome. Mais comme le Grand-Maître reclamoit ce droit pour ſes Ambaſſadeurs, le Pape permit à l'Ambaſſadeur de Malte de prendre caractere d'Ambaſſadeur extraordinaire, contre l'étiquette de cette cour, qui n'avoit jamais admis cette qualité dans les Miniſtres de la Religion. A la faveur de ce titre, le Miniſtre eut auſſi la permiſſion de ſe couvrir.

Les Suiſſes ſe ſont laiſſés traiter, en quelques occaſions, ſur un pied peu convenable à la dignité de la nation. Leurs Ambaſſadeurs, en 1663. ſouffrirent que le Roi de France & les Seigneurs de ſa cour leur refufaſſent des honneurs que l'uſage a rendu eſſentiels aux Ambaſſadeurs des Souverains, & particulierement celui de ſe couvrir à l'audience du Roi. Quelques - uns mieux inſtruits de ce qu'ils devoient à la gloire de leur République, inſiſterent fortement ſur cet honneur eſſentiel & diſtinctif; mais la pluralité l'emporta, & tous céderent enfin, ſur ce qu'on les aſſura que les Ambaſſadeurs de la nation ne s'étoient point couverts devant Henri IV. Suppoſé que le fait fût vrai, les Suiſſes pouvoient répondre, que du tems de Henri, leur nation n'avoit pas été ſolemnellement reconnue pour libre & indépendante de l'Empire, comme elle venoit de l'être en 1648. dans le traité de Weſtphalie; ils pouvoient dire que ſi leurs dévanciers avoient failli & mal ſoutenu la dignité de leurs Souverains, cette faute groſſiere ne pouvoit impoſer à des ſucceſſeurs l'obligation d'en commettre une pareille. Aujourd'hui la nation plus éclairée & plus attentive à ces ſortes de choſes, ſaura mieux maintenir ſa dignité; les honneurs extraordinaires que l'on rend d'ailleurs à ſes Ambaſſadeurs, ne pourront l'aveugler déſormais, juſqu'à lui faire négliger celui que l'uſage a

rendu effentiel. Lorfque Louis XV. vint en
Allemagne, en 1744. elle ne voulut point
lui envoyer des Ambaffadeurs, pour le com-
plimenter, fuivant la coutume, fans favoir
fi on leur permettroit de fe couvrir. Et une
fi jufte demande ayant été refufée, le corps
Helvétique n'envoya perfonne. Il feroit à
fouhaiter que les Princes fuffent auffi attachés & fermes à leurs véritables intéréts &
à ceux de leurs nations, comme ils le font
pour l'étiquette & de certaines formalités,
qui dans le fond n'ont aucun rapport à la
fubftance des affaires. 

LETTRE

DE M. BURLAMAQUI

SUR LE MARIAGE,

ECRITE

'A MYLORD KILMOREY. (a)

VOus me demandez, Mylord, quelles font mes idées fur le mariage ; vous voulez que je vous développe les principes naturels de cette matiere, & que'les font les regles générales que la droite rai-

---

(a) Tout ce que l'on pourroit remarquer fur cette lettre, fe trouve fort détaillé dans le Chap. XIV. de la IV. Partie du Droit Naturel, Tom. V. je ne ferai donc que d'y renvoyer les lecteurs.

son fournit à l'homme pour diriger une société si utile au genre humain, & qui est sans contredit la base & le fondement de toutes les autres.

Je vous avouerai ingénument, Mylord, que j'ai pensé plus d'une fois si je devois répondre à vos questions & vous satisfaire là-dessus, ou si je vous demanderois grace. Le sujet m'a paru toujours également difficile & délicat ; pour bien écrire sur cette matiere, il faudroit pouvoir satisfaire en même tems l'homme galant, le mari, la femme & le philosophe ; combien d'intérêts différens à ménager ? où pouvoir trouver des tempéramens assez heureux pour cela ? Comment raisonner sur une chose sur laquelle le sentiment est si vif & si naturel à l'homme, qu'il semble devoir, lui seul, être pris pour regle. N'y a-t-il pas même une témérité indiscrette à vouloir dévoiler les mysteres de l'hymen, qui semblent inséparables du silence & de l'ombre ; & puis-je me flatter de trouver ces tours heureux, ces expressions délicates qui disent en même tems & ne disent pas, qui satisfont également à la vérité & ménagent la modestie ? D'un côté que peut-on dire de nouveau sur un sujet, qui depuis près de six mille ans, fait l’occupation des deux parts du genre humain ? de l’autre, qui est-ce qui est à portée de raisonner de sang froid là-dessus & d’une maniere assez désintéressée ? L’homme marié ne touche-t-il point de trop près à cet état pour le bien connoître ? & le jeune homme n’en est-il point trop éloigné pour s’en faire des idées bien justes ?

Ce sont là, Mylord, tout autant de difficultés tirées du fond même du sujet, & qui sans doute le rendent difficile ; mais, comme si ce n’en étoit pas assez pour me mettre dans l’embarras, il s’en présente encore plusieurs autres qui l’augmentent considérablement. Comment ferai-je pour me tirer d’affaire au milieu de tant d’opinions contradictoires sur ce sujet, qui sont reçues dans le monde, & qui ont toutes une antiquité qui les rend également respectables ? Comment voulez-vous que je me ménage entre le moraliste févere, qui, oubliant totalement la nature, veut assujettir l’amour à des regles tirées de la mauvaise humeur, & le jeune homme galant qui ne veut reconnoître d’autre regle en amour que l’amour même ?

Ce feroit fans contredit tenter l'impoffible que de chercher à concilier tant de fentimens oppofés : je les oublie donc tous
dans ce moment ; je ne veux faire aucune
attention aux regles reçues dans le monde,
ni à la maniere dont on penfe communément fur l'amour & le mariage. Permettez
moi, Mylord, de raifonner aujourdhui avec
cette liberté que vous accordez à vos amis,
& qui donne tant d'agrément aux conver-
fations qu'ils ont avec vous.

Je ne rechercherai donc point ici ce que
les Juifs, les Romains, les philofophes
Payens ou Chrétiens même, ont penfé ou
penfent encore là-deffus. Je n'en veux qu'à
la *vérité*, & vous exigez de moi, Mylord,
que je vous dife ce que la raifon naturelle apprend à l'homme fur ce fujet.

N'eft-ce pas en effet fe moquer du monde que de rapporter gravement l'autorité
d'un Lycurgue, & le fentiment d'un Platon
ou d'un Ariftote pour prouver que telle &
telle chofe eft de droit naturel fur la matiere
du mariage ? Je crois même devoir m'abfte-
nir de confulter aujourd'hui ces mêmes docteurs d'un certain ordre, qui font peut-être
trop autorifés dans le monde pour qu'un

simple philofophe puiffe s'entretenir avec eux & tirer d'eux quelque lumiere, je veux parler des Eccléfiaftiques. Je ne fais pourquoi ces docteurs Angeliques ont abfolument voulu fanctifier un contrat de la nature de celui dont il s'agit, qui n'intéreffe point directement le falut éternel, & cela dans le tems qu'une partie confidérable d'entr'eux fe font volontairement privés de la liberté que la nature leur donnoit d'y entrer euxmêmes. Quoi qu'il en foit, Mylord, je refpecte fort toutes leurs décifions, mais plus leur autorité eft refpectable, & plus aufli le préjugé m'en paroît dangereux : je ne veux donc, Mylord, écouter ici que la nature feule ; c'eft le guide que je me propofe de fuivre ; c'eft dans cette fource que je veux chercher à découvrir quelle eft la nature de cette fociété fi naturelle à l'homme & que nous appellons le *mariage*, quelle eft fa deftination & fa principale fin. Je veux examiner quelle eft la conftitution de l'homme à cet égard & quelles font fes inclinations & fes penchans naturels ; tâcher de découvrir en même tems s'ils doivent être fubordonnés à quelque regle fupérieure, & fi cela eft, quelle eft cette regle même : peut-

être qu'en philosophant selon cette méthode, je parviendrai enfin à quelque chose de
fixe & de bien déterminé, & qu'en même
tems que je développerai les secrets les plus
cachés de la nature, j'aurai occasion de reconnoître la sagesse de son auteur. Mais,
Mylord, comme je ne veux consulter personne & que je me livre tout entier à mes
propres idées, agréez aussi, s'il vous plaît,
que je ne reconnoisse aujourd'hui d'autre
juge que vous ; vous me redresserez là où je
pourrai m'égarer, & comme vous réunissez
en votre personne deux qualités également
nécessaires en ce point, celle d'homme galant, & celle d'homme sage, j'abandonne
avec plaisir & sans réserve mes idées à votre
jugement.

La premiere chose, Mylord, qui se présente à mon esprit, qui me frappe de la maniere la plus évidente, c'est une inclination
générale & que je trouve universellement
répandue chez tous les hommes pour les
plaisirs de l'amour.

Quand j'examine cette inclination de plus
près, je m'apperçois bientôt, qu'elle est du
nombre de celles qui sont naturelles à l'homme, indépendantes de sa volonté, suite né-

cessaire de sa constitution, ouvrage de l'auteur même de la nature. C'est ce qui paroît évidemment par la différence des sexes, comme aussi parce que les mêmes causes naturelles qui contribuent à l'entretien & à la conservation de la vie, concourent aussi nécessairement à faire naître chez l'homme ces mouvemens qui les portent à l'amour & au plaisir.

Mais ce n'est pas tout, Mylord, & il y a plus encore ; cette inclination, ce penchant naturel de l'homme aux plaisirs de l'amour est par lui-même si violent, & il a un si grand degré de vivacité, qu'il est capable de porter l'homme aux plus grandes extrêmités, & qu'il n'y a rien de si difficile ou de si périlleux qu'il n'ose tenter pour le satisfaire : les considérations les plus fortes, la vue du plus grand péril sont à peine capables de balancer la force triomphante & supérieure du plaisir & de la passion ; & jugez, je vous prie, Mylord, si malgré toutes les précautions que les hommes ont prises là-dessus, si malgré les puissantes barrieres qu'ils ont opposées à la vivacité naturelle & impétueuse du tempérament & de l'instinct, il arrive tous les jours tant de défordres à cet égard, quelle ne doit pas être la force & l'activité de cette vertu productrice, à l'envifager en elle-même?

Arrêtons-nous un moment, Mylord, fur ces remarques, elles me fournissent plusieurs réflexions importantes. La premiere c'est que quels que puissent être quelquefois les effets de ce penchant naturel de l'homme à l'amour & au plaifir, il ne faut pourtant pas l'envifager comme une imperfection ou un vice de la nature humaine; il ne peut au pis aller être pris que pour une chofe indifférente & qui n'a en elle-même rien de mauvais ; ce qui me fait penfer ainfi, c'est la remarque que je viens de faire que ce penchant, ces defirs naturels font produits par les mêmes caufes qui concourent à l'entretien de la vie & des forces , & qu'en un mot cet inftinct fe trouve chez l'homme de la même maniere que les fens de la vue, de l'odorat & du goût (a).

Mais je me vois arrêté ici tout d'un coup par les murmures d'un moralifte fevere &

(a) Voyez ce que nous en avons dit, Tom. V. pag. 17. Rem. 233.

d'un

d'un théologien refpectable, favoir S. Auguftin dans fon traité *de Civitate Dei Lib.* 14. *Cap.* 21. 22. 23. 24. Ecoutez le un moment, „ ces principes de l'amour & du plaifir, dont vous voulez faire une partie „ effentielle de l'homme, & que vous femblez plutôt confidérer en lui comme une „ perfection que comme un défaut, font „ les fuites de fa corruption ; c'eft l'appas „ féduifant du plaifir qui ouvre la porte au „ vice & au péché, & il eft inconteftable „ que fi le premier homme eût eu la force „ de perfévérer dans fon état d'innocence, „ il auroit été maître abfolu de fes mou„ vemens ". Voilà fans doute, Mylord, le plus beau fyftême du monde, rien de plus fpécieux. Je vous avouerai pourtant que je ne faurois comprendre comment cette malheureufe pomme qui tenta nos premiers parents pouvoit être infectée d'un poifon fi actif & fi exalté, qu'elle ait pu totalement changer la conftitution de la nature humaine; il faut avoir l'efprit merveilleufement fort pour pouvoir digérer de pareilles idées ; je ne faurois concevoir une fi prodigieufe révolution ; que l'on dife tant qu'on voudra, que fi Adam & Eve euffent perfévéré

Tome VIII. Z

dans leur état primitif, ils auroient travaillé à la propagation du genre humain avec la même réflexion qu'un habile sculpteur employe à façonner son ouvrage, on ne me le persuadera jamais; ainsi, sans m'arrêter plus long-tems là-dessus, je reprends la suite de mes réflexions.

Je vous avouerai donc franchement, Mylord, que non-seulement j'envisage le penchant naturel de l'homme aux plaisirs de l'amour comme une chose indifférente en soi, mais même que je commence à soupçonner que c'est un des plus précieux avantages qu'il ait reçu de la nature. La sagesse admirable qui regne dans tous ses ouvrages ne me permet pas de penser autrement. Comment, je vous prie, se feroit-elle oubliée en cet article? J'espere même que la suite de mes raisonnemens m'amenera insensiblement au point de pouvoir vous le prouver d'une maniere plus précise.

Mais, Mylord, plus ce présent de la nature est précieux & considérable, & plus aussi il importe à l'homme d'en faire un bon usage; il se trouve d'autant plus intéressé à y apporter le ménagement le plus sage, que l'expérience de tous les jours lui apprend quels défordres & quels malheurs font les fuites inévitables d'un aba..donnement inconfidéré aux voluptés & aux plaifirs.

Mais, me direz-vous, comment pouvez-vous prétendre affujettir à quelque regle fixe & déterminée un penchant également naturel & violent, & des defirs dont le charme féduifant & enchanteur a tant de force? ne feroit-il pas bien naturel de penfer que ce penchant & ces defirs doivent fe fervir de regle à eux-mêmes, & qu'étant tout autant d'effets naturels & néceffaires, l'homme peut s'y abandonner fans réferve?

Je reconnois, Mylord, avec vous, que c'eft ici où l'on commence à fentir quelque difficulté. Voyons cependant fi l'on ne peut pas dire avec vérité que quelque violence que puiffent avoir les defirs naturels de l'homme, ils doivent pourtant être fubordonnés à quelque regle; ce qui commence à m'ébranler là-deffus, c'eft que je remarque que tous les hommes qui raifonnent tant foit peu, s'accordent à avouer que ce defir fi naturel à l'homme, cet inftinct qui le porte avec tant de force à fa propre confervation, & qui fans doute eft de tous les inftincts le plus fort, doit pourtant être affujetti à la raifon, & que quelque violent & quelque naturel qu'il foit, il doit quelquefois le céder au devoir. Si cela eft ainfi, pourquoi excepterions-nous de cette regle le penchant de l'homme au plaifir? Cela me conduit naturellement à une réflexion générale, & qui acheve de me déterminer; c'eft que je conçois aifément que fi l'homme étoit un pur animal, qu'on ne reconnût en lui aucun principe fupérieur & plus noble que l'inftinct, on pourroit alors affûrer avec raifon que l'inftinct feroit la feule regle qu'il devroit fuivre & qu'il fe tiendroit lieu de loi à foi-même; mais puifque nous trouvons dans l'homme un principe de direction plus relevé & fupérieur à l'inftinct, ne fommes-nous pas en droit de conclure que ce principe doit être la regle univerfelle de fes mouvemens? Ce qui donne encore une nouvelle force à ces réflexions, c'eft que je remarque que l'auteur de la nature, qui a par-tout cherché l'avantage & le bien-être des créatures, a obfervé une fi belle proportion dans fes ouvrages, que l'inftinct, qui eft le feul principe de direction dans l'animal, n'agit ordinairement en lui que d'une maniere pro-

portionnée à ſes beſoins , & en même tems
avec tant de ménagement qu'il va rarement
au-delà de ce qui eſt néceſſaire pour le bien
de l'individu & pour le maintien de l'eſpece ; il n'en eſt pas de même de l'homme,
ſes deſirs ſont plus fréquents & plus impétueux ; s'il s'y livre ſans meſure, il y trouve
ſa perte aſſurée. D'où peut venir cette différence ? l'homme, ce chef d'œuvre de la
nature, ſeroit-il à cet égard d'une pire condition que la bête ? Non, Mylord, il peut,
quand il veut, mettre un frein à ſes paſſions
les plus violentes : ſi d'un côté il ſe trouve
expoſé à des périls inconnus aux animaux,
il a auſſi par lui-même la force & les moyens
de s'en retirer ; & c'eſt ſans doute dans cette
ſupériorité, dans cet empire qu'il exerce ſur
ſes paſſions les plus favorites, que conſiſte
principalement ſon excellence & ſa véritable grandeur. Je conclus donc, Mylord,
que quelque naturel & quelque violent que
ſoit le penchant de l'homme aux plaiſirs de
l'amour, quelques impétueux que ſoient ſes
deſirs, ils doivent pourtant toujours être
ſubordonnés à la raiſon, comme une regle
que l'homme ne peut jamais abandonner
ſans courir riſque de ſe perdre ; j'ajoute mê-

Z 3

me que plus les aiguillons de l'amour font
vifs , & plus la raiſon doit aller au devant des
déſordres qu'ils pourroient cauſer (*a*).

Nous avons déjà un principe général ſur
cette matiere , mais cela n'eſt pas ſuffiſant
encore ; il faut tâcher de parvenir à quelque choſe de plus détaillé & de plus précis.
Ce n'eſt pas aſſez , Mylord , de faire ſentir
à l'homme qu'il doit en toutes choſes ſuivre
la raiſon comme une regle générale & univerſelle , c'eſt de quoi tout le monde ſe pi-
que ; il faut de plus , tâcher de le faire convenir des regles mêmes que la raiſon lui
donne. Mais quelles ſont ces regles que la
raiſon naturelle preſcrit à l'homme ſur le
ſujet dont il s'agit ? rien n'eſt plus aiſé que
de les connoître ; & il n'y a pour cet effet
qu'à chercher à découvrir quel a été le but
de l'auteur de la nature, lorſqu'il a donné à
l'homme cette inclination naturelle & cet
inſtinct qui le portent ſi puiſſamment à l'a-
mour & aux plaiſirs.

Si nous examinons donc quelle a été la
fin que l'auteur de la nature s'eſt propoſée

(*a*) Ibid. pag. 22. rem. 234.

en formant l'homme susceptible des plaisirs de l'amour, il est évident que son but principal a été de pourvoir à la conservation du genre humain. Toutes les créatures, & l'homme en particulier, sont sujettes à la mort ; la providence a voulu établir un moyen de réparer ces pertes ; & je remarque, qu'elle y a pourvu d'une maniere si efficace & avec une libéralité si magnifique, qu'il est, à parler naturellement, impossible qu'aucune espece vienne à s'éteindre absolument ; le plus foible rejetton suffit pour la perpétuer à toujours. C'est un des endroits, Mylord, où les richesses de la nature se développent avec la plus noble profusion ; ses ressources à cet égard sont inépuisables & infinies ; les individus périssent tous les jours par mille accidents, l'espece est immortelle ; tel est le systême de la nature : l'homme entre pour sa part dans cet ordre universellement établi, mais c'est avec des modifications qui lui sont particulieres & qui font une suite nécessaire de sa condition naturelle.

En effet, ce n'est pas assez que l'homme cherche à satisfaire cet instinct qui le porte à

produire fon femblable ; il faut outre cela
qu'il s'applique à cet ouvrage important d'une
maniere qui foit digne d'une nature *raifonnable & fociable* ; ces deux mots emportent
bien des chofes ; le foin du corps & de la
fanté, l'entrétien & le perfectionnement des
facultés de l'ame ; une attention conftante
aux intérêts de la fociété humaine, la nourriture & l'éducation des enfans, tout cela
eft compris fous ces deux idées. Seroit-ce,
je vous prie, une chofe convenable à un
être raifonnable & intelligent, de s'abandonner aveuglement aux premiers mouvemens
de la nature, que les plaifirs qu'il cherche
devinffent pour lui une fource féconde de
douleurs & d'amertumes, que fon corps
affoibli & tombé dans la molleffe & dans la
langueur, le réduisît dans un état pire que
la mort même ? Conviendroit-il d'ailleurs à
l'homme, qui fait partie de la fociété & qui
eft né pour elle, de fe livrer aux plaifirs,
au préjudice de cette même fociété & de ce
qu'il doit aux autres hommes ? L'homme a
donc ici plufieurs intérêts différens à ménager, il lui eft fans doute permis de chercher à fatisfaire fes defirs, mais il ne doit

jamais perdre de vûe l'intérêt & l'avantage de ces nouvelles créatures qui en font un produit néceſſaire ; le genre humain ſe trouve ſi particulierement intéreſſé à leur conſervation & à leur perfection, que l'on peut dire, que la négligence ou l'attention des hommes à cet égard eſt la cauſe prochaine du bonheur ou du malheur de la ſociété ; en général, faites y bien attention, & vous reconnoîtrez aiſément, Mylord, que toutes ces vues différentes entrent naturellement dans le plan de la providence, & qu'elles doivent, par conſéquent, être tout autant de regles pour l'homme, tout autant de ménagemens qu'il doit garder dans la recherche des plaiſirs (a).

Voici donc en général quelle eſt l'idée que je me fais du mariage ; je l'enviſage *comme la ſociété d'un homme & d'une femme qui ſe promettent un amour mutuel, dans la vûe d'avoir des enfans, de les nourrir, de les élever d'une maniere conforme à la nature de l'homme & au bien de la ſociété.*

(a) Ibid. pag. 25. §. XI. XII. avec les Remarques.

Toutes ces différentes vues me paroiffent liées entr'elles d'une maniere néceffaire; & comme elles font une fuite de la conftitution & de l'état naturel de l'homme, & dépendantes les unes des autres, on ne fauroit les féparer, ou du moins, à parler généralement, l'homme ne fauroit naturellement s'arrêter à l'une & négliger les autres. Il ne faut donc pas confidérer la fociété qui fe termine uniquement à l'union de deux perfonnes de différens fexes pour le plaifir; elle doit être au contraire envifagée comme une fociété rélative, & pour ainfi dire, préparatoire à la fociété paternelle & à la famille.

En fuivant ces principes je trouve qu'il eft effentiel à toute fociété que l'on y ait également égard à l'intérêt de tout ceux qui y entrent & qui en font partie néceffaire. Toute fociété renferme l'union de plufieurs perfonnes pour une même fin, pour un avantage commun : il faut donc autant qu'il eft poffible *pourvoir ici à l'avantage de tous en général & de chacun en particulier*; c'eft la regle de l'équité qui le veut ainfi. Voici donc, Mylord, le réfultat de toutes ces réflexions; c'eft que la regle que la nature & la raifon veulent que l'homme fuive par rapport au plaifir de l'amour & au mariage, doit être prife de l'avantage du pere, de la mere & des enfans, & que c'eft l'utilité combinée de ces trois perfonnes, fagement ménagée entr'elles & rapportée en dernier reffort au bien de la fociété en général, qui doit fervir ici de premier principe & de regle fondamentale. Mais, direz vous encore, fi c'eft uniquement la confervation de l'efpece & la réparation du genre humain que l'auteur de la nature a eu en vue, en donnant à l'homme cet inftinct qui le porte au plaifir, étoit-il néceffaire de donner tant de vivacité à cette inclination ? n'auroit-il pas été beaucoup plus convenable d'en modérer le degré & la violence ? & puifque la nature, cette fage mere, ne fait rien inutilement, n'eft l pas plus raifonnable de penfer qu'elle a laiffé aux defirs naturels de l'homme une carriere plus libre & plus étendue que n'eft celle que vous lui affignez ?

Je vous avoue, Mylord, que cette difficulté eft confidérable ; je ne vous diffimulerai point que j'en fens auffi bien que vous toute la force. N'eft-il pas en effet furprenant que la nature qui agit toujours avec lenteur, & pour ainfi dire, avec épargne ;

qu'elle, dont les opérations ne font jamais violentes, & qui ne va jamais qu'avec regle & mesure, ait donné un si grand degré de vivacité aux desirs naturels de l'homme, & qu'en même tems elle l'ait restreint dans de si étroites limites ? A quoi bon ces desirs toujours renaissans, si la réparation du genre humain est le seul but où tout doit aboutir ? voilà, direz-vous, bien de la dépense perdue, & qui semble même d'autant plus mal employée qu'elle met le plus souvent l'homme dans un état de combat & de guerre intestine dont il se seroit bien passé.

Ne vous impatientez pas, Mylord, je vous prie : tâchons de débrouiller tous ces cahos, essayons de pénétrer plus avant dans les ressorts les plus cachés de la nature ; peut-être lui arracherons-nous son secret, & qu'en dévoilant ses mysteres les plus couverts nous trouverons enfin le dénouement & la clef de tout le mystere.

Non sans doute, Mylord, la nature ne fait rien inutilement ; je conviens avec vous du principe, tout doit avoir son usage, tout doit tourner à l'avantage même & au bien de la créature ; aussi suis-je convaincu, que dans cette occasion, comme dans toutes les

autres, elle a fuivi conſtamment une ſi belle
& ſi ſage regle. Oui, Mylord, il étoit néceſſaire de donner à l'inſtinct ce degré de
vivacité & de douceur qui s'y rencontre ;
car outre qu'il eſt aiſé à l'homme, quand il
veut faire uſage de ſa raiſon, de modérer ce
qu'il peut y avoir de dangereux dans ces
tranſports ; il eſt certain d'ailleurs qu'il lui
en revient pluſieurs avantages conſidérables.

En général, à quoi penſez-vous, Mylord,
que nous ſoyons redevables de ces agrémens que nous trouvons tous les jours dans
le commerce des femmes ? Leur douceur,
leur vivacité, la délicateſſe de leurs ſentimens
y contribuent ſans doute conſidérablement,
mais elles n'en ſont pas les ſeules cauſes. Il
y en a une autre, qui, pour être plus cachée n'agit pas moins puiſſamment, & qui
fait même valoir toutes les autres ; ces nœuds
ſecrets, cette ſympathie naturelle qui ſont
l'effet du tempérament, y entrent ſans doute pour beaucoup ; c'eſt là la ſource de cette
complaiſance réciproque, & de ces attentions
obligeantes que nous avons les uns pour
les autres ; c'eſt de là que vient cette poli-
teſſe, qui adouciſſant inſenſiblement ce qu'il
peut y avoir de rude & de trop fort dans le

naturel de l'homme, & corrigeant en méme tems ce qu'il y a de trop foible dans le
caractere des femmes, & leur donnant plus
de force, contribue ainfi merveilleufement
à réunir ces deux parties du genre humain
& à ferrer les nœuds de la fociété.

D'ailleurs croyez - vous, Mylord, que
fans l'aide d'un penchant, auffi vif & auffi
doux que l'eft celui qui rapproche les deux
fexes, l'homme fe fût porté volontiers & de
lui-même à contribuer à la réparation du
genre humain? pour moi je fuis perfuadé que
pour peu que l'on eût affoibli la fenfibilité &
la vivacité de l'inftinct, la raifon n'auroit jamais été affez puiffante pour porter l'homme
à prendre fur foi la peine de mettre au monde des enfans, qui font quelquefois pour les
parens une fource féconde de chagrins &
d'amertume, qui du moins font toujours
pour l'un un fujet de travail ou de peine. Ce
n'eft pas fans fondement que la providence
s'eft, pour ainfi dire, défiée de la raifon à cet
égard, & qu'elle fait venir à fon fecours le
tempérament & l'inftinct qui entraîne l'homme d'une maniere également douce & puiffante à réparer les pertes de la fociété & à

suppléer ainsi à ce que la raison auroit pu laisser en arriere.

D'un autre côté, pensez-vous, Mylord, que si l'auteur de la nature avoit donné au plaisir de l'amour ce degré de modération & de tempérament, la société conjugale n'eût pas infiniment perdu de ses douceurs? Cette douceur enchanteresse, qui est une suite nécessaire de l'extrême sensibilité que la nature a donné à l'homme à cet égard, est non-seulement par elle-même un très-grand plaisir, mais elle est, à bien dire, la source physique de cette tendre amitié qui unit les cœurs de deux personnes & qui y répand tant d'agrémens & de charme. Ce n'est pas tout encore ; c'est en même tems un antidote admirable, un contrepoison assuré contre tous les désagrémens & les chagrins qui naissent quelquefois & presque d'une maniere nécessaire entre les personnes qui sont d'ailleurs les mieux assorties ; l'homme est né pour la société, il est vrai ; toutes ses facultés, toutes ses inclinations portent là, mais il n'est pas moins certain, que des personnes qui vivent dans une société aussi intime que celle qui est entre deux époux, sont, à bien des égards, dans un

état d'épreuve : plus on eft près l'un de l'autre , plus on eft à portée de connoître les
défauts de fon compagnon ; & une entiere
familiarité laiffant paroître ces défauts dans
tout leur jour , ils choquent davantage ; les
fujets de plaintes deviennent bientôt égaux
des deux côtés ; à la fin l'efprit s'aigrit &
toute la raifon du monde a bien de la peine à ramener la tranquillité & la paix. Mais
quel eft, je vous prie, le dépit affez violent, ou quelle eft l'aigreur affez enveni-
mée qui puiffe tenir contre les empreffemens
& les careffes d'un époux, ou contre les
regards enchanteurs d'une époufe, qui laiffe
dire à fes yeux & à fon air ce que la mo-
deftie ne lui permet pas de demander à haute
voix ; c'eft ainfi que le lit nuptial eft le tom-
beau des querelles domeftiques (a).

J'ajoute à cela, Mylord, que c'eft encore de cette vivacité naturelle du tempérament & de l'inftinct, que découle, comme
de fa fource, cette tendreffe naturelle des
peres pour leurs enfans, tendre gage de
leur amour ; tendreffe qui eft fi forte que

____

(a) Ibid. pag. 32. Rem. 237.

l'on

l'on peut dire qu'elle l'emporte sur tout autre sentiment, & que rien au monde ne sauroit la vaincre. Quel autre principe, je vous
prie, pourroit - on donner à l'amour pater-
nel, puisqu'il le fait sentir dans toute sa force au moment même de la naissance d'un
enfant, qui n'offre cependant par lui-même
rien que d'informe, de rebutant & de péni-
ble ? Quelle n'est point la foiblesse & l'imbé-
cillité de l'homme au moment de sa naissan-
fance ? à combien de besoins, d'accidens &
de dangers ne le trouve - t - il pas exposé ?
quels secours peut - il tirer de son propre
fonds ? Il n'a que les gémissemens & les
pleurs ; mais de quel usage lui seroient ses
pleurs impuissants, si par un effet de la plus
sage méchanique, il n'émouvoit les entrailles
d'une tendre mere, jusqu'à la porter à s'oublier elle - même pour prendre soin de cette
petite créature ? Dans cet état des choses
que pensez-vous, Mylord, que fussent devenus les enfans, si l'Auteur de la nature les
avoit entierement abandonnés à l'homme
raisonnable, & s'il n'eût pas fait venir à leur
secours l'homme animal ? quels soins, quelles peines & quel tems ne faut-il pas avant
qu'un jeune homme soit amené au point de

perfection & de maturité, tant à l'égard du corps qu'à l'égard de l'esprit? Qu'auroit-on pu attendre là-dessus de l'homme qui n'agit jamais que pour lui-même, si une sage providence n'avoit eu un soin tout particulier de le porter à prendre sur soi tout ce travail par un instinct plus fort mille fois que la raison? il falloit même balancer toutes ses peines par des plaisirs si vifs & si doux qu'ils servissent en même tems à l'homme de dédommagement & d'un puissant éguillon pour l'engager à ce à quoi il ne se feroit jamais porté sans cela de lui-même '& par la seule raison.

Il est si vrai, Mylord, que la nature a mis une sorte de proportion entre les plaisirs que l'on trouve dans le mariage & la peine que les parens sont obligés de prendre pour leurs enfans, que comme les petits des animaux sont beaucoup plutôt en état de se passer du secours de ceux qui leur ont donné la vie, que les enfans des hommes, aussi remarque-t-on que les plaisirs de l'amour ne sont en général ni aussi-vifs ni aussi soutenus chez l'animal que chez l'homme: on voit même, que par un effet admirable de la sagesse du créateur, parmi les

animaux qui fe nourriffent d'herbes, la fociété entre le mâle & la femelle ne dure pas
plus long-tems que le moment même du
plaifir, & cela fans doute parce que le lait
de la mere eft fuffifant pour nourrir les petits jufqu'à ce qu'ils puiffent eux-mêmes
brouter l'herbe ; mais à l'égard des lions ,
par exemple, & des autres bêtes carnacieres,
comme la mere ne fauroit de fa proye feule fournir à la fubfiftance & à l'entretien de
fes petits, le mâle à foin de chaffer auffi pour
eux , la fociété conjugale dure entr'eux auffi
long-tems qu'il eft néceffaire à cet égard ; on
remarque auffi prefque toujours la même
chofe dans les oifeaux. N'eft-ce pas-là une
preuve bien fenfible que l'Auteur de la nature en donnant aux animaux un penchant naturel aux plaifirs de l'amour, en a en même tems proportionné le dégré de fenfibilité à ce qu'exigeoient néceffairement l'a-
vantage & les befoins des petits des différentes efpeces, & à la peine que les peres &
meres devoient prendre à cet égard. (a)

(a) Ibid. pag. 92. §. XXV. & la remarque.

N'en voilà - t - il pas affez, Mylord, pour vous faire comprendre tout le fecret de la nature, & pour vous faire fentir quels font les avantages qui reviennent à l'homme de fa conftitution naturelle par rapport au plaifir ? Cela ne fuffit - il pas pour juftifier le créateur à cet égard, & pour apprendre à l'homme, que fi d'un côté il peut raifonnablement chercher à fatisfaire fes defirs, il ne doit en même tems le faire qu'avec une fage modération ; que leur vivacité naturelle ne fauroit l'autorifer à s'y livrer fans mefure ; puifqu'il peut les modérer en faifant ufage de fa raifon, & que c'eft d'ailleurs dans des vues bien différentes que la nature leur a donné ce degré de vivacité & de douceur.

D'ailleurs, Mylord, quelle fageffe admirable ne remarque - t - on pas dans toute cette œconomie ? quel plaifir & quelle fatisfaction ne goûte point l'homme raifonnable quand il étudie la nature ? N'avois - je pas raifon de foupçonner que le tempérament & l'inftinct font un des préfens les plus précieux que l'homme ait reçu de l'Auteur de fon exiftence ? Ce n'eft plus à préfent pour moi une fimple conjecture, la chofe me paroît évidente.

Mais que direz - vous, Mylord, si poussant plus loin mes réflexions, je vous fais voir qu'entre tous les avantages dont je viens de parler, la constitution de l'homme, par rapport au plaisir, est encore un des fondemens naturels de la société en général & un principe physique de la sociabilité ? En effet le mariage est non-seulement comme la pépiniere du genre humain ; mais encore il dispose merveilleusement l'homme à la sociabilité. Ce tendre amour des peres pour leurs enfans fait que l'homme, en devenant pere de famille, devient en même tems beaucoup plus propre à remplir les devoirs de citoyen ; ses enfans sont tout autant d'autres lui-même; ce sont des branches d'un même tronc, qui ne font qu'un tout avec lui, & pour lesquelles l'homme ne s'intéresse pas moins que pour soi-même ; aussi l'expérience fait-elle voir que, toutes choses d'ailleurs égales, ceux - là font de beaucoup meilleurs citoyens qui sont peres de plusieurs enfans, que ceux qui vivent dans le célibat; c'est que les premiers tiennent à la Société par beaucoup plus de liens; c'est proprement ici une extension d'amour propre ; l'on peut donc déjà assurer à cet égard que la conftitution naturelle de l'homme , par rapport au plaifir de l'amour, renferme en elle-même, comme les premieres femences de la fociabilité. *(a)*

J'ofe même dire , Mylord , que cette difpofition naturelle de l'homme au plaifir, à la confidérer en général, donne à l'ame *un caractere , &, pour ainfi dire, une trempe de douceur & d'humanité.* Tout ce qui met les hommes dans une dépendance les uns des autres par rapport à leurs plaifirs, contribue infiniment à donner à leurs mœurs une impreffion de tendreffe & d'humanité, fi néceffaire au bonheur de la fociété en général : auffi a - t - on remarqué que ces hommes difgraciés de la nature, qui font, pour ainfi dire morts au moment de leur naiffance, ou les victimes d'une main barbare, font de tous les mortels les plus infociables ; gens durs & cruels, incapables de compaffion & inacceffibles à la pitié. Au contraire les naturels les plus durs & les plus farouches deviennent modérés , humains & traitables , dès que l'on peut parvenir à toucher en eux

---

(a) Ibid. Rem. 237.

cette partie fenfible & délicate ; on vient à
bout des paffions même les plus violemment
émues. Ce font-là tout autant d'effets heureux du tempérament & du penchant naturel de l'homme, qui agit, à la vérité,
d'une maniere cachée & infenfible . mais
toujours également puiffante & victorieu-
fe. (a)

Et ne penfez pás, Mylord, que ce ne
foient-là que de belles idées ou un fyftême
fait à plaifir ; il ne me feroit pas difficile de
vous faire voir que c'eft dans le fait & dans
ce qui fe paffe tous les jours dans le monde
que j'ai puifé ces remarques. Le Roi David,
au plus fort de fa colere contre Nabal, dans
le tems qu'il avoit juré d'exterminer toute
fa maifon & qu'il étoit en chemin pour l'exécuter, put-il réfifter aux repréfentations &
& aux prieres d'Abigail ? Les Sabins fi cru-
ellement outragés par les Romains, qui,
contre le droit des gens & de l'hofpitalité,
avoient enlevé leurs filles & leurs femmes,
purent-ils conferver leur jufte colere & fatisfaire leurs reffentimens à la vue de ces mê-

---

(a) Ibid. pag. 46. & fuiv·

mes femmes qui les conjurerent de modérer leurs tranfports ? Le combat étoit déjà engagé bien avant & très-opiniâtre, même au milieu de Rome, lorfque les Sabines fe jetterent courageufement au milieu des combattans ; leurs prieres & leurs larmes fufpendent tout d'un coup l'animofité réciproque ; un charme fecret & puiffant fait tomber les armes des mains du foldat, & par la plus inopinée réfolution, ces deux peuples deviennent amis au moment même où ils cherchoient à fe détruire.

L'hiftoire Romaine me fournit encore un fait très-remarquable fur ce fujet, & que je ne fçaurois me réfoudre à paffer fous filence, c'eft celui de *Coriolan* ; vous fçavez, Mylord, quel étoit le caractere & quel fut le fort de ce fier Républicain ; c'étoit un homme fage, défintéreffé, attaché inviolablement à l'obfervation des loix, & de la plus haute valeur, mais en même tems dur & impétueux, févere aux autres comme à lui-même, vous favez comment, après s'être déclaré hautement contre les entreprifes des tribuns, il fut enfin condamné par le peuple à un exil perpétuel ; il fe retire chez les Volfques, & leur ayant fait prendre les armes

contre les Romains, il entre dans les terres
de ces derniers; tout plie devant lui; Rome
même tremble & se voit en danger; on envoye des députés à *Coriolan* pour le prier
de donner la paix à sa patrie, mais ce fut inutilement; nouvelle députation, aussi infruc-
tueuse que la premiere; le Sénat consterné
résout d'envoyer de troisiemes députés à ce
général inexorable, & pour mieux réussir,
il nomme pour cela les ministres de la religion; mais cette troisieme tentative ne fut
pas plus heureuse que les précédentes; *Coriolan* toujours inflexible les renvoie. Enfin, pour derniere ressource, le Sénat députe
la mere & la femme même de *Coriolan*, accompagnée d'une infinité d'autres Dames
Romaines. Coriolan averti de leur venue,
se prépare à les recevoir avec tout le respect
qui leur étoit dû & à ne leur rien accorder
d'ailleurs, mais il comptoit sur une dureté
dont il ne fut pas capable; cet homme fier,
que deux députations du Sénat n'avoient pu
fléchir, sur qui les Ministres même des Dieux
n'avoient rien pu gagner, n'eut pas plutôt
vu sa femme & tout ce cortege touchant
des Dames Romaines, que l'esprit de vengeance fit place chez lui aux sentimens de

la nature ; & le même homme qui avoit
réfifté aux follicitations & aux prieres de
tout ce qu'il y avoit de confidérable dans
Rome, ne put tenir un moment contre les
follicitations & les larmes des femmes Romaines. C'eft ainfi., Mylord, que Rome &
la République entiere fürent fauvés du péril
qui les menaçoit, par ces attraits puiffants
& enchanteurs, & par cet inftinct & ces
inclinations naturelles qui ont tant de force
fur le cœur de l'homme.

    Voilà donc quels font les heureux effets
du tempérament ; voilà quelles en font les
influences par rapport à la fociété ; ce font
là fans doute les vues que la Providence
s'étoit propofée ; ne font-elles pas toutes
dignes de la fageffe du Créateur ?

    C'eft-là, Mylord, ce que j'avois à ré-
pondre aux queftions que vous m'avez faites : pardonnez-moi fi je me fuis trop
étendu fur ces généralités. J'ai cru qu'il
étoit néceffaire de bien développer les premiers principes d'un fujet auffi intéreffant.
J'abuferois de votre patience fi j'entrepre-
nois d'entrer dans le détail des queftions
particulieres fur le mariage ; vous entendez

à demi mot & vous ferez aisément vous-
même l'application de ces principes généraux. Je suis, Mylord, avec la considération la plus sincere & la plus respectueuse,
&c.

FIN

de la huitieme & derniere Partie.

(o)

TABLE

DES CHAPITRES

Contenus dans ce Huitieme Volume.

SUITE

DE LA

QUATRIEME PARTIE.

CHAPITRE III.

FIN.

* 9 7 8 2 3 2 9 3 7 2 6 8 6 *